結婚しない男たち

増え続ける未婚男性「ソロ男」のリアル

博報堂ソロ男プロジェクト
荒川和久

Discover

はじめに

先入観と偏見に満ちた独身男性像

「生涯独身の一人暮らし男性というと、どんなイメージを持ちますか？」

何の事前情報もなく、そういう質問を投げかけると、たいてい次のような答えが返ってくる。

「無職のニートなんでしょ？」

「結婚できないほど貧乏なんでしょ？」

「アイドルの追っかけとかしてるオタクなんでしょ？」

「人とコミュニケーションがとれない人なんでしょ？」

「引きこもりなんでしょ？」

「マザコンなんでしょ？」

「潔癖症なんでしょ？」

「不細工なんでしょ？」


これでもか、というくらいネガティブなイメージのオンパレードである。

なぜ「独身」であるというだけで、ここまでネガティブイメージで捉えられてしまうのか。なぜ「独身」イコール「（本当は結婚したいのに）結婚できない」という結びつきになってしまうのか。なぜ「結婚できない男はダメ人間」というレッテルを貼られてしまうのか。


男性の晩婚化や未婚化に関連するニュースで、いつもその原因として挙げられるものに、「低年収だから結婚できない」というものがある。これも実に乱暴な話ではある。

確かに、稼ぎが少ないために結婚を躊躇する男性もいるだろうが、そもそも今より平均初婚年齢が低かった時代、世の男性がみな高収入だったわけではない。

問題は、「独身」イコール「結婚できない人」と直結させてしまう風潮だ。**「結婚できない」のではなく、「結婚しない」という層がいることが忘れられている。**

人類は有史以来、男と女が結びついて子どもを生み育ててきた。これはそのとおりだが、その法則が全世界的に崩れてきていることも事実である。

そのひとつが**「男余り現象」**だ。遺伝子的に男性の方が多く生まれる。日本においても、20～50代の未婚男性は20～50代の未婚女性と比べて、もはや200万人以上も多く存在する。

女性が全員結婚したとしても、男の方が余る計算になる。**結婚することが当たり前で常識だった時代ではなくなってきているのだ。**

「結婚しない男たち」の旺盛な消費力

本書は社会学的な観点ではなく、マーケティングの視点でその状況を分析した。

思い出してほしい。大家族から核家族に移行したのは70年代。同時に、日本にセブン-イレブン1号店が生まれた。その後のコンビニの隆盛については説明するまでもないが、生活形態が変われば消費の形も変わる。

もはや、「夫婦と子からなる標準世帯」より単身世帯が上回っている。**家族生活者よりソロ生活者が多い時代なのである。**こうした状況の中でも、実は独身男性については、今までほとんど研究されてこなかった。

「消費は女性が動かす」とよくいわれる。マーケティングの現場では、女性がつねにターゲットとして設定されている。女性目線での商品開発のために、女性だけのプロジェクトチームが組織されることも、今やよく見られる普通の光景だ。

一方、**男性はいつも蚊帳《かや》の外だった。**「今度の新商品、重点ターゲットは男性です」なんて言葉はあまり聞かれない。缶コーヒー以外は。

女性が一人で飲食店などに行けば、「おひとりさま」としてブームになるが、男性が一人で外食などしようものなら、「ぼっちだ」「友達いないんだね」「彼女できないんだ」と後ろ指をさされてしまう。

女性が一人でディズニーランドに行っても、「ひとりディズニー」として好意的に受け取られ市民権さえ得ているのに対して、男性が一人で行こうものなら変質者扱いされかねない。

ただでさえ注目されない男性の中で、さらに独身単身者となると、ほとんど相手にされない。そもそも結婚することが前提の時代においては、独身とは仮の姿であり、マイノリティだったからだ。


とはいえ、時代は大きく変わりつつある。**いつの間にか、独身男性はもはや少数派の一言では片づけられないボリュームにまで成長している。**しかも、それは若年層だけではなく、世代を超えて増え続けている。

人数ボリュームが拡大するということは、そこに消費のポテンシャルも生まれてくる。独身で生きているからこその新しい需要や求められるサービスも必要となってくる。独身であるがゆえに、財布の紐も独身男性本人が握っている。既婚男性のように、購入する際に奥さんの顔色をうかがう必要もないのだ。

男性が、自分のために思う存分消費できる。それが、独身男性の旺盛な消費力を動かしている。にもかかわらず、その具体的な中身についてはあまり研究されてこなかった。

私たちは、今までベールに包まれていたそんな「結婚しない」独身一人暮らし男性に着目し、彼らを**「ソロ活動系男子」**、略して**「ソロ男《だん》」**と名づけた。

本書は、ソロ男の独特の生活意識や価値観・性格・消費行動などの定量・定性調査をふまえ、彼らをターゲットとした新たなマーケティング活動のヒントが得られないか、をまとめたものである。

実際にソロ男として活動している生活者へのアンケートやインタビューなども実施し、実に多様性に富んだ意見も得られた。ソロ男だけではなく、広く男性の方全体に、「これ、あるある!」と思っていただける内容が多いのではないかと思っている。

できるだけ生の声をお届けすることで、ソロ男たちの生態と行動について少しでも理解を深めていただければ幸いに思う。

結婚しない男たち　目次

はじめに

先入観と偏見に満ちた独身男性像……2
「結婚しない男たち」の旺盛な消費力……4

序章　増え続けるソロ男

増える単身世帯・未婚男性……18
進む晩婚化と急上昇する生涯未婚率……21
独身生活者は、もはやマジョリティへ……24
いつも相手にされない独身男性……27
独身男性市場は、独身女性のそれを凌駕する……31
世代を超えた共通のソロ男的消費行動……37

第1章　ソロ男の意識・行動を分析する

ソロ男分析1　ソロ男とは？……42
いい年したおっさんが、ソロ男とか気持ち悪い？……42
ソロ男の価値観は、「自由・自立・自給」……44

ソロ男の定義 46
ソロ男5つのクラスター 49

ソロ男分析2・生活意識
自由に生きるけど、ほめられたい 52
ソロ男の生活価値観に迫る7つの質問 52
ソロ男は、「常識人」 61
ソロ男は時間を守る 64
ソロ男はキレイ好き？ 67
ソロ男は、「独特な承認欲求」を持つ 71
「自己承認」という達成感 74
ネットによって拡大した承認欲求満足の場 76
「いいね！」の呪縛から逃れられない「リア充」 80
リア充を嫌悪する心理とは？ 82
自分に厳しいソロ男 87

インタビュー①
男性学の視点からソロ男を語る 武蔵大学・田中俊之さん 91
「男とはこうあるべき」というイメージ支配からの解放が必要

ソロ男分析3・買い物意識
なんとなく買ったりしない 100
ソロ男は、「買い物に真剣」 100

ソロ男は、「一度決めたら一途」…… 102
ソロ男は、物を大事に長く使う…… 106
ソロ男は、「メリハリ」意識が高い…… 108

ソロ男分析4・性格
頑固で、あまのじゃくで、へそ曲がり…… 111
面倒くさい？　ソロ男の性格…… 111
「頑固さ」は悪なのか？…… 113
昔気質と職人気質は違う…… 115
若いうちから頑固さを貫き通すソロ男…… 117
あまのじゃく行動は子どもなのか？…… 119
あまのじゃくは、マーケティングでは動かないのか？…… 122

ソロ男分析5・自己矛盾行動
「言ってること」と「やってること」が違う…… 125
「動かされない」と口では言うものの…… 125

ソロ男分析6・日常品の買い物行動
毎日買い物、お店が冷蔵庫代わり…… 132
ソロ男は、ほぼ毎日買い物している…… 132
ソロ男は、コンビニで「菓子」「カップ麺」を買いたがる…… 135
ソロ男は、コンビニとスーパーで買うものを分けている…… 138
目線が主婦化しているソロ男…… 142

ストイックなまでに、品質を気にするソロ男……144
ソロ男の「プラスオン消費」……146

ソロ男分析7・外食、夜遊び行動
合コンよりも、男どうしで飲むのが好き……149
ソロ男は「外食ばかりではない」……149
ソロ男の一人外食回数は多いが……151
ソロ男は、「男友達」と食事に行く……154
ソロ男は、外食費も「メリハリ」……154
「何を食べる」より、「どこで食べる」にこだわるソロ男……156
ソロ男は合コンに行かない……158
ソロ男はキャバクラにも行かない……160
ソロ男の性風俗サービス利用率は高い……163

インタビュー②
男性誌の視点からソロ男を語る 宝島社『MonoMax』柚木昌久編集長
男の買い物は、本質的なモノを吟味する時代。
心を豊かにする消費へ。大切なのは物語。……165

ソロ男分析8・趣味、余暇行動
自分の好きなことをとことん追求したい……178
バランスよく時間を使うソロ男……178
こだわりの強い趣味を持つソロ男……180

趣味には時間もお金もかけるソロ男 182
なぜか海に行くソロ男 185
たいてい、どこでも一人で行けてしまうソロ男 187
40代で突然スポーツを始めるソロ男 190
ソロ男はゴルフをしない 192

ソロ男分析9・恋愛行動、結婚観
恋愛はするし、彼女もいるけど、結婚はしない 194
ソロ男だからといって、恋愛をしないわけではない 194
ソロ男は、結婚となると消極的になる 199
ソロ男は40代で結婚ブームがくる？ 202
年収が高いソロ男ほど、結婚したがらない 204
ソロ男は、プレゼント代をケチる？ 206
ソロ男は、メイド系の女性がタイプ？ 208

インタビュー③
ソロ男の視点からソロ男を語る せーの代表・石川涼さん
僕、ガチ・ソロ男です（笑） 214

ソロ男分析10・経済事情
しっかり貯金している 224
ソロ男は、非ソロ男より平均年収は下 224
ソロ男は、貯めるか貯めないかが両極端 226

ソロ男分析11・友達づき合い　友達とは深く濃く長くつき合う　227
ソロ男は孤独なのか？　227
ソロ男の友達の内訳は？　229

第2章　ソロ男のこだわりの趣味

ソロ男はアクティブに「ソロ活」する　232
ソロ男は映画好き　236
ソロ男は本を買って読む　238
ソロ男のこだわりの趣味　6つの類型　242
①集めるソロ男　②旅するソロ男　③応援するソロ男
④鍛えるソロ男　⑤作るソロ男　⑥賭けるソロ男

第3章　既婚者の中にもいるソロ男

ソロ男が結婚すると、「隠れソロ男」になる　266
結婚しても意識は変わらない「隠れソロ男」　271
隠れソロ男は、妻に内緒の隠し口座を持つ　276

インタビュー④ マーケッターの視点からソロ男を語る インフィニティ代表取締役・牛窪恵さん …… 281
ソロ男の人たちは、真面目でナイーブ

第4章 ソロ男の消費行動の未来

今後、お金をかけたいもの、かけたくないもの …… 292
ソロ男が今後利用したいサービスは? …… 295
ソロ男に消費させるための「2つのスイッチ」 …… 306
「セロトニン消費」と「ドーパミン消費」 …… 309
ソロ男を動かす9つのツボ …… 311
① ごほうび消費 ② プロデュース消費 ③ ほめられ消費・嫌われたくない消費
④ 脱日常消費 ⑤ ネタ消費・ツッコミ消費 ⑥ 未完成消費
⑦ 武装消費 ⑧ ステルス自分磨き消費 ⑨ やんちゃ消費

おわりに …… 329

ソロ男は、
ニートではない。

ソロ男は、
すべてオタクではない。

ソロ男は、
結婚できないのではない。

ソロ男は、
ゲイではない。

ソロ男は、
お金を使わないわけではない。

ソロ男は、
かわいそうな人ではない。

ソロ男は、
あなたの周りにたくさんいる。

序章
増え続けるソロ男

増える単身世帯・未婚男性

国立社会保障・人口問題研究所が2012年1月に公表した「日本の将来推計人口」によると、現在約1億3千万人といわれる日本の人口は、今後長期にわたる人口減少状態が続き、2048年には1億人を割りこむまで減少すると推計されている。その一方で、人口減少と反比例して増え続けるのが「単身世帯数」である。

全世帯に占める単身世帯率は、2010年で32・4%となっており、2035年には37・2%まで拡大すると予想されている。日本では、戦後から2000年ごろまで「夫婦と子」からなる世帯が標準といわれ、つねに3〜4割を占めていたが、すでに単身世帯に数では逆転されている。

もはや、**単身世帯こそがマジョリティとなりつつある**のである。増え続ける単身世帯の要因としては、配偶者との死別に伴う高齢単身世帯の増加も挙げられるが、晩婚化・未婚化の影響も大きい。

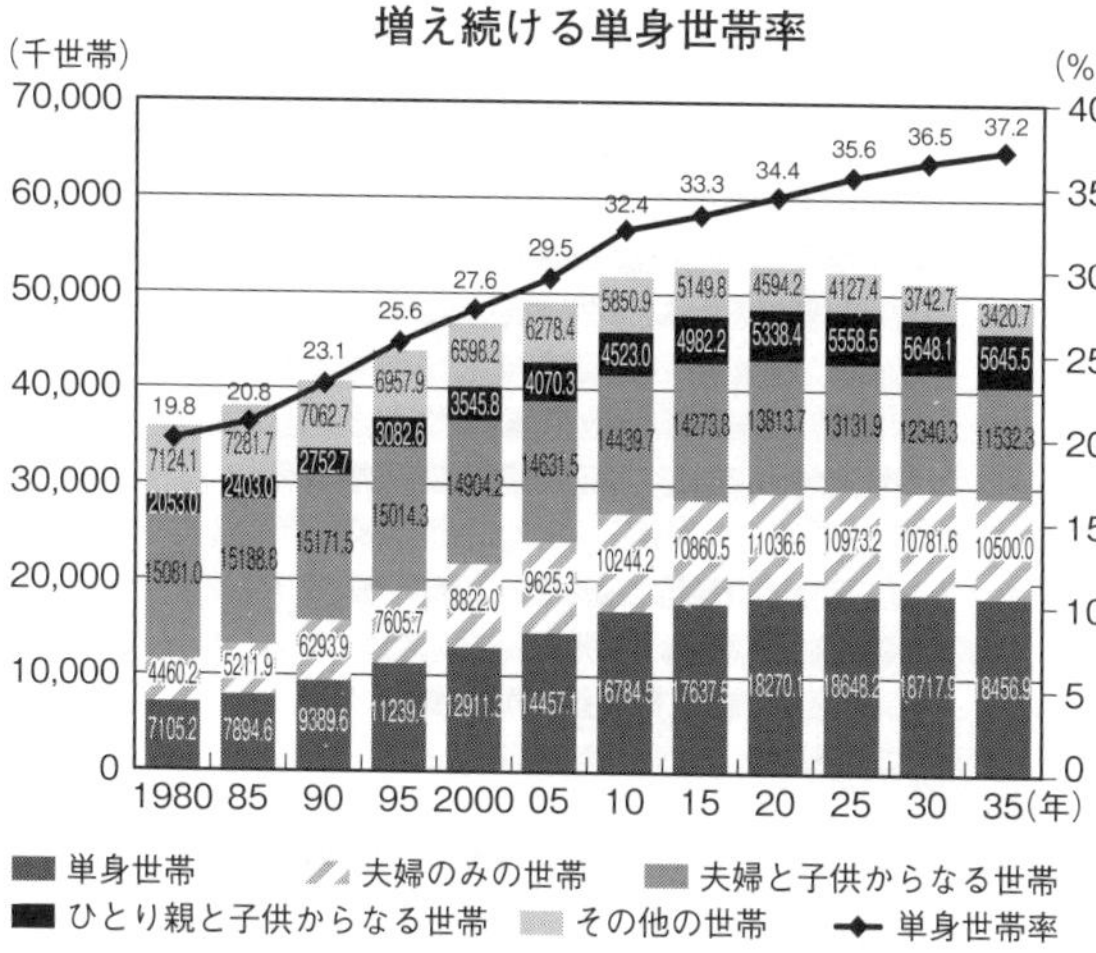

出典：2010年までは総務省統計局「国勢調査」による実績値。2015年以降は、国立社会保障・人口問題研究所『日本の世帯数の将来推計』（2014年4月推計）より。

単身世帯比率が増加しているのは、なにも日本に限ったことではない。全世界的に同じ現象が起きており、しかもそれが急激に伸びている。

調査会社ユーロモニター・インターナショナルによると、世界全体の単身者世帯数は、1996年の1億5300万世帯から2011年の2億7700万世帯に急増している。この15年間で80％も増えているということになる。

国別に見ると、単身世帯比率が高い国は、ドイツやノルウェーの40％を筆頭に、デンマーク、オランダ、

単身世帯比率の高い国

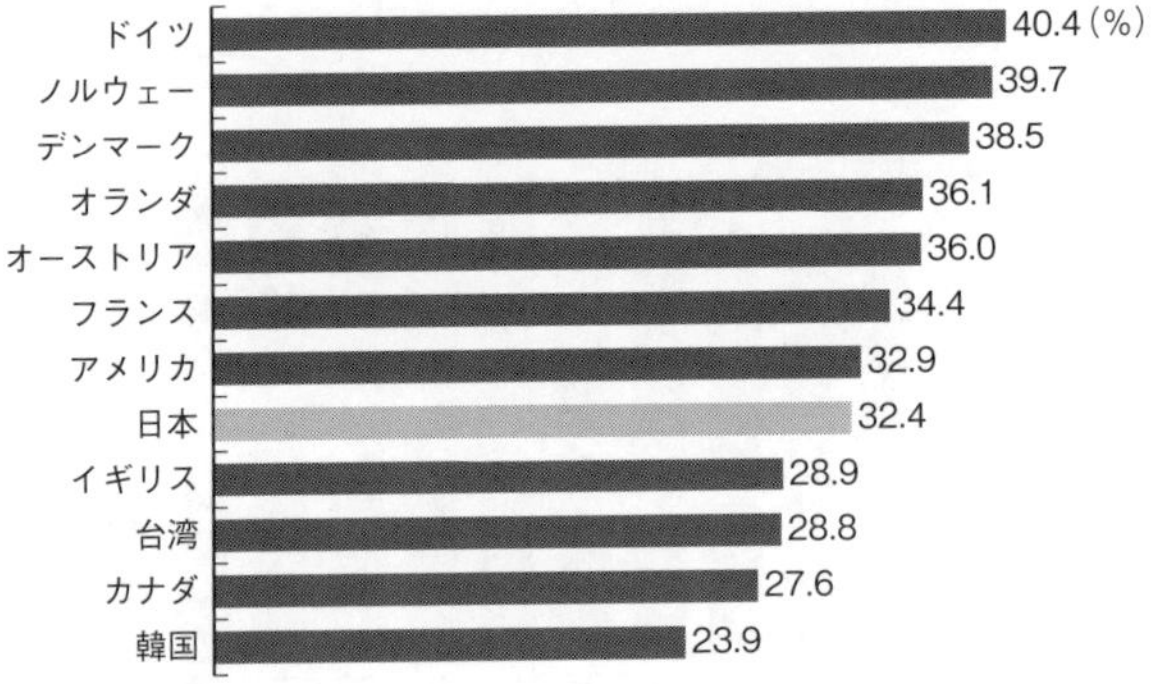

出典：国立社会保障・人口問題研究所『日本の世帯数の将来推計』（2013 年 1 月推計）より。2012（デンマーク）、2011（ドイツ、ノルウェー、カナダ）、2009（フランス）。それ以外は 2010 年のデータ。

オーストリアなどの欧州諸国が多い。日本はアメリカとほぼ同等だが、イギリス、台湾、カナダ、韓国よりも高い。

率ではなく実数ベースで見ると、単身世帯数が最も多いのは、実は中国である。単身世帯比率としては15%だが、総人口が多いため、単身世帯数は約５８００万世帯に達する。

次いで、アメリカ（約３２００万世帯）、日本（約１６００万世帯）、ロシア（約１１００万世帯）と続く（出典：総務省統計局「世界の統計２０１５」）。この４か国だけで、１億２千万もの単身世帯数となり、世界の単身世帯の約４割を占めているということになる。

進む晩婚化と急上昇する生涯未婚率

単身世帯率を高める要因のひとつとしては、晩婚・未婚があげられる。国立社会保障・人口問題研究所が発表している日本の生涯未婚率によれば、男性の生涯未婚率は１９９０年の５・６％から２０１０年には20・１％まで急増している。**５人に１人の男性は、生涯未婚で終わるということになる。**

この傾向は今後も続き、２０３５年には男性の生涯未婚率は30％近くまで上昇すると予想されている。**３人に１人が生涯未婚で終わる時代がくるということである。**女性の生涯未婚率も２００５年ごろから急上昇しはじめ、２０３５年には20％近くまで達する見込みだ。

ちなみに、生涯未婚率というのは、「45～49歳」と「50～54歳」の未婚率の平均値から、「50歳時」の未婚率（結婚したことがない人の割合）を算出したものであって、生涯を通して未婚である人の割合を示すものではない。ただ、50歳で未婚の人は、将来的にも結婚する予定がないと判断されているということである。

日本の生涯未婚率の推移

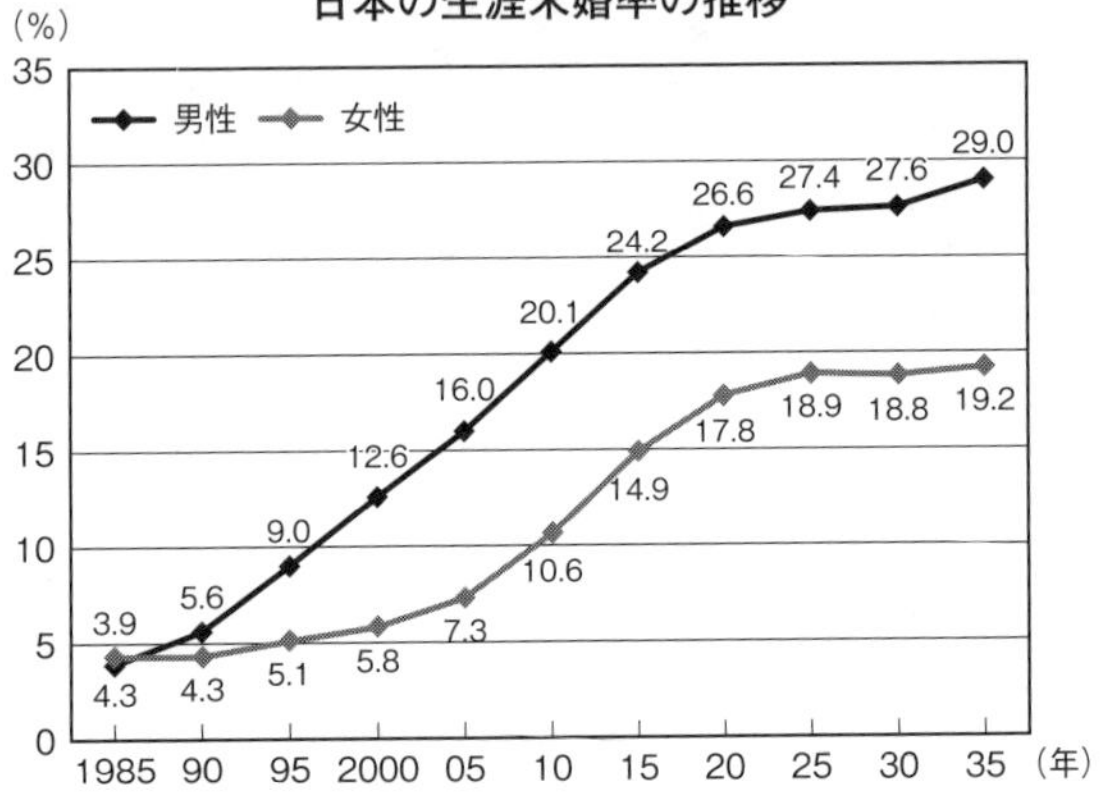

出典：生涯未婚率…国立社会保障・人口問題研究所「日本の世帯数の将来推計（全国推計）（2013年1月推計）」より。

男性の生涯未婚率が急上昇したのは、1990年から95年の間である。90年に5・6％だった男性の生涯未婚率が、95年には、1・6倍の9・0％に急上昇した。この時期に何があったかといえば、バブル崩壊である。

そして、バブル崩壊とともに見直しが図られたのが、日本企業特有の年功序列制度から成果主義への転換である。

年功序列制度とは、勤続年数および年齢に応じて役職や賃金を上昇させる人事制度または慣習を指す。年功序列制度の是非についてはここでは触れないが、年齢と勤続年数に従って地位と給料が上がる時代は、

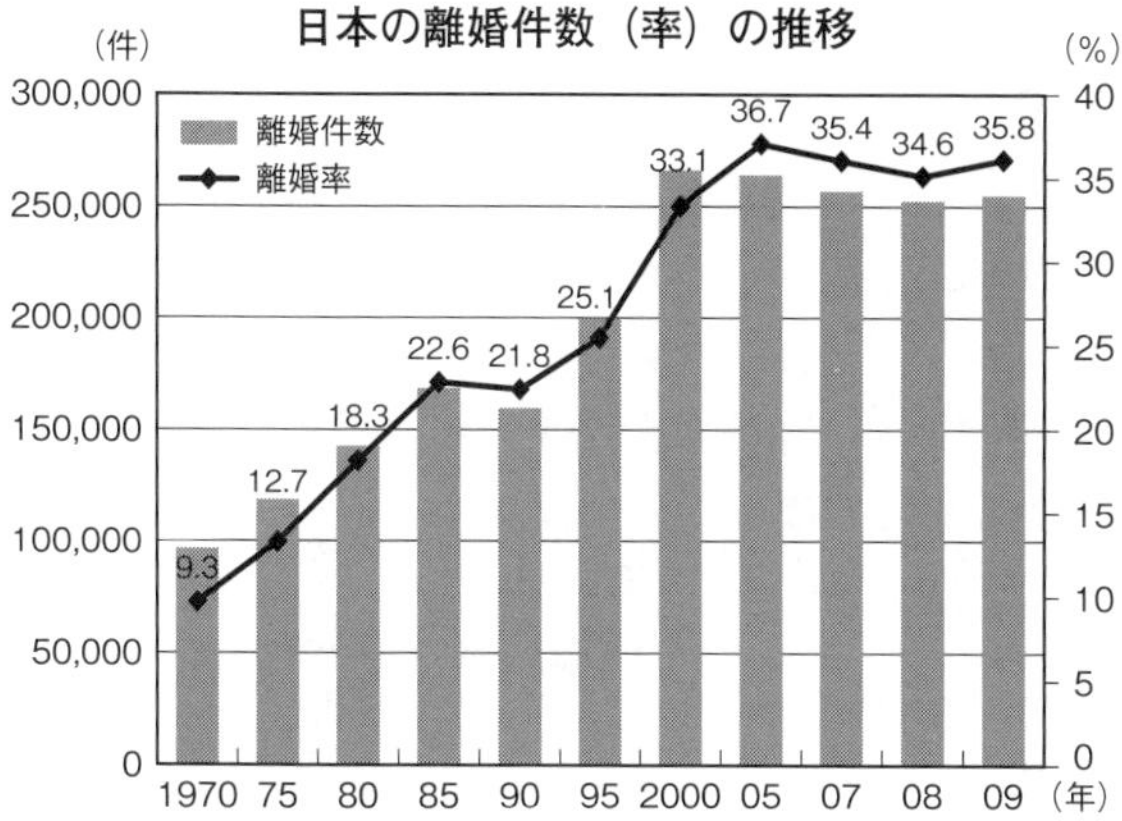

出典：厚生労働省「人口動態統計」より。
※離婚率は、同一年の「婚姻件数÷離婚件数」にて計算。

ある意味わかりやすかった。何歳になれば課長になって、給料はどれくらいという確約された未来が見えていたからだ。

年功序列崩壊後の成果主義による報酬体系は、業績を上げた者にはよかったかもしれないが、そうでない者は何年経っても給料が上がらない、下手をすれば前年より下がってしまうという事態も招いた。**未来が見えなくなってしまったのだ。**

先行き不透明な状態で結婚して所帯を持つことはできない、そんな不安感があったことも独身が増えた要因のひとつではないか。

さらに、離婚率を見てみると、1970年にはわずか9％程度だったが、2005年ごろからほぼ35％前後で安定して推移していることがわかる。**結婚しても3組に1組は離婚する計算である。**

独身生活者は、もはやマジョリティへ

2010年の国勢調査によれば、既婚者は男女ともそれぞれ約3200万人の合計約6400万人で、ほぼ人口の半数。対する20歳以上の独身者は、婚歴ありの独身者も含むと、男女合わせて約3800万人となっている。20歳以上の未婚者に限っても約2400万人。

これがどれくらいの規模かというと、よくマーケティングでターゲットとして規定されるF1層（20〜34歳の女性）・M1層（20〜34歳の男性）という言葉があるが、このF1層とM1層を合わせた数が約2200万人。**企業がターゲットとしてよく想定する層のボリュームより、男女の未婚者数の方が多いということになる。**

未婚者の人口ボリュームは？

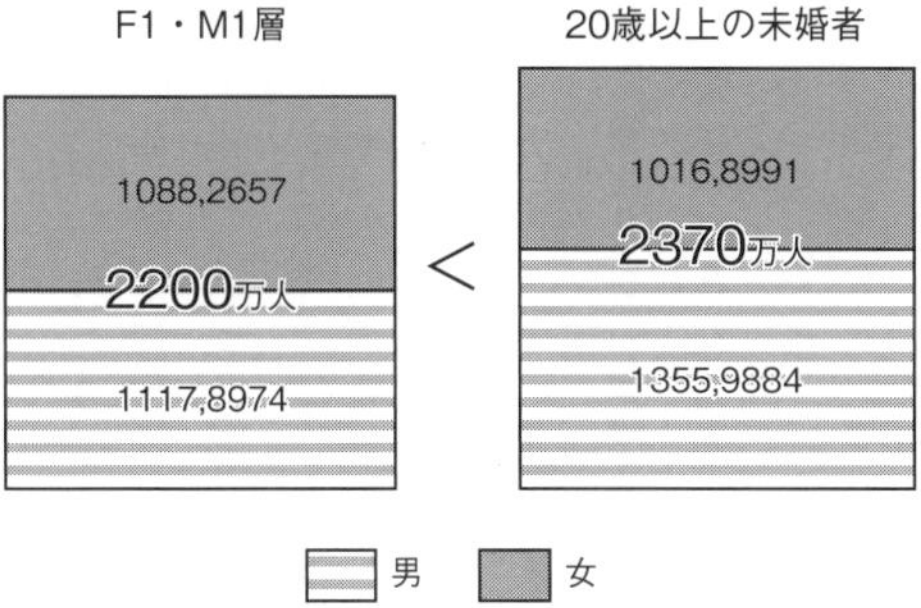

出典：2010年総務省統計局「国勢調査」人口等基本集計より。

独身生活者の内訳

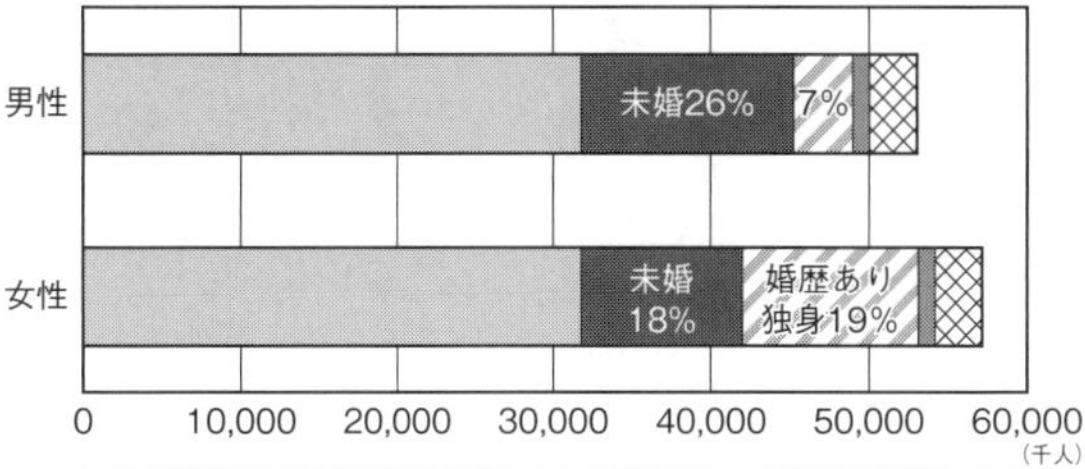

	女性	男性
既婚	31,909,442	31,849,311
未婚	10,168,991	13,559,884
婚歴あり独身	11,082,255	3,606,443
不詳	1,008,055	1,029,747
15〜19歳	2,954,128	3,109,299

出典：2010年総務省統計局「国勢調査」人口等基本集計より。

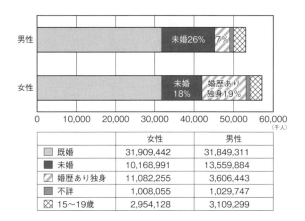

独身者数の内訳は、未婚の独身者は、男性1400万人に対して、女性1000万人と男性の方が多いが、婚歴ありの独身者数は圧倒的に女性の方が多い（男性360万人、女性1100万人）。これは、配偶者の死別に伴う高齢女性の独身化が主な要因である。

全体的な晩婚・未婚化の傾向、生涯未婚率の上昇、高い離婚率などを勘案すれば、今後ますます独身の単身世帯者が増えていくことは明らかである。それは、単に高齢化社会ということだけではなく、**一人で生活する人たちがメインボリュームとなる時代がくる**ということなのである。

従来の「夫婦と子」世帯ではなく、**単身世帯が標準世帯となると、おのずと市場の需要も質的に変化せざるを得ない**。主婦が家族の買い物をする時代から、一人ひとりが自分の買い物をする時代になるのだとすれば、店のあり方や買い物の方法も変化せざるを得ないだろう。

今後、ボリュームが増えることが確実なこの独身・単身世帯者は、市場のターゲットとして無視できない存在であるといえよう。

いつも相手にされない独身男性

かつて**「おひとりさま」**という言葉が流行ったときがあった。

「おひとりさま」という言葉が生まれたのは意外に古く、1999年。ジャーナリストの故・岩下久美子さんが、「これからは個の時代。女性が堂々と一人で行動できる世の中にしたい」と、「おひとりさま向上委員会」を発足させたことがきっかけ。その後、『おひとりさま』という本も出版されている。ただし、このころはあくまで一部の特殊なものという認識で、広く市民権を得たものではなかった。

その後、2000年代半ばから後半にかけて、女性の「ひとり焼肉」や「ひとりカラオケ」などが各種メディアで取り上げられるようになり、2009年には、観月ありさ主演のテレビドラマ「おひとりさま」（TBS）が放映されるほどにブームとなっていった。

今では、おひとりさま専用の焼肉屋やカラオケ店ができたり、一人旅専用のツアーサービスが生まれたりと、確実に市場に波及・浸透している。

とはいえ、この**「おひとりさま」ブームは、なぜか対象が女性ばかり。**もともと女性による単独行動から派生しているものなので当然といえば当然なのだが、おひとりさま行動をしていたのは女性だけではない。男性のおひとりさまだって存在するし、市場に貢献していたはずである。むしろ、一回当たりの単価や頻度は女性より多いかもしれない。

なのに、誰からも注目されない。そもそも、「ひとりメシ」も「ひとり焼肉」も「ひとり酒」も「ひとり旅」も、昔から男性たちが普通にやっていたことではないだろうか。

これに限らず、男性がやっていても話題にはならないが、女性がやりはじめると話題になるということはよくある。

たとえば、**「女子会」**。2008年ごろからテレビ番組や雑誌で使われるようになり、10年の新語・流行語大賞でトップテンにも選ばれた言葉である。飲食店では「女子会」需要を見込んで、女子会メニューや割引などのサービスも導入された。

しかし、「男子会」という言葉は聞かないし、男どうしで飲んでも何のサービスも受けられない。男の方が客単価は高くなるはずにもかかわらず、である。

映画館や遊園地にも、曜日を定めた「レディースデー」のサービスがある。ホテルや旅行、ゴルフについても、女性限定の「レディースプラン」が存在する。

一方、メディアにおいても、「女子高生」や「女子大生」はもてはやされるが、「男子高生」「男子大学生」がスポットを浴びたことはあまりないのではないだろうか。アラサー、アラフォーも、もともとは女性を指す言葉だ。

独身女性に比べて、いつも相手にされない独身男性たち。

メディアでの取り上げられ方だけではない。企業のマーケティングのターゲットとしても、女性マーケットは年齢層や商品カテゴリーごとに分析されていたが、「単身・独身男性」は、これまであまり消費の実態や生活意識の研究が進められてこなかった。

広告会社にいると、「今度の新商品は、F1層をターゲットに……」というオリエンテーションは何度も聞いたことはあるが、M1層や独身男性狙いという話はあまり聞いたことがない（唯一、缶コーヒーは男性ターゲットに特化してはいるが）。

実はこれには、いくつか理由がある。

その中のひとつとして、ある種の定説としていわれていたことがある。「男性の中でも

未婚・既婚世帯収入の比較

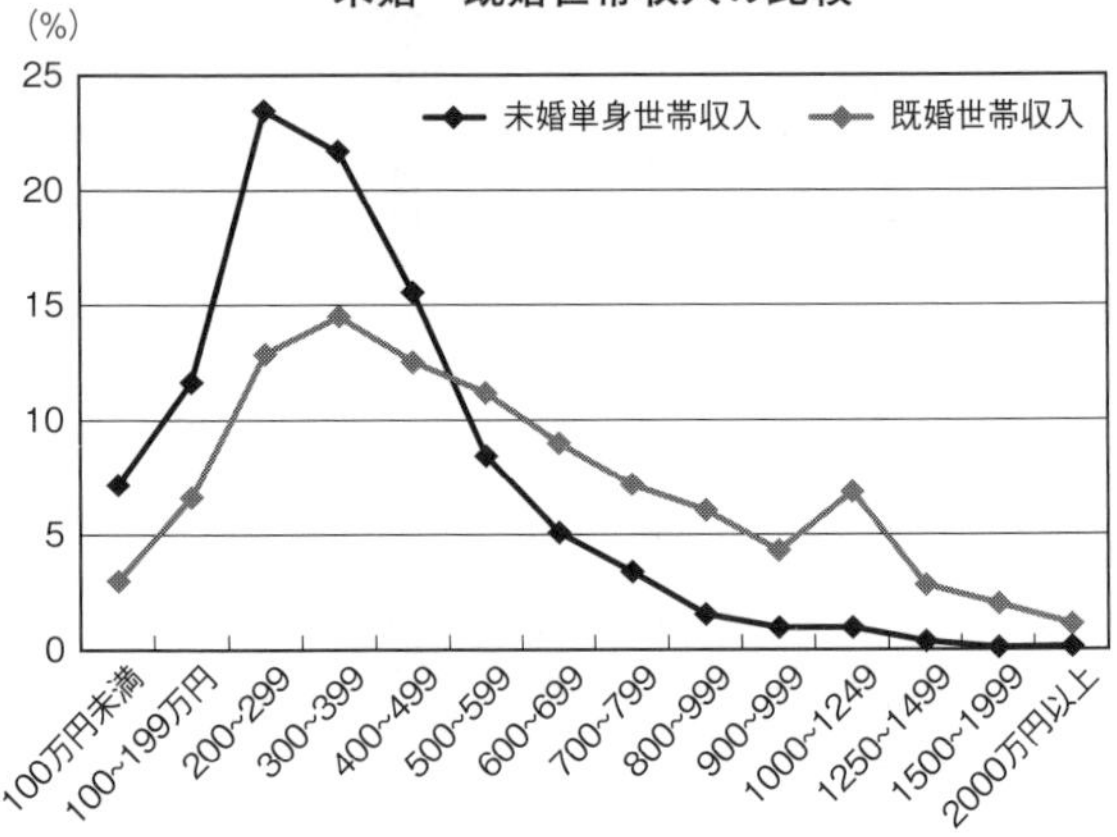

出典：2012 総務省統計局「就業構造基本調査 全国編」より「単身世帯男性未婚者と既婚男性世帯主の世帯年収との比較」。

特に独身男性は、低収入であり消費力が弱い」というものだ。

確かに、既婚男性と比べると、独身男性は低収入となっている。2012年の「就業構造基本調査（全国編）」にて、単身世帯男性未婚者と既婚男性世帯主の世帯年収との比較をすると、**独身男性の平均年収は300万円前後がボリュームゾーンとなっている。**

つまり、「低収入＝消費金額も少ない→消費しないから顧客にならない」。そんな強引な論法で考えられてしまっている傾向があるのだ。

加えて、「低収入の男性は結婚できない」という噂も手伝って、独身男性はマーケットのターゲットから外される傾向がある。

しかし、果たして本当にそうであろうか。

独身男性は消費しないのだろうか。

独身男性市場は、独身女性のそれを凌駕する

言うまでもなく、消費性向では女性の方が男性を上回る。２０１３年「家計調査」の勤労者単身世帯で男女比較をしても、単身女性75％に対して単身男性60％強。これだけを見てしまうと、収入のほとんどを消費に費やす女性に対して、独身男性は消費しないと思われがちである。

しかし、実額で比較するとどうだろうか。

同じく、２０１３年「家計調査」単身世帯・勤労者・一人一か月当たりの消費支出額で見てみると、単身男性約18万円に対して単身女性約17万円と、男性の方が月１万円以上高

単身男性・女性の消費性向比較

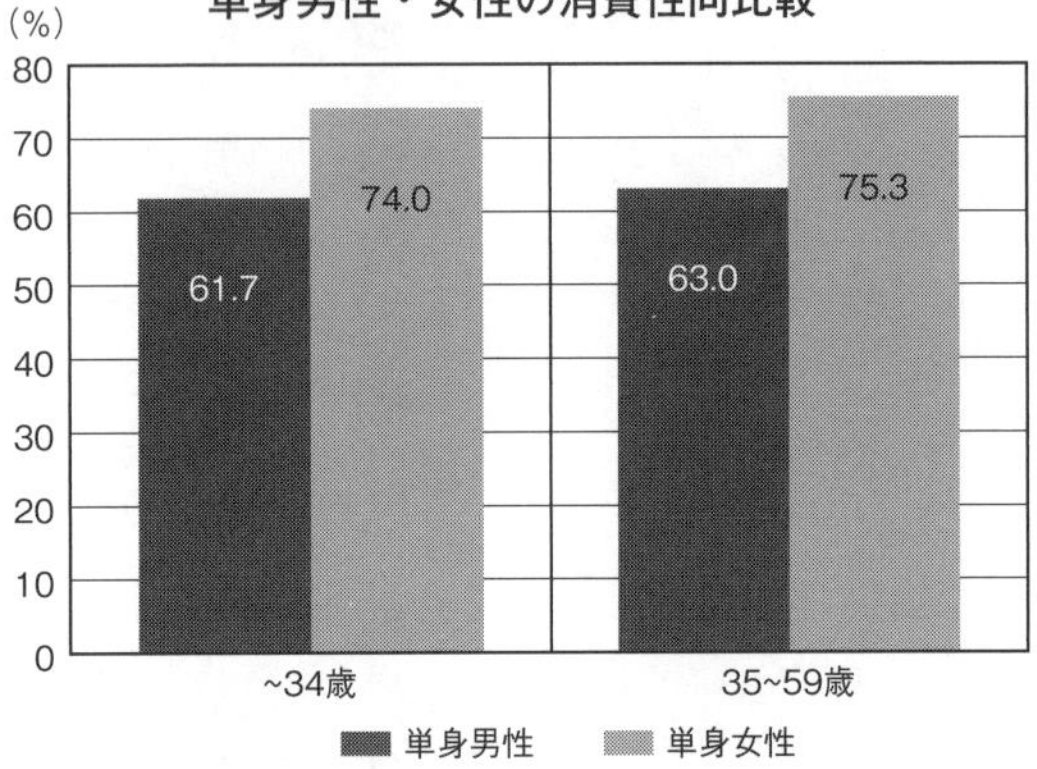

出典：2013総務省「家計調査」単身世帯のうち勤労者世帯、消費性向＝可処分所得のうち消費支出の割合。

消費支出実額比較

(円)

	単身男性	単身女性	差異
07-13 平均	184,949	180,625	4,325
2013年	180,342	170,219	10,123
2012年	168,940	172,122	−3,182
2011年	184,438	179,534	4,904
2010年	183,294	180,157	3,137
2009年	183,390	187,821	−4,431
2008年	200,471	186,625	13,846
2007年	193,770	187,894	5,876

出典：総務省「家計調査」単身世帯のうち勤労者世帯、一人1か月当たり消費支出の経年推移。

くなっている。調査年によってバラつきはあるものの、直近7年の平均で見ても、**男性の方が約４千円ほど消費支出実額は多いのである。**

加えて、20〜50代に関しては、単身男性の方が圧倒的に人口が多い。平均消費支出と単身生活者人口を掛け合わせた消費市場ボリュームで比較すると、20〜50代単身女性が年間8兆円に対して、20〜50代単身男性は年間14兆円規模にもなる※。

※　２０１０年国勢調査による単身世帯年齢別人口分布に、２００９年全国消費実態調査による年齢別消費支出額を掛け合わせて合算した推計値。男女とも20〜50代の単身世帯のみを抽出。

単身男性が、いかに消費をしているかがおわかりいただけるのではないだろうか。**重要なことは、「どれだけ収入があるか」ではなくて、「どれだけ消費をするか」なのである。独身男性の消費する力は高い。**それを裏づけるかのような面白いデータがある。

２０１０年厚生労働省「出生動向基本調査（結婚と出産に関する全国調査）」によると、独身男女に対し「独身生活の利点とは何か」を聞いた質問で、「行動や生き方が自

独身生活の利点（男女差異）

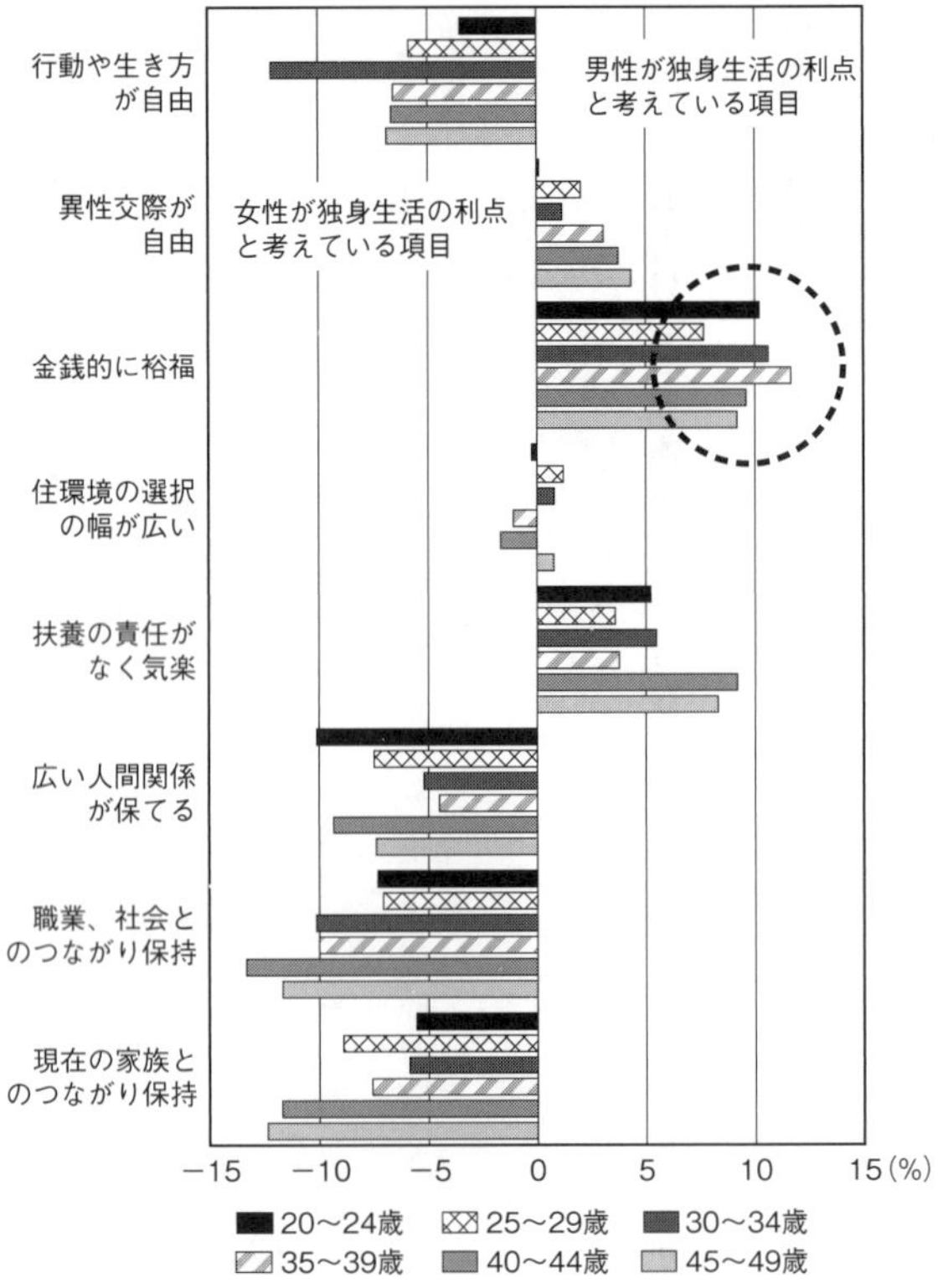

出典：2010年厚労省「第14回出生動向基本調査（結婚と出産に関する全国調査）」より「独身生活の利点（未婚者対象）」。

由」（64％）に次いで、2番目に「金銭的に裕福」（27％）が挙げられている。

注目すべきは男女差異で、男女で独身の利点と考える内容が明らかに異なるということである。女性が「行動や生き方が自由」「人間関係が保てる」「職業や社会とのつながり保持」といった点を挙げているのに対して、男性は「金銭的に裕福」という部分が多い。


これは、結婚すると自分で自由に使えるお金がなくなることを、独身男性が何よりも恐れていることを意味する。つまり、**独身男性は自分のためにお金を使いたがっているのである。**年代的には、30〜40代で特に顕著だ。

さらに家計調査を見ていくと、**独身男性のエンゲル係数が極端に高いことがわかる**（独身男性27％、2人以上世帯22％、独身女性20％）。これは、独身男性が「誰よりも弁当やおにぎりなどの調理食品を買い、ペットボトル飲料を買い、お菓子やカップ麺を買い、酒を買い、外食をする」ということを表している。**独身男性は、特に食品、飲料、酒類メーカーにとって上顧客といえる**のではないだろうか。

食費以外にも、独身男性は女性に比べて自動車関係費、交通・通信費、娯楽サービスの出費が特に多い。逆に、住居や家具、服飾費は、女性ほどお金をかけない傾向がある。

独身男性のお金の使い道

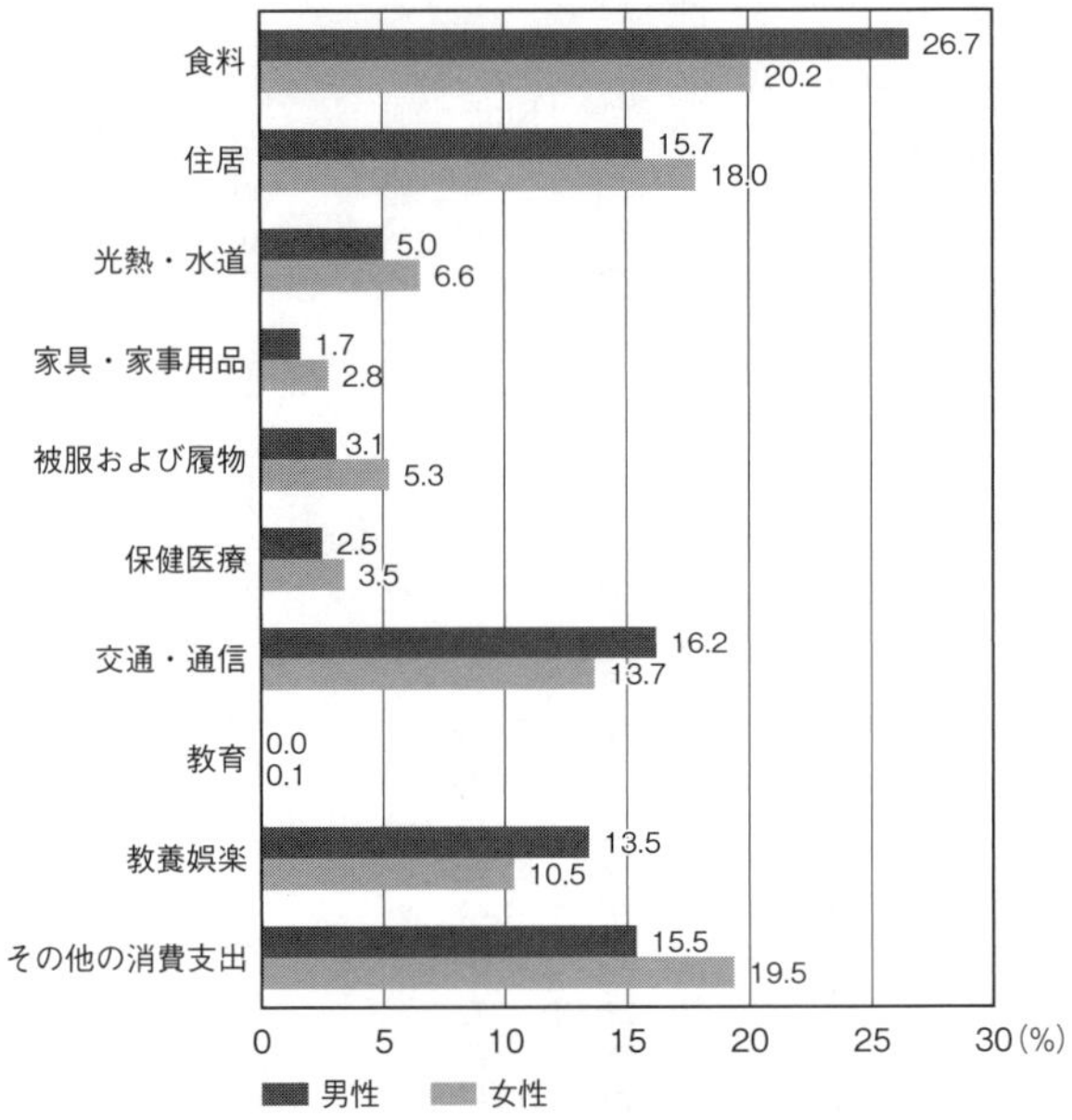

	その他の消費支出	教養娯楽	教育	交通・通信	保険医療	被服および履物	家具・家事用品	光熱・水道	住居	食料
男性	15.5%	13.5%	0.0%	16.2%	2.5%	3.1%	1.7%	5.0%	15.7%	26.7%
女性	19.5%	10.5%	0.1%	13.7%	3.5%	5.3%	2.8%	6.6%	18.0%	20.2%

出典：「2015　総務省家計調査」単身・勤労者世帯。

彼らは、いったい何にお金を使っているのだろうか。

世代を超えた共通のソロ男的消費行動

従来、生活者の買う動機を探るためには世代論が使われていた。「団塊世代」「新人類世代」「バブル世代」「氷河期世代」「プレッシャー世代」「ゆとり世代」など、生まれた年代の社会背景に応じた共通の価値観から消費性向をとらえるというものだ。

確かに、同じ年代に生まれて、学校を出て、就職して、結婚して、親になるという一連の流れが共通だった時代はそれでよかった。しかし、今や単身世帯が増加し、結婚せずに一生を終える生涯未婚者層が増大するなかで、同じ年代に生まれたというだけで簡単には一括りにできない。

かつて「新人類世代」と呼ばれた年代は、すでに50代に達している。今から30年前、1986年の新聞にこんな記事があった。新人類世代に対する上司の愚痴である。

「残業を命じれば断るし、週休二日制は断固守ろうとする。だから、仕事は金曜の夕方までに、われわれ上司が手を貸して片づけさせるしかないんです」(保険会社課長)。

「社費留学で海外にやると、帰国したとたん会社をやめてしまうんで、期間を短くしたり、帰国後にノルマを課したりしています」(商社部長)。

どうだろう? とても30年前の記事とは思えないのではないか。そのまま今の新入社員に対しても同じことが当てはまるのではないだろうか。

時代背景や環境、テクノロジーの進歩により、時代によって意識や行動が変化することは当然のことで、世代論そのものは否定しない。が、いつまでも世代論に固執して、「イマドキの若者はこうだよね」と無理やりカテゴライズしようとすると、大事なことを見落としてしまうおそれもある。

独身男性に関していえば、20代でも50代でも、「独身で一人暮らし」という環境が同じであれば、むしろその消費行動はかなりの共通項があると思っていい。誰とも同居しない一人暮らしということは、すべての行動が「ソロ活動」となるわけである。

自分がしなければ、誰もしてくれない。買い物もまたしかり。食料も服も日用品も、すべての買い物を自分でこなさないといけない。そこには、**独身男性ならではの共通行動、世代を超えた特徴が存在するのではないか**と考える。少なくとも、奥様がすべてやってくれる既婚男性とは確実に行動は違うはずである。

また、意識の面でも共通項はある。独身であることは、つまり親ではないということ。人は子を生み育て、親としての役割を果たす過程を経て親になる。親にならなければ、たとえ50歳になろうとも還暦を迎えようとも、生涯子どものままなのである。

仕事や人生経験を積み上げ、社会的地位が高くなっても、独身のままなら親にはなれない。「子どものままの男」は、基本的に自分のためだけにお金を使うことができる。そこにも、世代を超えた「子どものままの男」ならではの特徴が発見できるのではないか。

有史以来、人類は異性のパートナーと結びつき、家族という共同生活を続けてきた。それが当たり前のことだった。近年の急激な単身世帯数の世界的な増加は、**消費の単位が**

「群」から「個」に移行していることを意味する。

そのため、**人々の生活意識のみならず、消費行動も変わる可能性がある。行動が変わるということは、そこに新たなニーズも生まれてくる。**今まで存在しなかった新業態が生まれる余地が出てくる。事実、大家族から核家族化に移行した1970年代の日本にコンビニが出店されはじめたように。

若者やシニアといった従来の人口統計学的論法だけでは大事なことを見失う。20代とか30代とか年代だけで一括りにしてしまうと、未婚と既婚というライフステージの違いが平均化されてしまうのだ。

ソロ活動する未婚と家族生活する既婚とでは、消費の考え方が根本的に違う。事実、同じ20代でも未婚と既婚とでは、消費行動に大きな違いが見えるし、50代でも未婚と既婚とでは違う。

というわけで、本書では、年齢関係なく、20〜50代までの独身の単身世帯男性を**「ソロ活動をする男性」**という新しい括り方で見てみる。略して**「ソロ男《だん》」**と呼ぶ。

「ソロ男」の生活意識や価値観、消費行動を分析してみることで、そこに何か消費ターゲットとしての可能性を見出せないか。それが、本プロジェクトの目的である。

第1章
ソロ男の意識・行動を分析する

ソロ男分析1

「ソロ男」とは?

いい年したおっさんが、ソロ男とか気持ち悪い?

「ソロ男」というと、どんなイメージを持たれるだろうか。

周囲の女性にそれを聞いたところ、かなりネガティブなイメージを持たれていることがわかった。20~30代のソロ男はまだマシな方で、40~50代のソロ男に対しては相当辛辣だった。

「結婚できないからには、なにか性格的に問題がある人」

「金遣いが荒くて、ギャンブル好きな人」

「人づき合いのできない、社会生活に適合できない人」

「アニメとか二次元好きで、本物の女性を愛せない人」

「自分しか愛せない、自己愛の塊のような人」

「いつまでも20代前半の若い女の子ばかり追いかけている人」

などなど。


ソロ男は、「一人で生きている人」というイメージが強い。そのため、協調性がなく、孤独でかわいそうな人という印象につながっている。

生涯未婚率や独身者数がどれだけ増加していても、やはり「人は結婚すべき」という固定観念があるのだろうか。あるいは、「結婚できない女性」が負け犬と称されたように、男性に対してもその印象が強いのだろうか。とにかく、「若いうちはともかく、いい年したおっさんがいつまでも未婚のソロ男とか気持ち悪い」というのが正直な感想なのだろう。

しかし、これらのイメージがすべて間違っているともいえない。そもそも、ソロ男の生態についてしっかりと調査をしたことがないからである。先入観や偏見だけで進めてもしかたないので、まずは調査を実施してみようというのが本プロジェクトの発端だった。

ソロ男の生活意識、価値観、消費行動を明らかにし、消費ターゲットとしてのソロ男のポテンシャルを探るために、プロジェクトではインターネットを使った定量調査を実施した。独身だけではなく、既婚（子どもあり／なし）者にも同様の調査を行い、比較の対象とした。

ソロ男の価値観は、「自由・自立・自給」

まず最初に、ソロ男の定義について考えた。第一に、すべての独身男性はソロ男なのか、という点である。

男性の平均初婚年齢は、すでに30歳を超えている（厚生労働省の「2010年人口動態統計」より）。すべての独身男性をソロ男とすると、20代男性はほとんどソロ男ということになってしまう。現在、独身である男性の中にも、今後すぐに結婚して既婚者となる層も確実に存在する。それらを混同することのないよう、次のような便宜上の分類をした。

将来結婚するかどうかを予測することは困難であるため、事前スクリーニング調査を行い、ソロ男に特有な以下の価値観を分類条件として設定した。これらの設問すべてに「そう思う」「ややそう思う」と回答した対象者を「ソロ男」、それ以外を「非ソロ男」と分類し、たとえ未婚の独身男性であっても該当しない場合は「非ソロ男」扱いとしている。

自由：「束縛されないで自由に過ごしていきたい方だ」
自立：「（家族がいても）一人で過ごす時間を確実に確保したい方だ」
自給：「（家族がいても）誰かにあまり頼らず生きていける方だ」

さらに、**「ちゃんと働いていること」「一人暮らしをしていること」「親から経済的に援助されていないこと」**もソロ男の条件として付与した。つまり、たとえ独身男性だったとしても、無職であったり、親と同居のうえ経済的にも親に依存している者はソロ男から除外した。

あくまで消費ターゲットとしての可能性を探るものなので、親に依存する高齢ニートや年金パラサイトは対象外とするためである。

ちなみに、高齢ニートとは、「主に30歳を過ぎても働かずに家でゴロゴロして、親から小遣いをもらう子どもたち」を指す。内閣府が発表した『子ども・若者白書（旧・青少年白書）２０１４年版』によると、30〜39歳のニート、いわゆる高齢ニート数は２０１３年で約35万人存在する。20〜29歳の若年ニートの32万人よりその数は多い。

また、年金パラサイトとは、親が定年退職して年金に頼って生きているにもかかわらず、その年金に経済的に依存する中年の子を指す。

ソロ男の定義

まとめると、以下の条件を満たす者を「ソロ男」と定義した。

- **基本的には、独身で20〜50代の男性。**
- **親と同居していない一人暮らし（ルームシェアは可）であること。**
- **ちゃんと働いていて、親などに金銭的な依存をしていないこと。**
- **自由・自立・自給の価値観を持っていること。**

（「束縛されないで自由に過ごしていきたい方だ」「（家族がいても）一人で過ごす時間を確実に確保したい方だ」「（家族がいても）誰かにあまり頼らず生きていける方だ」の質問すべてに、「そう思う」「どちらかと言えばそう思う」と答えること。）

本書において使用した調査概要は次のとおりである。本書では、質問項目によってソロ男との比較対象を、男性全体・既婚男性・非ソロ男（ソロ男意識のない未婚男性と既婚男性の合算）と使い分けている。あらかじめご了承いただきたい。

これらの定量調査に加えて、ネットアンケート、対面インタビューの形で生声も拾っている。そちらもあわせて紹介していきたい。なお、生声の年齢表記はアンケートやインタビュー実施時点のものとしている。

第1回ソロ男定量調査

■調査方法　インターネットリサーチ

■実施時期　2014年2月

■対象者　20～59歳男性
未婚ひとり暮らし・既婚（子供あり／なし）者

■対象エリア　東京都・神奈川県・埼玉県

■サンプル数　803人（ソロ男・未婚一人暮らし・ソロ男意識あり415人、非ソロ男・既婚+ソロ男意識なしの未婚者388人）

	合計	20代	30代	40代	50代
ソロ男・未婚一人暮らし・ソロ男意識あり	415	103	104	104	104
非ソロ男・既婚+ソロ男意識なしの未婚男性	388	76	104	104	104
合計	803	179	208	208	208

第2回ソロ男定量調査

■調査方法　インターネットリサーチ

■実施時期　2015年2月

■対象者　20～59歳男性
未婚ひとり暮らし・既婚（子供あり／なし）者

■対象エリア　東京都・神奈川県・埼玉県・千葉県

■サンプル数　519人（ソロ男・未婚一人暮らし・ソロ男意識あり271人、非ソロ男・既婚+ソロ男意識なしの未婚者248人）

	合計	20代	30代	40代	50代
ソロ男・未婚一人暮らし・ソロ男意識あり	271	69	70	70	62
非ソロ男・既婚+ソロ男意識なしの未婚男性	248	62	62	62	62
合計	519	131	132	132	124

ソロ男　5つのクラスター

① 社交性ソロ男　28.9%

異性の目を何より意識している。
仲間との交流も盛ん。仲間でわいわい楽しむ。
消費意欲も高くブランド物を身にまとうことが好き。
地位や所得を向上させようという意識もあり野心的。
彼女がいても女友達と遊ぶし、キャバクラにも行く。
器用貧乏。飽きっぽい。なんでも手を出す。浮気性。
実はこだわりの趣味はない。
すぐ誰かに連絡してしまう。

［口癖］
なるほどですね～
すごいっすね～
了解です

② ストイックソロ男　11.7%

ブランド物とかどうでもいい。

身だしなみより自分の趣味に投資。

一人でいる時間を重視し、それが楽しい。

周囲の目を意識しないが、自分のこだわりの分野において認められたい、負けたくない意識が強い。

商品のスペックやうんちくが好き。

自分の興味関心事に対してはストイックに突き詰める。

いわゆるフツーのオタク。

[口癖]
ちなみに
マジで
絶対

③ ネット弁慶ソロ男　24.8%

すべてにおいて低体温。一人でいることが苦痛でさびしがり屋。

週のほとんどを外出で済ますが、行くのは男友達か会社の同僚。

キャバクラにもよく行く。プロで欲求不満解消。

実は一番流行に左右される。

周囲の目を気にしている。

こんなはずではないという意識が強く、一発当てたると思っているが、別に行動を起こすわけじゃない。

本気出したら凄いと思っている典型。

[口癖]
とはいえ
でも……
だろ?

④ きっちりソロ男　21.0%

自分の趣味と合致する仲間との交流を大事にする。
常識や礼儀もわきまえている。きれい好き。基本真面目。
がつがつした出世欲や収入を増やしたい意欲はない。
周囲の目を意識して自分を変えることはしない頑固さ。
ひそかに特定領域の買い物に強いこだわりがあり、
衝動買いや無駄買いをしやすい。
独身なのに生命保険に入ってマンションを購入し、
老後を考えている。実は結婚したがっている。

[口癖]
要するに
一応
だから

⑤ 仙人ソロ男　13.6%

自己顕示欲がなく、出世も金も興味ない。
一人をこよなく愛し、孤独が苦にならない。
無理をしない、気楽に生きたい。
面倒臭いことが嫌い。彼女はいないし、いらない。
消費意欲は低い。
無駄な買い物はしない。ケチ。
趣味にかける時間は多いが、金はかけない。
人生を達観している節がある。

[口癖]
すいません
大丈夫です
まあ……

ソロ男分析2・生活意識

自由に生きるけど、ほめられたい

ソロ男の生活価値観に迫る7つの質問

ソロ男は、**「独身で20～50代の男性」「親と同居していない一人暮らし」「ちゃんと働いていて、親などに金銭的な依存をしていない」「自由・自立・自給の価値観を持っている」**と定義したわけだが、彼らは普段どのような考え方をしているのだろうか。

そこで、ソロ男の生活意識の特徴を明らかにするために、次の7つの質問（二者択一）を用意した。AとB、対極に位置する考え方のどちらに近いかを選ぶ形式のものだ。

ソロ男は、「気楽な地位を好む」

1

次にあげる考え方について、あなたの意見はAとBのどちらに近いですか。どちらか近い方をお選びください。

A　気楽な地位にいる方がいい

B　責任ある地位にいる方がいい

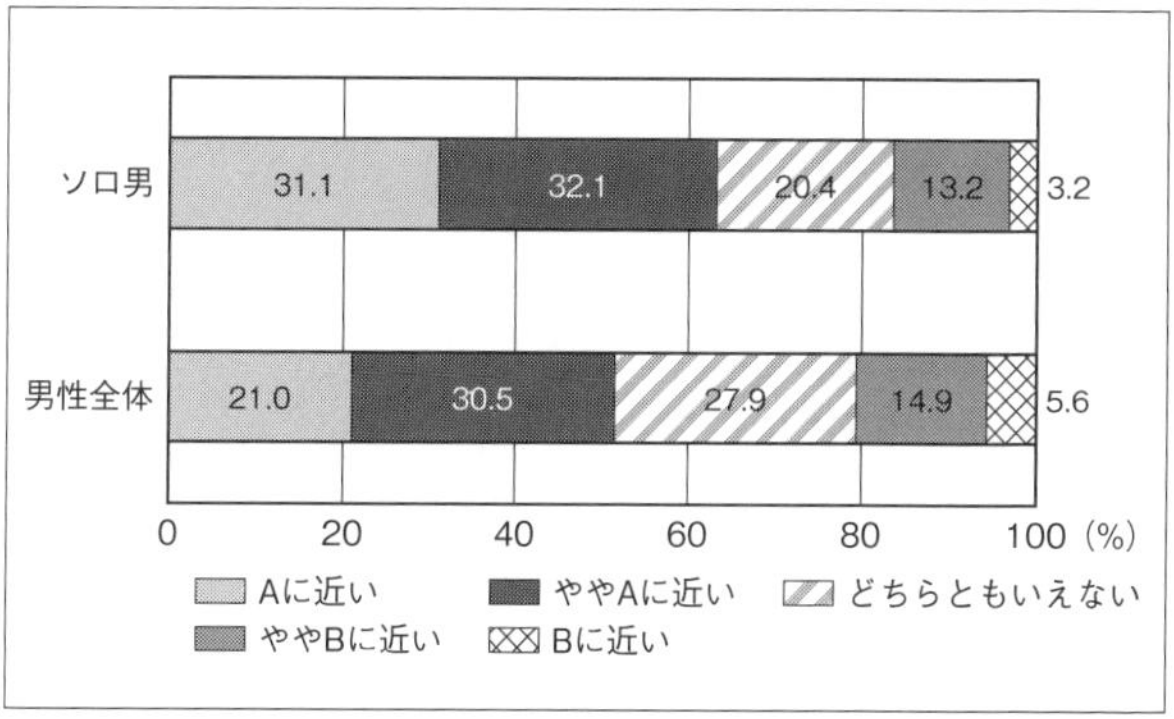

2 次にあげる考え方について、あなたの意見はAとBのどちらに近いですか。どちらか近い方をお選びください。

A 休みがたっぷりよりも、給料が高い方がいい

B 高い給料よりも、休みがたっぷりの方がいい

ソロ男は、高給より「休みたっぷり」を好む

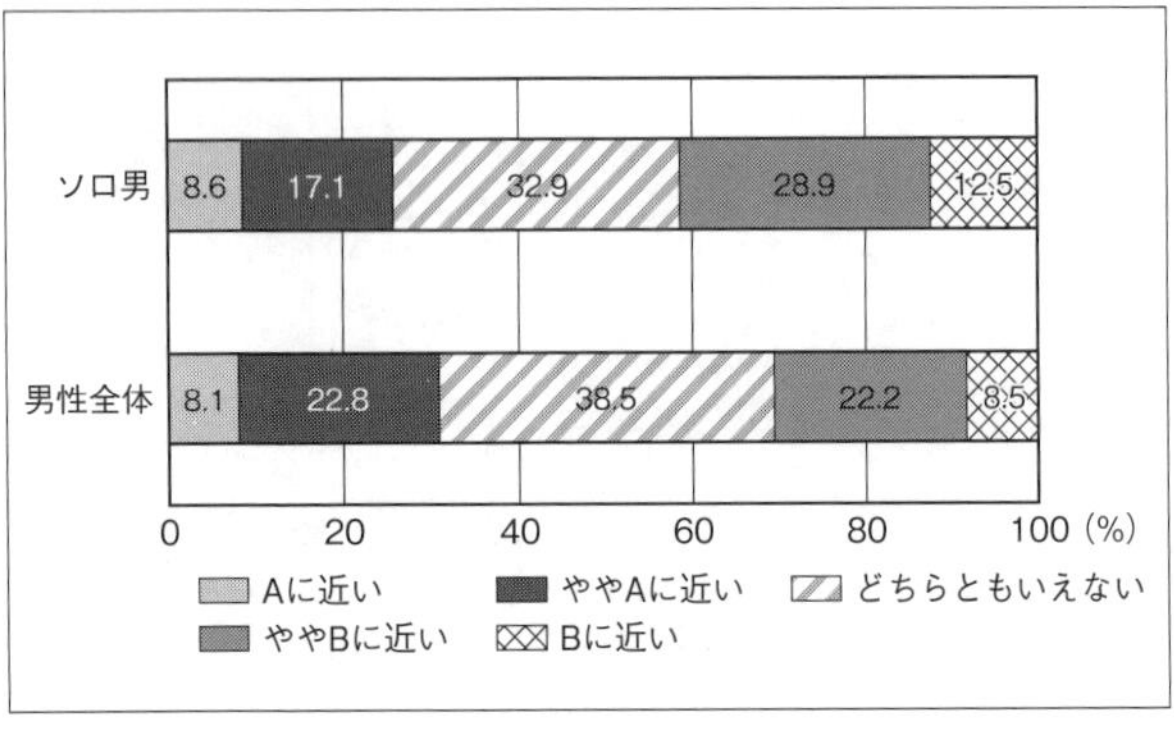

ソロ男は、「将来に備える」堅実な面も

3　次にあげる考え方について、あなたの意見はAとBのどちらに近いですか。どちらか近い方をお選びください。

A　今の生活よりも、将来に備える方である

B　将来に備えるよりも、今の生活を楽しむ方である

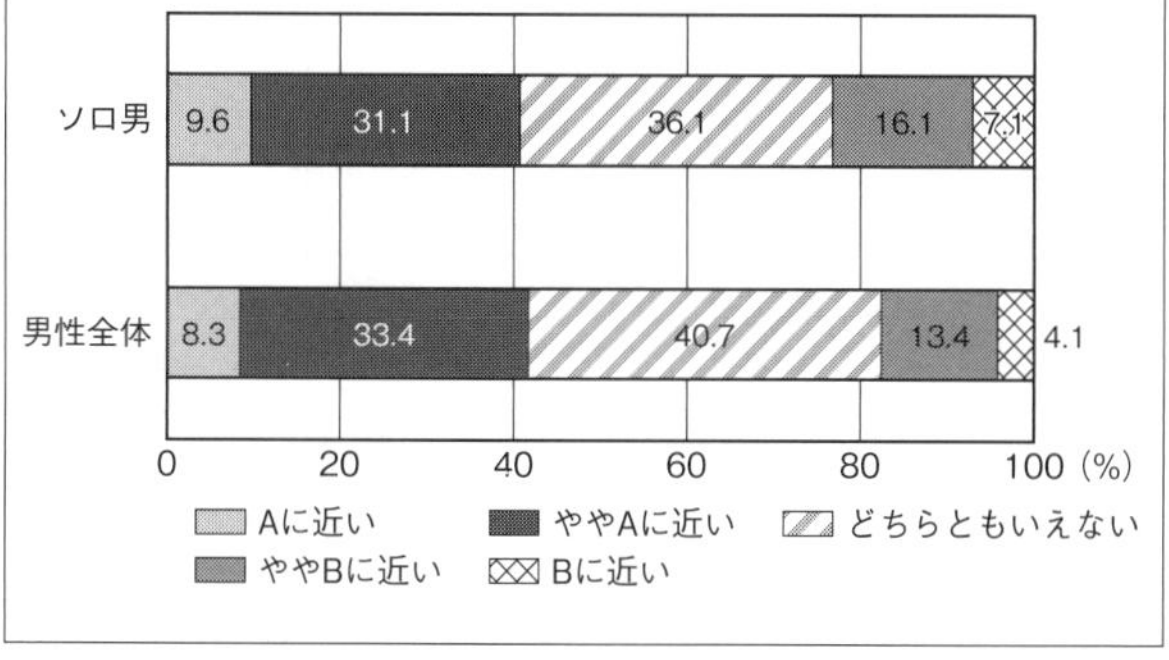

4

次にあげる考え方について、あなたの意見はAとBのどちらに近いですか。どちらか近い方をお選びください。

A　誰かと一緒に生活する方が、生活が充実する

B　一人の時間を大切にする方が、生活が充実する

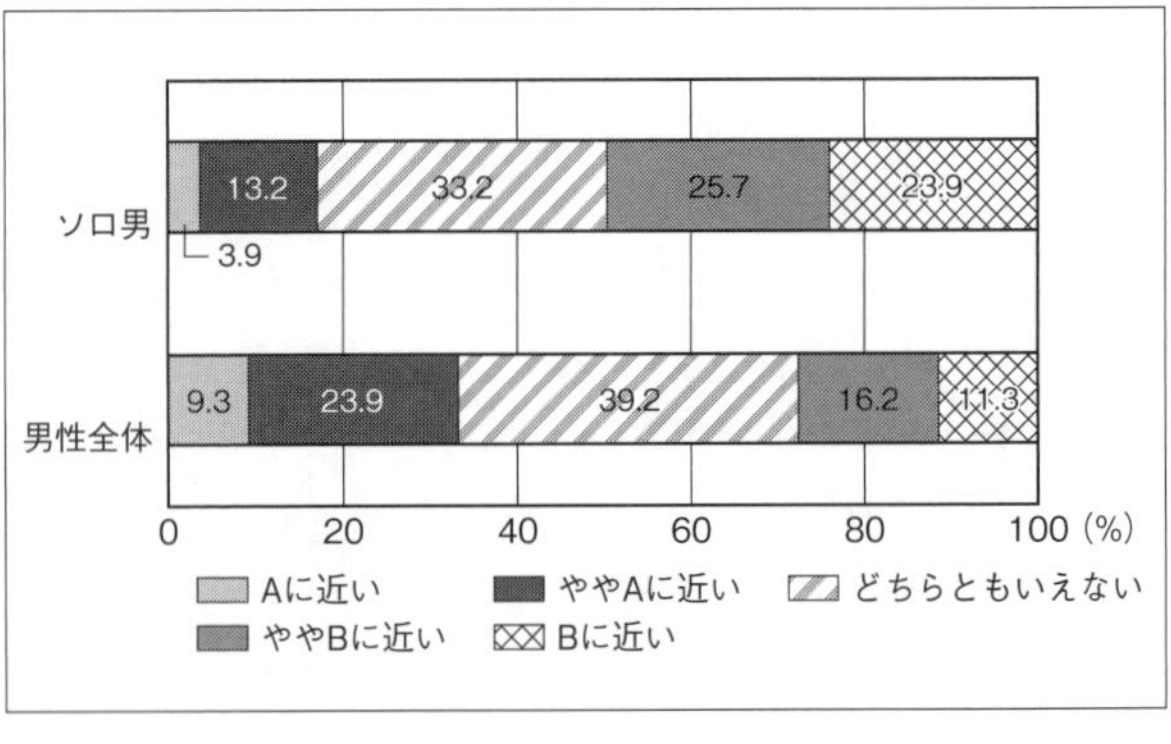

ソロ男は、「一人の時間を大切」にする

5

次にあげる考え方について、あなたの意見はAとBのどちらに近いですか。どちらか近い方をお選びください。

A　できるだけ長生きしたい

B　長生きにはこだわらない

ソロ男は、「長生きにはこだわらない」

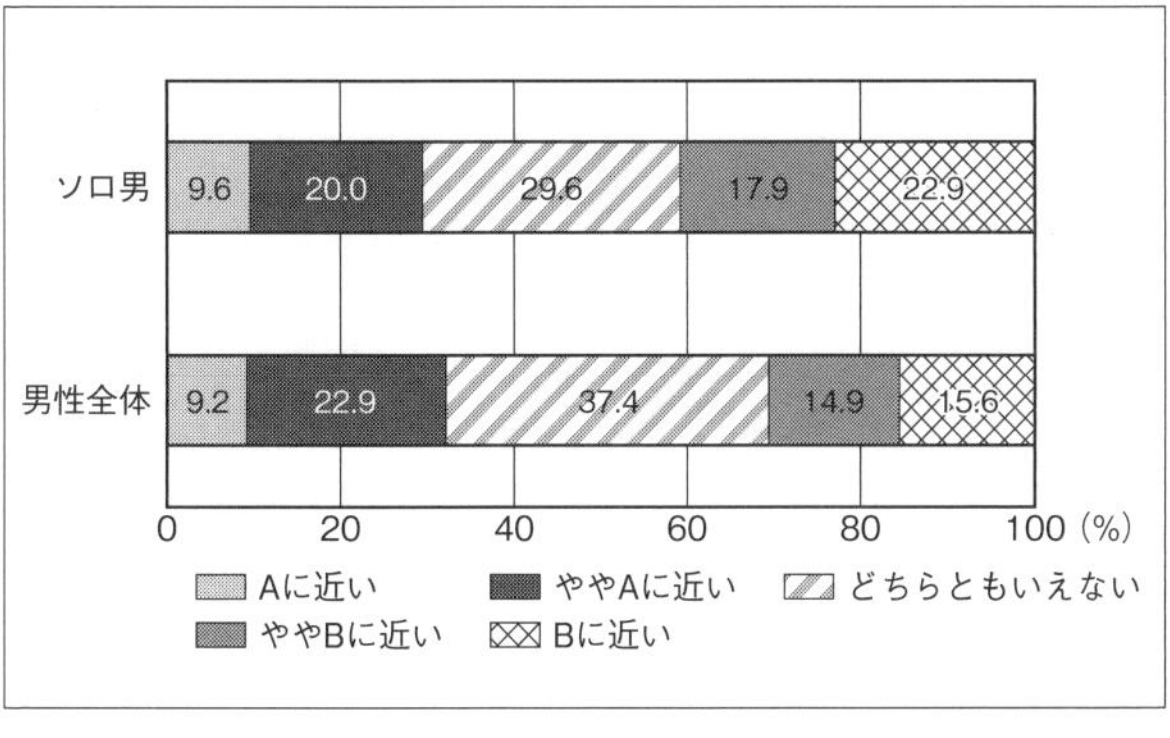

6 次にあげる考え方について、あなたの意見はAとBのどちらに近いですか。どちらか近い方をお選びください。

A 自分は周囲の中では変わっている方だと思う

B 自分は周囲の中でも、特に変わっている方ではないと思う

ソロ男は、「変わりものである」ことを自認

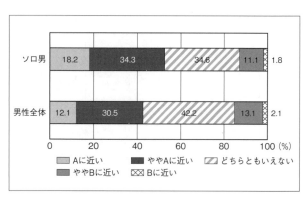

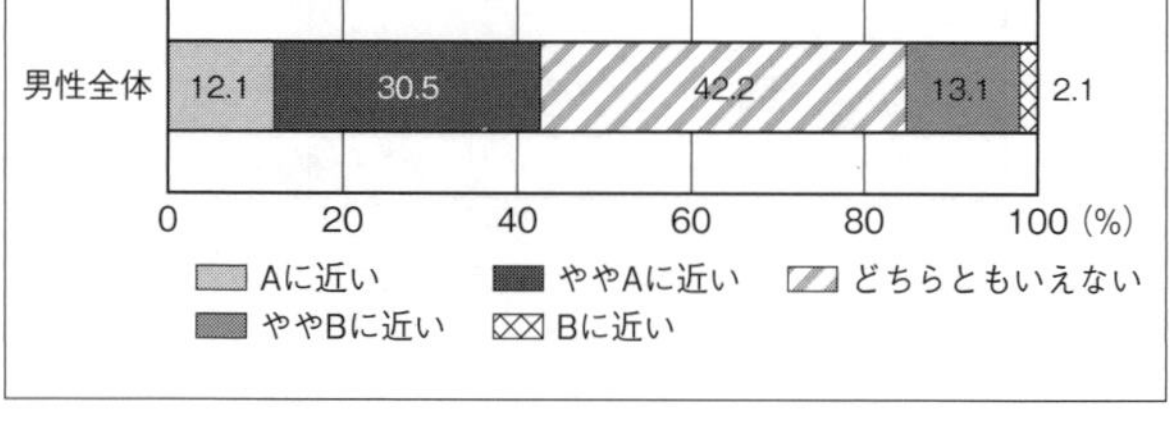

ソロ男は、「異性に対する意識が高い」

7

次にあげる考え方について、あなたの意見はAとBのどちらに近いですか。どちらか近い方をお選びください。

A　どちらかというと、異性によく見られたい

B　どちらかというと、同性によく見られたい

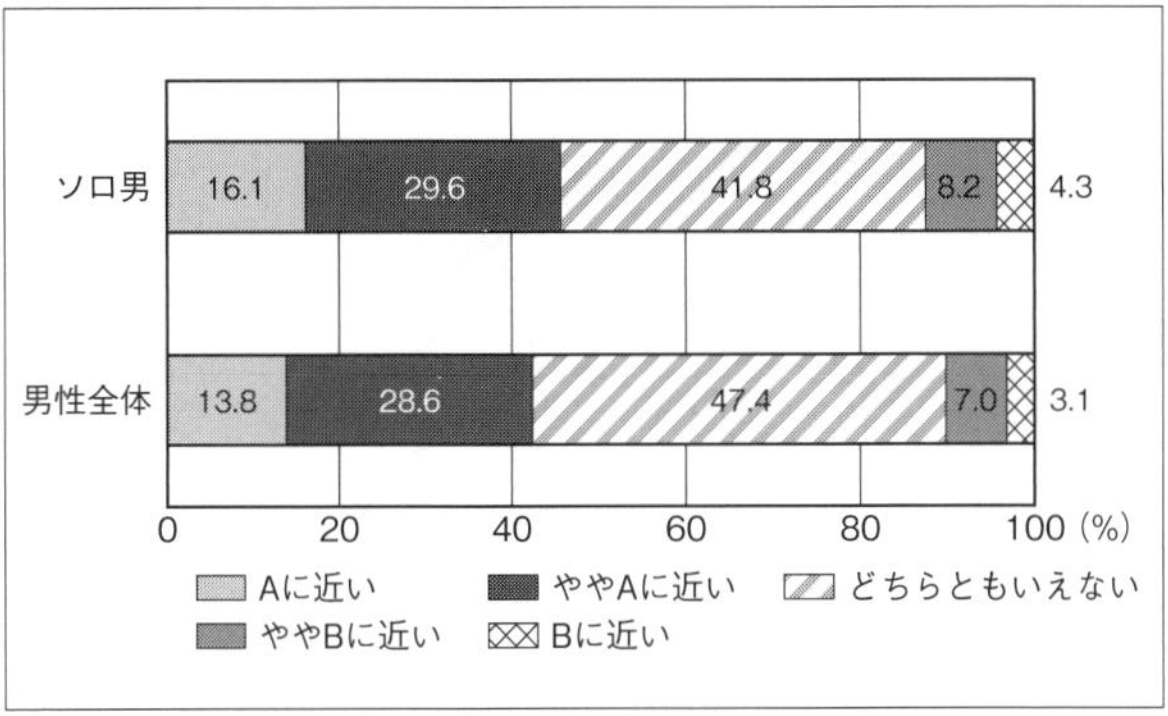

いかがだろうか？

ソロ男の特徴の一端が垣間見られたのではないだろうか。

「高い地位よりも気楽な地位を好み」（63％）、**「高い給料より休みたっぷりを好む」**（41％）。そこからは、ソロ男はバリバリの仕事をし、地位も金も手に入れてやるという野心満々のタイプではないことがわかる。

かといって、「今が楽しければそれでいい」というキリギリス人間かというと、そういうわけでもない。「将来よりも今を楽しむ」（23％）に対して、**「今より将来に備える」**（40％）が多い。男性全体との比較で見ると、ソロ男の方が今を楽しむと答えた人の割合がやや高いものの、意外にソロ男は将来を考えていることがわかる。

また、当然といえば当然だが、ソロ男は**「誰かと一緒の生活より、一人の時間を大切にする」**（50％）と回答。男性全体と比較すると、倍近い大きな差があった。

4割のソロ男が**「長生きにはこだわらない」**と回答しているのも特徴的である。ただ、この意識もソロ男の本心かどうか？　実際の行動と照合すると別の見え方になる（それについては、のちほど説明したい）。

さらに、ソロ男は自分自身が**「変わりもの」であることを自認している。**実に、53％のソロ男がそう答えている。「変わりもの」である自分をネガティブに捉えているというより、むしろポジティブに「変人」たらんとしているような気配を感じる。

予想外な結果だったのが、**「どちらかというと、異性によく見られたい」**と思っているソロ男が多いことだった（ソロ男46％、男性全体42％）。その差は微々たるものだが、一般的にソロ男に対する先入観は、「結婚しない＝異性に興味が薄い」と思われていることをかんがみると、面白い結果といえる。

同時に、「同性にもよく見られたい」割合も、ソロ男の方が2％ほど高い。

異性にも同性にもよく見られたい――それこそがソロ男全般に強く表れている特徴的な意識のひとつなのだが、これに関しては、この後くわしく述べていくことにする。

ソロ男は、「常識人」

束縛されない自由を好むソロ男は、とかく身勝手でわがままで常識知らずという誤解や偏見を受けやすい。その根拠となるのは、「結婚をしていない」というその一点のみである。「結婚するのが常識であって、できないのは何かしら人間性に問題があるからだ」と判断されがちなのだ。

ソロ男の方々の名誉のためにあえて申し上げるが、**「結婚できない」ことと「結婚しない」こととは違う。**他者との関係性を受容できないがゆえの「孤立」と、一人の時間を自由に楽しみたいという「ソロ活動」とは同一ではない（ソロ男の結婚観については、「ソロ男分析9　恋愛行動、結婚観」を参照されたい）。

ソロ男とは、自分の主義・主張はしっかり持ちながらも、**「物事を論理的・客観的にとらえ」「常識をわきまえた行動をし」「礼儀・作法を大切にする」**常識人なのである。男性全体と比較して、この3点はすべてソロ男の方が上回っている。

「常識的である」ということは、「保守的である」とも言え、失礼な振る舞いや言動に対して厳しくなりがちである。物事を論理的にとらえる面も、見方を変えれば理屈っぽく、頭でっかちに陥りやすいという短所もあわせ持つのだと考えられる。

ソロ男に特徴的な生活意識（男性全体との比較）

（%）

	ソロ男	男性全体	差分
自分の主義・主張をしっかり持っていたい	67.9	57.0	10.8
他人を気にせず、自由な生活を送りたい	75.4	62.4	13.0
一人で過ごす時間を大切にしたい	92.1	73.7	18.4
つねに心のゆとりを持っていたい	86.8	74.7	12.1
気の合う仲間と深くつき合いたい	65.4	56.4	8.9
人づき合いを積極的に広げていきたい	33.9	31.1	2.8
自分の趣味や好きなことを追求したい	78.6	64.6	13.9
仕事や家事以外の時間を充実させたい	62.9	52.7	10.2
流行には左右されたくない	63.9	54.5	9.4
物事を論理的・客観的にとらえたい	77.5	64.8	12.7
常識をわきまえた行動をしたい	68.2	61.3	6.9
礼儀や作法は大切にしたい	68.2	62.6	5.6
他の人から認められ、評価されたい	40.0	37.9	2.1
他人よりも優れていたいという願望が強い	42.5	38.6	3.9
みんなに注目されたい	18.2	16.9	1.3
社会的に高い地位を得たい	29.6	30.9	▲1.2

2014　ソロ男プロジェクト調べ

ソロ男は時間を守る

常識をわきまえた行動のひとつに、「時間を守ること」がある。

時間管理意識について聞いてみたところ、ソロ男かどうかにかかわらず男性は、**「待ち合わせよりも早く着く」割合が8割を超える。**年代別に見ると、多少のバラつきはあるものの、おしなべて男性は「時間厳守」で「時間前集合」を心がけていることがわかる。特に、50代に至っては9割が「時間前集合」である。

それもそのはずで、携帯電話がなかった世代は、待ち合わせの場所と時間は大事だった。遅れても連絡の取りようがなかったからだ。

今どきの若い人たちは、待ち合わせ場所や時間を明確に決めない人が多いという。「夕方くらいに渋谷で」のようなラフなノリで決めて、後は現場に着いてからスマホでやり取りをするのだという。それはそれで間違いではない。

その一方で、たとえプライベートの待ち合わせだとしても、あくまで時間と場所を設定

ソロ男の時間管理意識（全体）

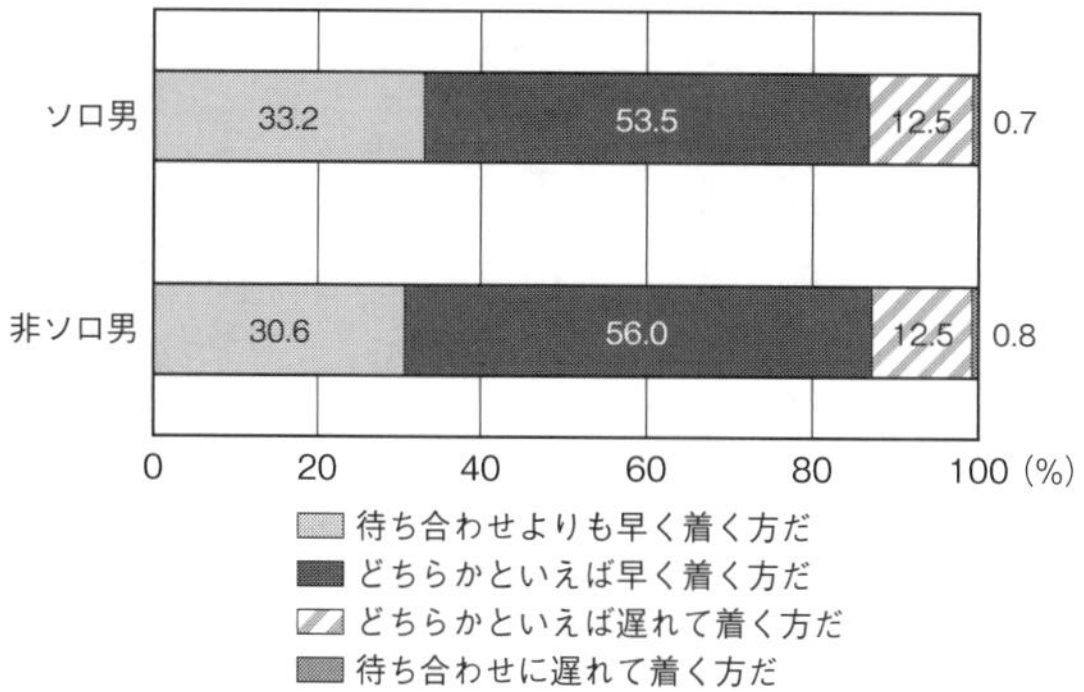

年代別（早く着く／どちらかといえば早く着く）

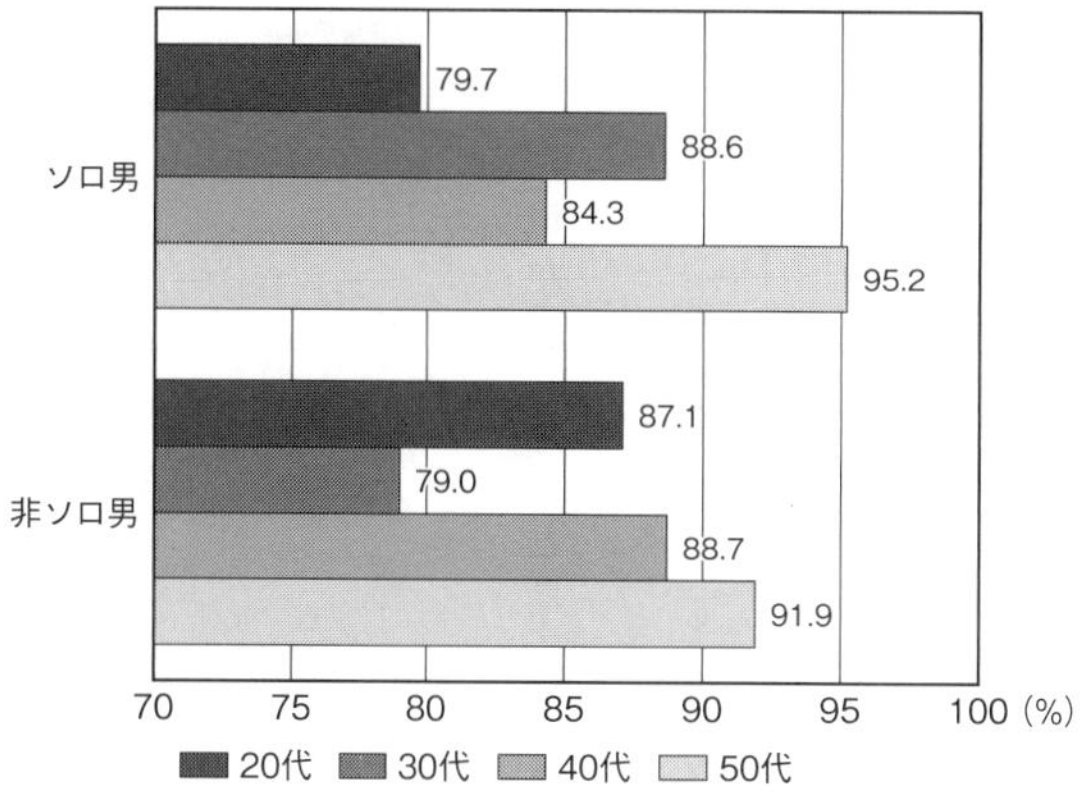

2015　ソロ男プロジェクト調べ

し、さらに時間厳守にこだわるソロ男がいる。

「待ち合わせ時間の30分前には到着しますね。時間に遅れるなんて論外ですよ。その後の予定が狂いますから」（40歳）

どうして待ち合わせ時間より30分も前に到着するのか？

「だって、何かあったら困るじゃないですか。電車が遅れたりとか……」

不測の事態が起きた場合でも、時間に遅れないように早めに着くようにしているのだと言う。念押ししておくが、これは仕事の待ち合わせではなく、プライベートの待ち合わせの話である。30分も前に着いてずっと待っているのも大変だと思うのだが？

「待ってないですよ。どこか別の場所で時間つぶしてます。だって、そんな早く着いたのがバレたら恥ずかしいじゃないですか。遠くから待ち合わせ場所を見ていて、相手が来たのを確認したら、さも今来たような顔して出ていきますね」

やはり、変わりものだ。

ソロ男はキレイ好き？

独身男性の一人暮らしというと、「部屋の中が散らかり放題」というイメージを持つ方もいると思うが、案外**ソロ男はキレイ好きが多い。**

掃除意識と行動について調べてみた。立場の違いを明確にするために、今回はソロ男と既婚男性とで比較することにする。

キレイ好きである　（ソロ男　48・7％　既婚男性　44・4％）
掃除はこまめにする　（ソロ男　33・6％　既婚男性　30・6％）
掃除は楽しい　（ソロ男　27・3％　既婚男性　25・8％）

見事なまでに、すべてにおいて既婚男性を上回る。しかも、「掃除が楽しい」というレベルまで達しているので、**掃除家電のことを語らせると止まらない。**

たとえば、掃除機ではダイソン派とルンバ派に分かれるが、まるでスポーツカーの性能を語るように輝く瞳でダイソンを語り、まるでお気に入りのペットを愛しむようにルンバを語るのが共通して見られる。

自分のルンバに名前をつけているソロ男もいた。用途に応じて複数所有も当たり前のようである。

「掃除機は、床用とベッド用と2台買って使い分けています。ベッド用は、ダニ取り用ですね」（37歳）

掃除家電だけではない。**掃除用品などの道具についてもうるさい。**ホームセンターでプロ用の洗剤を買いつけるソロ男もいれば、もはや原料からこだわる人もいる。

「市販の洗剤は使いません。重曹とクエン酸の粉末を買ってきて、それを使ってガスコンロの汚れは落としています」（45歳）

こうなると、最近多いという「汚部屋女子」とは絶対に価値観が合わない。というより、結婚うんぬんではなく、他人と一緒に暮らすことそれ自体が無理なのではないかとさえ思えてくる。

かといって、ソロ男がすべてそうかというとそうではない。キレイ好きで掃除好きなソロ男が多い反面、**実は「汚くても平気」で「掃除はほとんどしない」率が高いのもソロ男**という結果となった。

汚くても気にならない（ソロ男　23・2%　既婚男性　13・7%）
掃除はほとんどしない（ソロ男　28・4%　既婚男性　18・5%）

３割のソロ男は、掃除をほとんどしない汚部屋に住んでいるということになる。**潔癖症か汚部屋か、両極端なのである。**中庸というものを学んでほしいものだ。

掃除は道具にもこだわる。

掃除家電とか洗剤とか
なんでもいい
というわけじゃない。

ソロ男
あるある

ソロ男は、「独特な承認欲求」を持つ

社会的生活を営む人間にとって、承認欲求は誰もが持つ根本的な欲求である。ソロ男であろうとなかろうと、女性でも子どもでも、みな同じように持っているものである。

ソロ男は「他の人から認められ、評価されたい」意識が40・0％と、男性全体より若干高い（＋2・1％）。「他人よりも優れていたいという願望が強い」についても、42・5％と高い（＋3・9％）。

「人から認められることは好きだね。学生の頃から演劇とかバンドとかやってて、美大入って、目立ちたがり屋なんだろうね。俺すごいだろ、みたいなね。表に出れば単純に目立つじゃん。承認欲求ばりばりだよね。自信がないからかな。その反動なんだとも思う」（25歳）

「仕事でというよりは、仕事じゃないプライベートな人から評価されたい。性

格とか考え方も含めて、人間性を評価されたい。やっぱ人間って、認められてはじめて自己が形成されるわけじゃない？」（32歳）

温度差はあれど、承認されたい気持ちが強いソロ男は多い。しかし、その割に、**「みんなに注目されたい」という意識は18・2％と非常に低い。ほめられたいが、目立ちたくはないのだ。**

「人より承認欲求は強いかな。ほめられるためにがんばるというよりは、ほめられる素養はつくっとくというか。俺東大だけど、学歴持ってて損はないというかさ。だから、どちらかというと、怒られないためにやるという感じかな。仕事もプライベートも同じだけど、マイナスにならない準備をしておいて、その先でほめられればいいけど……。そんな感じ」（25歳）

さらに「社会的に高い地位を得たい」に関しては、29・6％と3割近くあるが、男性全体と比較すると、▲1・3％と下回っている。

そもそもソロ男は、「高い給料よりも休みたっぷりを好む」「責任ある地位よりも気楽な地位を好む」人たちだ。しかし、高い給料や高い地位とは、他人から認められ評価された結果の形でもあり、目標でもあるはずだが……。

人から認められたいと言いながら、結果としてのお金も地位も求めないというのは、どこか矛盾をはらんでいる。言うなれば、目的地のない旅をしているようなものだ。

それとも、「人から認められる」こと自体が目的となってしまっているのだろうか。「他の人から認められ、評価されたい」という一方で、「他人を気にせず、自由な生活を送りたい」と言うソロ男が75％もいる。これもまた矛

承認欲求意識の比較

＋2.1％　他の人から認められ、評価されたい
（ソロ男40.0％＞37.9％男性全体）

＋3.9％　他人よりも優れていたいという願望が強い
（ソロ男42.5％＞38.6％男性全体）

＋1.3％　みんなに注目されたい
（ソロ男18.2％＞16.9％男性全体）

▲1.3％　社会的に高い地位を得たい
（ソロ男29.6％＜30.9％男性全体）

2014　ソロ男プロジェクト調べ

盾している。

さらには、なんでもいいから認めてほしいということでもないらしい。

「なんでもかんでもほめてくる人っているじゃないですか。あれ、ダメなんですよ。薄っぺらで。ちゃんと見てんのかよ、って言いたくなる。自分として満足していないことをほめられたって白々しいだけですよね」（40歳）

いったい、ソロ男の承認欲求とは何だろうか。

「自己承認」という達成感

人から認められたいとは思いつつ、地位や給料にはこだわらないとするソロ男に話を聞いた。「仕事が趣味です」と答えるソロ男だ。

「朝から夜中まで働いて、休日も働いてます。仕事が趣味と言ってもいいくらい。別にブラック企業で働いているわけではないですよ。不満も苦痛もありません。むしろ評価もいただいてますし、仕事が楽しくてしかたないくらいです」（39歳）

幸せなことである。彼は仕事で成果を出し、地位も給料も順調に上がっている。地位が上がれば、より権限の大きい仕事を任せられる。それが楽しくて、さらに仕事に没頭することになる。仕事に没頭しすぎて、恋愛や結婚というものに関心が回らなくなり、気がついたら未婚を貫いていたというタイプだ。

彼にとっては、仕事で成果を出すことで他者から認められることも、ひとつの承認欲求の満足であるにはちがいない。成果の報酬としての給料や地位の向上も、うれしいことのひとつではあるだろう。しかし、そのためだけに仕事に打ち込んでいるわけではない。

「別に出世して社長になりたいなんて思ってないですね。お金はたくさんもらえるに越したことはないですけど、今はお金を稼ぐために仕事しているわけじゃないなあ。第一、使う暇がないですから。

とにかく、自分がやりたいことを仕事で着々と実現できてることが楽しいんですよ。やりたいことは次々と出てきます。仕事してると新しい知識に触れたり、新しい人脈に出会えますから。そうすると、今まで考えもつかなかった、新しいやりたいことが生まれるんです。果てしない感じです」

彼にとっては、「達成感」こそが重要なのである。人から認められることでもなく、お金や地位でもなく、自分のやりたいことを、仕事を通じて実現していくという達成感が彼を満足させているのだ。ある意味、それは自分で自分を承認するという行為だろう。

ネットによって拡大した承認欲求満足の場

仕事に限らず、趣味の領域でも同様の達成感を求めるソロ男は多い。もともとソロ男の趣味とは、そういう個人的な達成感を満足させるようなものだった。

ところが、今はネットで世界とつながる時代。クローズドな自己満足に終わることなく、全世界の人にその成果をシェアし、認めてもらえる。何かを集めたり、何かをつくったり、何かを撮ったりする趣味そのものはソロ活動でも、今やそれは疎外感も孤独感もないものに変わりつつある。

インターネットが普及したのは90年代。インターネットの前身のパソコン通信として、ニフティサーブがサービスを開始したのが87年。ヤフー株式会社が設立されたのが95年、99年に2ちゃんねるが創設された。当時、それに飛びついた20～30代の若者が、今では40～50代になっている。

ネットによってもたらされたのは、「コミュニケーションの革命」だといわれている。面識がなくてもつながれるし、直接交流ができる。ソーシャルメディアの登場によって、それはさらに劇的な変化を遂げる。その恩恵のひとつとなったのが、**「孤独な趣味からの解放」**だと考えている。

趣味活動は多様で、複数でやるものもあれば、一人で楽しむものもある。団体スポーツや音楽のバンド活動などは前者、写真やコレクション、ゲームや漫画・小説などの自主制作活動などは後者である。前者はともかく、後者の趣味はそれまでいわば、一人で楽しむクローズドな趣味だった。

それが、ネットの普及により一変した。掲示板、WEB日記から始まり、ブログ、ミクシィ、ツイッター、フェイスブックなど自ら情報発信できるツールが一般的になると、「シェアする」という概念が生まれ、一人だけで楽しむクローズドな趣味もオープンに共有できるものになった。

フィギュアなどのコレクションも、それをネットに上げることで、会ったこともない多くの人たちと双方向に瞬時につながることができるようになった。写真も同様である。ゲームも、ソーシャルゲームの普及により複数で協力プレイしたり、互いのスコアを自慢することもできるようになった。一時期、ブームとなったケータイ小説も、作る趣味の側からいえば、あれは新たな発表の場だった。

ネットの普及は、今まで自己満足で完結していた「一人で楽しむ趣味」を、不特定多数の人たちから承認してもらえる舞台へと昇華させたということになる。承認してくれる相手の数も劇的に増えた。

それまで趣味というと、リアルな友人・知人の間でしか楽しみを共有できなかった。しかし、ネットの登場によって、共有する相手は極論すれば見ず知らずの世界中の人々にまで拡大したのだ。

同じ趣味を持つ仲間から認められ、ほめられることは非常にうれしいことである。たとえば、車や電車の模型コレクターにとって、自分よりたくさんのコレクションを持つ人から「いいね！」されたとしたらうれしいし、モチベーションも高まるだろう。一眼での写真を始めた初心者が、インスタグラム上できれいな写真を撮り続けている誰かから「いいね！」されれば励みになる。

ネットによる「孤独な趣味からの解放」は副次的な作用も発揮する。一人暮らしの「孤独」や「疎外感」といった**「孤立感情からの解放」**である。

たとえ現実社会で友達が一人もいなくても、ネットに接続すれば大勢といつでもつながれる。面識はなかったとしても、お互いに交流していれば気心も知れている。もしかしたら、リアルな世界では知り合うこともなかった世代の違う者どうしが、趣味が同じということで親友になれる可能性がある。互いに尊敬し合い、切磋琢磨できる仲間になれる。

そうなると、**一人で生きることが決して寂しいことではないと思うようになる。**毎日楽しいことに没頭していれば、時間の経過も忘れてしまう。

そんな毎日を過ごすうち、ふと気がついたらずっと独身のままでした。――そんなソロ男も多いのではないか。

「いいね！」の呪縛から逃れられない「リア充」

「リア充」という言葉がある。概念自体は2005年ごろから2ちゃんねるの大学生活板にあったものらしいが、2007年ごろからブログやミクシィ上でも使われはじめ、11年には「女子中高生ケータイ流行語大賞」の金賞に選ばれるまでになった。

リア充の定義にはいろいろあるが、一般的には「趣味・仕事・人間関係など、実生活が充実している」ことを指す。季節ごとにイベントを行い、いろんな場所に行き、いつも大勢の友達に囲まれて、笑顔の写真をフェイスブックに載せている人たち。

本来、リア充とは個人の心の状態を示すもので、充実しているかどうかは本人が決めること。誰かの承認とは無関係だったはずである。それがいつしか、「いいね！」してもらうためにリアルな行動をどうするか考えるという本末転倒に陥っている人もいる。

ソロ男のクラスター分類でいうところの**「①社交性ソロ男」**（49ページ）がそれに当たる。ソロ男の中で平均年齢が最も若く、構成比も一番高い彼らは、とにかく承認欲求が強い。別名**「いいね！欲しがりソロ男」**といってもいいほど、人からほめてもらいたい気持ちがあらゆる行動のモチベーションになっている。

そのため、積極的に仲間と交流し、イベントを自ら企画実行する行動力はある。しかし、その連続にだんだんと疲れを感じはじめているソロ男もいる。

「毎週末、ホームパーティーやらバーベキューやらイベントを自分で企画して、人集めも自分でやってます。最初はいいね！数も友達数も増えるから、自分自身も楽しくてやりがいもあったんですけど、だんだんフェイスブックに上げるネタのためにやっている感じがして、俺何やってんだろって最近思います。仕事じゃないのにって。

でも、だからといってやらないと、『どうしたの？』ってコメントされるし、

なんか最近つらいっす」（41歳）

自分の趣味を楽しむことが本質であったにもかかわらず、ネット上での承認欲求の呪縛から逃れられず、彼のようなジレンマを抱えているソロ男もいるのではないか。

リア充を嫌悪する心理とは？

一方で、リア充の人たちを敵視しているソロ男も存在する。クラスター分類でいうところの**「③ネット弁慶ソロ男」**（50ページ）に分類される人たちがそれに該当する。

彼らは、自分自身に密かに自信を持っている。現状に対して「こんなはずではない」という意識が強く、「本気出せば俺はすごいんだ」と自負もしているが、実際に行動は起こさない。

表面上は人当たりもよいが、ネット上では豹変するタイプ。文句を口頭ではなく長文のメールで打ったりもする。基本的に頭は良く論理的な思考をして論破好きである。

そして、フェイスブックよりツイッターを好む傾向がある。フェイスブックは本名登録だからだ。

「僕はフェイスブックが嫌いです。なんだかよくわからない自慢話ばかりじゃないですか。お前が何のランチを食ったとかどうでもいいんですよ。そんなどうでもいいことを互いにほめ合ってバカみたいだと思いますよ。いいね！を強要する会社の上司とか哀れだなと思って見ています。

ツイッターはやってます。あれは僕にとってトイレと一緒です。不満、不平の垂れ流しですね。もちろん匿名に決まってるじゃないですか」（31歳）

ネット用語に**「ワナビ」**という言葉がある。もともとは英語の「ワナビー」（Want to be、Wanna be）からきており、「そうしたい」「そうなりたい」という意味だ。おもに、小説家あるいはミュージシャンや画家、漫画家など、芸術関係のプロ志望者、クリエーターを目指す人のうち、特に若者を指す言葉として以前から使われていた。

が、その後2ちゃんねるなどで、ラノベ作家を目指す若い人を指す言葉として定着。肯定的に使われるというよりも、「能力もないくせに夢を追っている」「そのくせネットに張りついてばかりで創作活動をしない」というネガティブな意味で使われるようになった。

ワナビに見られる行動のひとつとして、**「匿名で成功者を叩く」**というのがある。ここでいう成功者とは、出版社の新人賞を受賞してプロの作家としてデビューした人間を指す。

かつては、自分と同じワナビとして素人だった同類が、突然脚光を浴びたことに混乱し、いつしかしゃくに障るようになる。彼のデビュー作を読んでもいないのに（本を買ってしまうことも相手に印税を与えることになるのでしたくない）、こきおろしたレビューをネットに書き込んだりする。「大した作品じゃない」「どうせすぐに消える」などと足を引っ張る。

心の狭い行動にはちがいないが、そうせざるを得ないのだろう。彼にとって**自分が夢見た立場に他人が君臨することが許せないのだ。**「選ばれるのは自分の方だったはず」という思いもある。

といっても、彼自身は作品を書き上げてもいなかったりする。応募しなければ受賞するはずがないのだが、彼はそんなことには頓着しない。とにかく気に入らないのだ。

当然、叩くときは匿名である。

こうした匿名で他者を叩く行為を「卑怯な行為」「八つ当たり」「人として愚か」と一刀両断する人もいるが、彼らが叩いているのは本当に他人なのだろうか。他人のことを叩いていながら、その刃は自分に向けられているのではないだろうか。

他者からほめられないという承認欲求の不足分を穴埋めするために、**他人を攻撃する形で自分を責めているのではないだろうか。**「お前はだめだ、全然なってない」と他人を叩くその言葉は、そっくりそのまま自分に向けられていないだろうか。

フェイスブックなどでリア充記事を上げている人たちに嫌悪感を抱いたりするのも、そんな心理が作用している。**「リア充ぶりやがって！」という思いの裏には、「本当は自分もそんな生活をしたい」という願望がある。**にもかかわらず、現実にそうなっていない自分に対する苛立ちがリア充を嫌悪する感情につながっている。そして、その**嫌悪の矛先は、本質的にはリア充になりきれない自分自身に向かっているのだ。**

リア充なやつらが嫌い。

フェイスブックにいいね！なんかするもんか。

ソロ男あるある

当然、本人にその意識はないかもしれない。礼儀や常識を重んじ、自分自身に対してストイックに突き詰めるタイプのソロ男だけに、自分に厳しいぶん他人にも厳しい面がある。裏返せば、他人に厳しく当たることは、自分に厳しく当たっているということなのだ。

承認欲求の満足を自己承認でコントロールできるソロ男もいる反面、自己承認、自己肯定ができないソロ男はそういう泥沼にはまってしまいがちだ。

それは、次に述べるソロ男の生き方に対する考え方にも関係がある。

自分に厳しいソロ男

男としての生き様、「男とはこうであるべきである」という考え方について、既婚男性と比較をしてみよう。それぞれ、「そう思う」「やや思う」というポジティブ因子の合計と、「そう思わない」「あまり思わない」というネガティブ因子の差分で比較した。プラス表示が「そう思う」が多い、マイナス表示が「そう思わない」が多いということになる。

全体的な大きな傾向は、ソロ男も既婚男性も同じだった。両者ともに最も高い数値だったのは以下の2つの項目だ。

「男は優しくあるべきである」　ソロ男　66％　既婚男性　72％
「男は仕事をすべきである」　ソロ男　61％　既婚男性　69％

男とは仕事をし、金を稼ぎ、強くて優しくあるべきで、女性を守るべきである。こうした考えは、男性全体に強く根づいている。

逆に、「男だからこうするべきという考え方はしない」という割合は、ソロ男34％、既婚男性18％とソロ男の方が大きく、16ポイントも上回っている。年代別に見ても、すべての年代でソロ男の方が上回った。

ソロ男の方が「男とは……」という考え方に縛られていない柔軟さを持っているといえるのだが、個々の項目で気になる部分もある。

「陰口を叩いてはいけない」「嘘をついてはいけない」「優柔不断ではいけない」「弱音を吐いてはいけない」という、これら**「〇〇してはいけない」という禁止的な設問に限ってソロ男が既婚男性より過敏に反応していたのだ。**

「男とはこうあるべき」という考え方

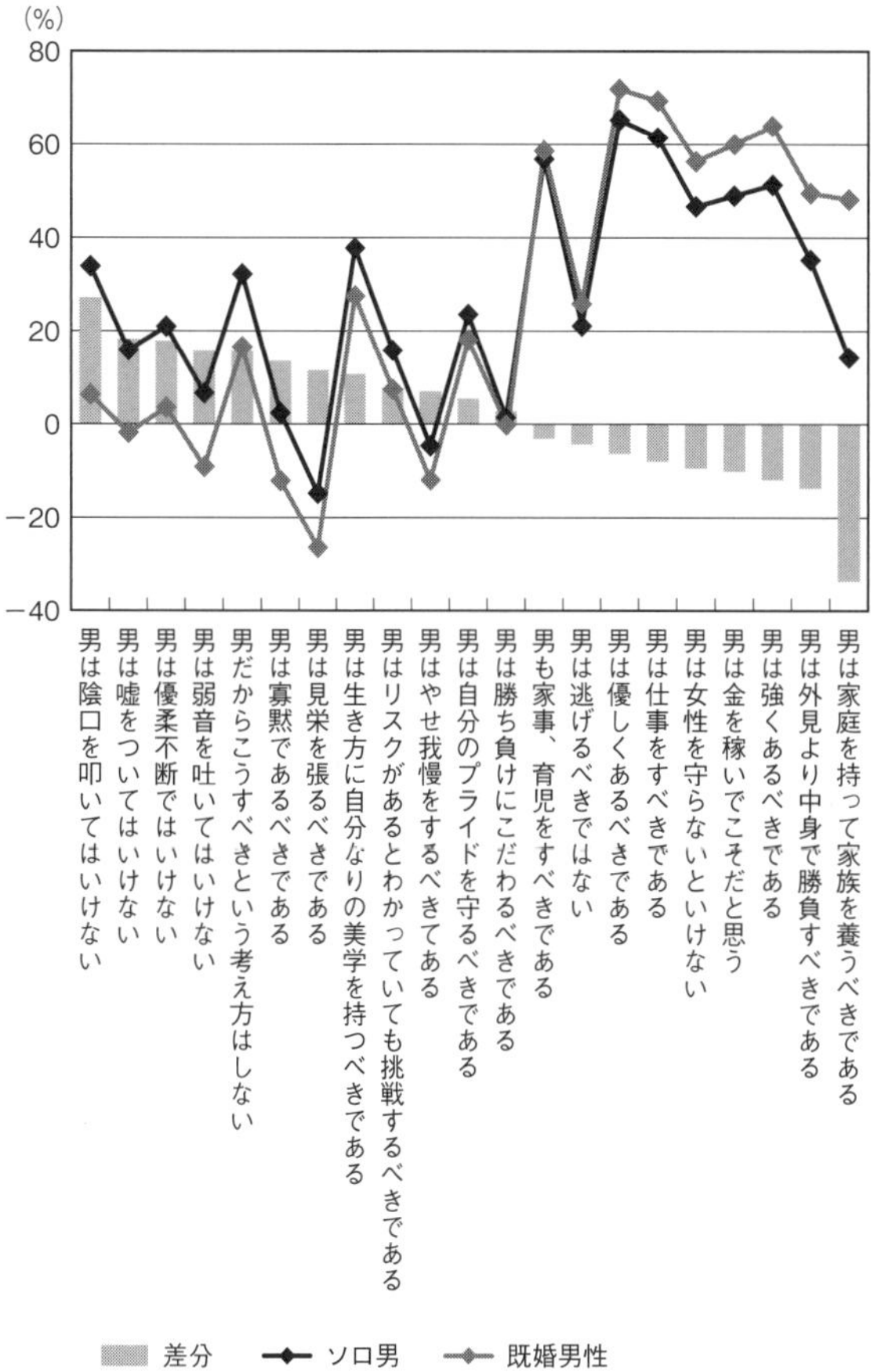

2015　ソロ男プロジェクト調べ

ソロ男は既婚男性よりも、精神的に自己を律しようとする思いが強いのかもしれない。特に20〜30代に顕著だった。純粋であるともいえるが、「嘘も方便」「弱音もコミュニケーションの潤滑油」と割り切っている既婚男性よりも窮屈な生き方をしているといえる。誤解を恐れずにいえば、既婚男性の方がいい加減で、ずる賢く生きている。

一見、自由気ままに気楽に行動しているように見えるソロ男だが、**自己戒律の意識も強い**。「〇〇してはいけない」と自分を厳しく追い込むあまり、他人も厳しい眼で見てしまう。

そんな彼らは、傍目には他人に不寛容な人間に映ってしまうかもしれない。だからといって、「もっと他人にやさしくしろ」という説教は逆効果だろう。他人に厳しくなんかしていない、自分にはもっと厳しくしていると思っているのだから。

もし、ソロ男を部下に持つ上司がいたら、ぜひこういう言い方をしてもらいたい。泣いてもいいし、弱音を吐いてもいい。嘘や陰口もたまにはいいじゃないか。愚痴ったっていいんだ。それが当たり前なんだ。人にやさしくする前に、もっと自分にやさしく、自分に寛容になっていいんだよ、と。

男性学の視点から　ソロ男を語る

「男とはこうあるべき」というイメージ支配からの解放が必要

武蔵大学社会学部男性学助教・田中俊之さん

〝男性が男性だからこそ抱える問題〟を研究する「男性学」研究の第一人者、武蔵大学社会学部助教の田中俊之さんは、「男性の中の多様性を明らかにするソロ男研究は、男性学の観点からも興味深い」とおっしゃいます。

ソロ男の生き方や考え方、価値観について、いろいろとうかがいました。

Q 「男性学」とは何ですか？

基本的には、「男性が男性だから抱えてしまう問題」を取り扱っているのが男性学ということになります。

典型的な「男性問題」のひとつが、男性の長時間労働です。男性って長時間労働していても、「男だから大丈夫」ということで放っておかれてしまう面があると思うんです。ニートとかフリーターとか、働いていない状態の方が心配されて、働き過ぎは問題視されない。過労死の問題にもつながっているはずなのに、です。

もうひとつは、自殺の問題です。２０１１年まで14年連続で自殺者数が３万人を超えたというニュースが話題になりましたが、男女の内訳はあまり気にされていません。最大で、女性の３倍も男性の自殺率が高いときもあったんです。

弱音を吐けないとか、人に相談できないとか、メンツとかプライドとか、そこには男性だからこそ抱えている問題があると思うんです。

「男性はフルタイムで外で働き、結婚して、奥さんと子どもを養っていかないといけない」「弱音を吐いちゃいけない」「稼がなきゃいけない」というイメージが現状の社会構造ともはや合わないのに、今でも人々の中に、さも「男ってそういうものだ」というイメージが保持されていることによるギャップの問題を研究しているということになります。

そういう意味で、この「ソロ男」のようなリリースは、男性の中にも多様性があると認識してもらえるという意味で、すごく価値があることだと思います。

Q　独身が増えているというのは、社会学的にはどういう意味を持つのでしょうか?

同性愛の許容みたいな話ともつながってくるかもしれませんが、子どもができるできないという意味では、同性愛はこれまで叩かれてきたんですけど、レズビアンとゲイのカップルが卵子と精子を交換してお互いの子どもを産む家族だって今はあります。

つまり、今まで当たり前だと思われていた組み合わせ以外の家族とか生き方も十分可能だという話は、人間がより多様性を見つけるとか自由に生きるという意味においては、確かにポジティブなことだろうってすごく思いますね。

ほとんどの人が結婚していた時代には、そんなことは言えなかったと思うんですよね。今だから、「これって、わかるわかる」と言える機運も高まっているのかなと思います。

Q 「結婚できないイコールだめ」という世の中の常識もありますよね。

そうなんですよね。「しない」のと「できない」のは全然違うのに、「しない＝できない」と思われちゃうので。だからやっぱり、壁が厚いんですよね。「結婚する人はまとも」という、なんかちょっとよくわからない考え方がまだあって。

それと、独身のおじさんって本当は不審がられてるんだなって思います。特に、平日の昼間に男性が一人でうろうろしてると、すぐ不審者通報されてしまう。「平日の昼間にうろうろしているあいつは無職だ！　無職イコールやばい、子どもを守らなきゃ！」みたいな。過剰防衛になっちゃうんですね。

僕は大学の教員なので、平日の昼間にうろうろできちゃうんですけど（笑）。そういう過剰な反応をする社会を抑制するためにも、「多様な男性がいるんです」という提案は、僕はすごくいいと思うんですよね。

Q 「草食系男子」と言われる、ガツガツしない生き方もフォーカスされていますが、今の学生もそうですか？

確かに、そういった傾向はありますね。でも、学生相手に男らしさに関する調査をすると、やっぱりいざというとき、たとえばプロポーズの場面とかは、男の子がリードすべきだと男の子自身も思っているんです。

経済力という面において、相対的に男の力は衰えているのに、基本的に「男の子はリードする側、女の子はリードしてもらう側」というイメージがあるんです。

でも、実際20歳ぐらいの女の子をリードするのは、40歳ぐらいにならないと経済力的にも経験的にも、今の社会じゃ不可能なんですよね。だから、20歳ぐらいの女性と40歳ぐらいの男性の組み合わせというのは、今後増えても不思議ではないと僕は思っています。

逆に、20歳ぐらいの男の子は、同世代の女の子には甘えられないから、頼りにしても相手に委ねたとしても、そこそこ楽しくしてくれる40代の独身女性にいくという話もあるんです。それも非常に腑に落ちるなって思いますよね。

Q 「ソロ男の消費意欲は旺盛」という点についてはいかがですか？

僕も結婚したときに、金銭面で自由がなくなったという気はすごくしましたよ。お金使えないですから、全然。

既婚の女性って、夫が趣味にお金を使うのを、あんまり許さないですよね。身近な例ですが、友達が中野ブロードウェイに行ったときに、好きなアニメのフィギュアを見つけたそうなんです。

かわいいなと思って、たぶん2万円ぐらいで買って帰ったら、奥さんに「もう二度としないで！」ってすごく怒られたと言ってました。

既婚の女性は、生活に役に立たないものに対して、非常に厳しいのだと思います。逆に、ソロ男は歯止めをかける人がいないと、どこまでもお金を使うんだろうなとも思いますが。僕も使ってましたし。

Q　ソロ男が世代を超えた共通の価値観を持っていることについては、どう思われますか？

「趣味縁」というのが、いま社会学では割と注目されています。世代とか性別を問わず、趣味で一体感を得ているわけです。そのコミュニティでは、年齢や肩書は関係なくて、趣味に強い人の方が尊敬されるんですよ。

今までは、なんか一貫していない人間はダメみたいな風潮がありましたが、実はいろんな顔を持っている方が自分自身、気持ちがいいですよね。たとえば、大企業の部長だって、つねにしっかりしてないといけないとしたら、プレッシャーですよね。「会社とかでは話せないけど、ここでは趣味の話をさんざんしても大丈夫なんだ！」という環境って気持ちいいじゃないですか。

Q　ソロ男としてずっとソロで生きていくとなると、老後の心配があると思うのですが？

恋愛対象として魅力がなくなるのと、人として魅力がなくなるのはイコールじゃないですよね。結婚はしたくないとは思っても、友達としてはつき合ってくれる人もいると思うので、それはあまり気にしなくてもいいと思いますけども。

家族という形とか考え方自体、あと30年もしたら、だいぶ変わっていると思うんです。だから、そういう人たちで寄り集まって生きていくとか、そこに性別を問わず女性の人が入ってきてもいいでしょうし、ある程度高齢の人で助け合うコミュニティが出てきてもいいという気がします。

Q　ソロ男を動かすツボは何だと思われますか？

男性の見栄の張り方の特徴に、「達成」と「逸脱」の両方があると思うんです。「こんなすごい業績をつくった」ということと、「自分はルールを破れる」という自慢があるんですね。

「寝てない」というのは、人は寝るものだというルールを破ったということ。「朝ごはん食べてない」とかも、朝ごはんを食べるべきなのにルールに違反しているわけじゃないですか。

あと、「残業続き」とかも、不健康自慢ですよね。「検査の数値が悪い」とかって、本来であれば健康に関する数値は良くあるべきなのに、「健康から逸脱している俺」ということを自慢しちゃうんですよね。

「人と違う」というときも、達成と逸脱の両方を刺激できますよね。「人よりも優れた情報を知っている」ということと、「人ができないことを俺はやってる」という刺激の仕方はありますよね。そこのツボを刺激してあげるといいんじゃないでしょうか。

あとは、「自分で決めてる感」を出してあげることですかね。人に指示されるのを嫌うくせに、関係ない第三者の意見を素直に受け入れるという傾向はあると思いますから。

ソロ男分析3・買い物意識

なんとなく買ったりしない

ここまで、「ソロ男は常識人」「ソロ男は自分に厳しい」などの側面を見ていただいた。次に、ソロ男は「買い物」という消費行動に対しては、どのような考え方を持っているのだろうか。そこからは、彼らなりのポリシーとでもいうべきものがうかがえる。

ソロ男は、「買い物に真剣」

ソロ男は、男性全体と比較すると、**自分は買い物上手であると自認**（34・3％、対男性全体で＋6・5％）しており、**計画的な買い物をすることが多い**（54・3％、＋6・2％）。

ソロ男の買い物意識

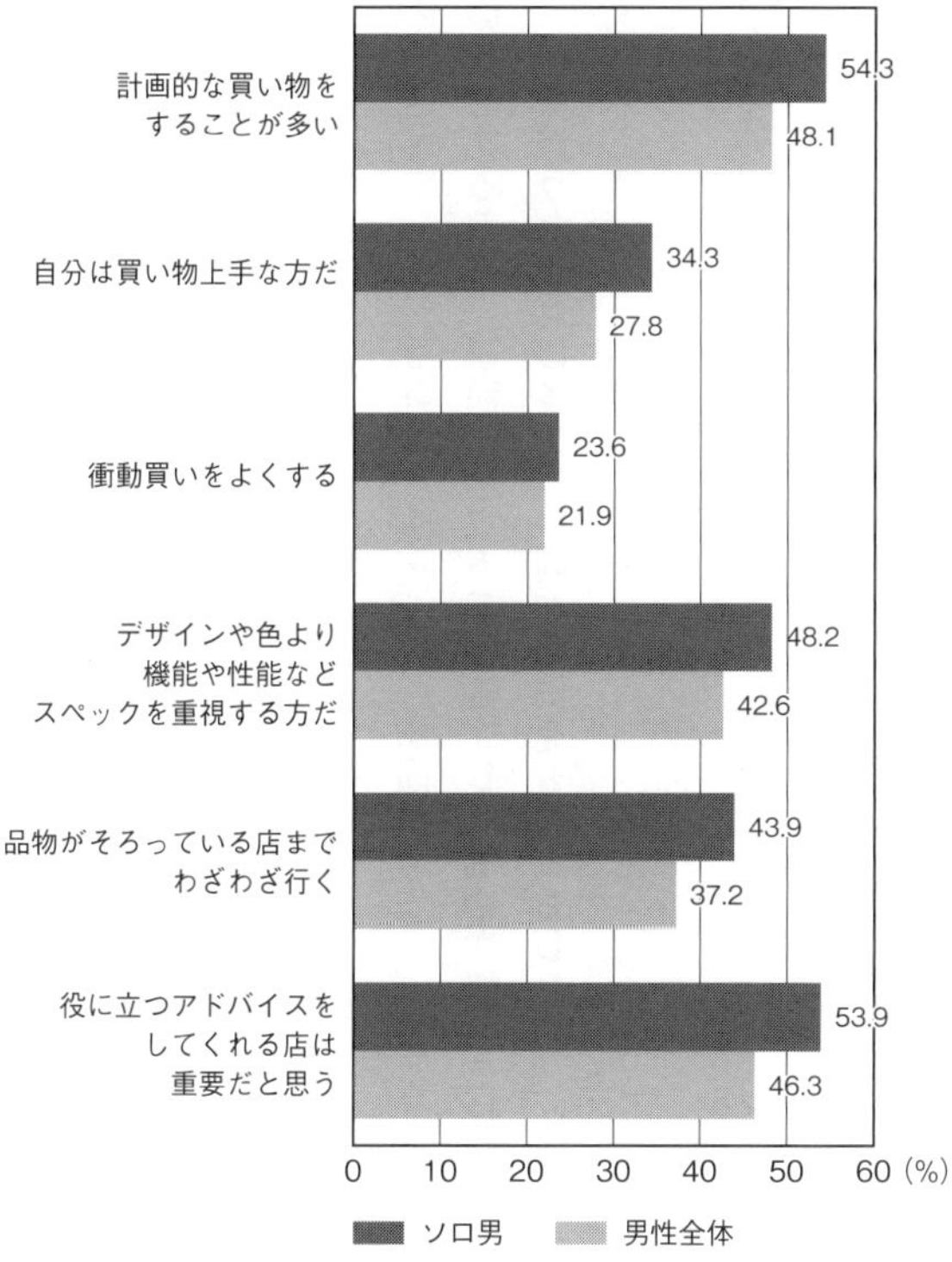

2014　ソロ男プロジェクト調べ

意外に、衝動買いをする割合がそれほど高くない（23・6%、＋1・7%）ことにも注目である。

男性の買い物全般に当てはまることではあるが、**デザインや色より機能や性能などのスペックを重視する**（48・2%、＋5・6%）割合もソロ男は高い。

自分が欲しいと思ったものを買うためなら、少しぐらい遠い店にわざわざ行くこともいとわない（43・9%、＋6・7%）。店選びについても、役に立つアドバイスをしてくれる店を重視する（53・9%、＋7・6%）傾向がある。

買い物をする前に、事前にネットで検索をし、価格や機能を比較し、評判などを吟味のうえ、いざ買うとなれば多少の手間や面倒をものともしない。ソロ男の買い物行動に対する真面目さとポジティブ性がよくわかる。

ソロ男は、「一度決めたら一途」

ソロ男の41・8%が**「ひとつのブランドを買い続ける」**と回答。男性全体と比べて約8%も高い。ソロ男は、一度気に入れば、一途に支持し続けるという傾向が強いようだ。

言い換えれば、**長くリピートしてくれるロングテールの優良顧客となる可能性を秘めているといえる。**

また、最初からお気に入りのブランドがあるわけではない。検討やトライアルを重ねたうえで「これだ！」となるわけだが、決め手はモノそのものの良さや機能だけではないようだ。

「そのブランドの考え方に賛同したってことかなあ。なんでそれを買うのって聞かれたら、ちゃんと買う理由話せるし。
服なんかだと、ショップの店員さんが好きっていうのも重要。好きなブランドの店員さんとは仲良いし、大阪に単身赴任していたときも、出張帰りでわざわざそこ行って買ってた。大阪の店でも買えるんですけどね」（37歳）

モノとして買うだけなら、わざわざその店まで行く必要はない。そのブランドを買うということは、モノだけではなく、店の雰囲気や店員の接客、買い方の過程まで含めたトータルな満足感を求めているということだ。

理想とするスタイルが先にありきで、それを追い求めた結果として、同じブランドを買い続けるパターンもある。

「ロカビリースタイルに憧れてて、その人たちが使うようなモノとか、整髪料、煙草、ファッションは全部真似してる。なんか俺、形から入るタイプだから、そのブランドっていうより、そのスタイルに憧れがあって……。だから、煙草はラッキーストライクをずっと吸ってる。実は味は好きじゃない。最初吸いはじめたときは抵抗あったけど、これもロカビリーの人たちがみんな吸ってるし、がんばってる感じがする。かっこいいじゃん、なんか」（25歳）

反対に、機能性に惚れて使い続けている例もある。

「シャンプーは資生堂のスーパーマイルドを絶対使います。大学生の頃からそれしか買いません。一度違うブランドのにしたら、フケが出まくって最悪だったんで、もうほかのものは使おうとも思いません。昔はコンビニに置いてあったんですけど、最近置いてる店が少なくて困ってます」（36歳）

ほかにも、**洗剤や歯磨き粉、歯ブラシなどは「自分に合っているから」という理由で、同じモノを買い続けている**という声もあった。

一方、商品の特性とはまったく関係ないところで買い続けている例もある。

「毎朝、駅に行く途中、歩きながら缶コーヒー飲むんですが、これ日課というか、ゲン担ぎになってまして、必ずＵＣＣのブラックを買うんです、自販機で。

ＵＣＣじゃないとダメなんです。それをやらないと、何か悪いことが起きる気がして。いや、関係ないと思うんですけど、買わない勇気はないです。

たまにですが、自販機で売り切れてたら、近くのコンビニで買います。何が何でも買いますね。出張してても買います」（46歳）

ソロ男は、物を大事に長く使う

ソロ男は**「物を大事にして、長く使うようにしている」**という割合も81％とかなり高い。男性全体と比べると10％以上も高い。そこには、物を大切にするというよりも、**長く使えるような質のいいモノを選ぶという考えがある。**

「カバンとか財布とか、あと時計とかもそうですけど、安物を何個も買うよりは、高くても良いモノを1個買って長く使いますね。革製品だと風合いも出ますからね」（37歳）

「J．M．ウェストンのローファーですね。お気に入りなので、相当使っていますが、メンテナンスしながら、7、8年は履いてます。いいモノはやっぱり持ちもいいです」（42歳）

一方、「大事にしている」とは言えないような理由で長く使い続けているソロ男もいる。

「Tシャツはボロボロになるまで着ます。シャツの下に着る下着だと思っているんで、ボロくてもかまわないんです。そのへんで買った2千円くらいのTシャツですけど、10年以上着ます。まだ使えます」（38歳）

決して、新しいTシャツを買うお金がないのではない。使える以上は、新しいモノを買う必要性を感じていないだけなのだ。

ソロ男は、しっかりと自分の価値観に基づいて選択しているので、「なんとなく」買うのではなく「確信を持って」買っている。だからこそ、その選択に自信があり、納得して買い続けているのだろう。

ただし、**ソロ男は「流行に流されたくない」という面も持っている。**気に入っているものでも、「多くの人が同じ物を持つと、興味がなくなってしまう」（33・9%、＋5・8%）と、気難しい面も垣間見られる。**「流行りモノは買わない」というのもまた、彼らの確信を持ったポリシーでもあるからだ。**

ソロ男は、「メリハリ」意識が高い

ソロ男は、自分が興味のある気に入ったものに対しては割高であると感じても買う（＋8％）が、品質に大差のないものに対しては価格重視で選ぶ（＋3・8％）といった、一見基準が相反する行動をする。

ソロ男が品質に大差ないものとして挙げているのが服で、「高くても品質のよい服を選ぶ方だ」（41・8％、▲0・4％）と、わずかながら男性全体を下回っていた。有名ブランドを除けば、デフレの影響やファストファッションの台頭などで、メンズファッションの単価はかなり低くなっている。単価を落としたとはいえ、メーカーの努力で品質をキープしているモノも多い。

「会社に着て行くシャツなんて、安物で十分ですよ。安物っていっても形状記憶で、洗濯機で洗えるしアイロンいらないし、コスパ高いですから」（38歳）

ソロ男に特徴的な買い物意識（男性全体との比較）

（%）

	ソロ男	男性全体	差分
物を大事にして、長く使うようにしている	81.4	71.2	10.2
必要のない物は、できるだけ買わないようにしている	73.9	61.4	12.5
衝動買いをよくする	23.6	21.9	1.7
1つのブランドを使い続ける	41.8	34.1	7.7
多くの人が同じ物を持つと、興味がなくなってしまう	33.9	28.1	5.8
品物がそろっている店までわざわざ行く	43.9	37.2	6.7
話題のスポットに出かけるのはおっくうだ	55.7	47.3	8.4
計画的な買い物をすることが多い	54.3	48.1	6.2
自分は買い物上手な方だ	34.3	27.8	6.5
デザインや色より、機能や性能などスペックを重視する方だ	48.2	42.6	5.6
うんちくやバックストーリーのある商品に魅かれる方だ	26.4	24.2	2.3
役に立つアドバイスをしてくれる店は重要だと思う	53.9	46.3	7.6
店員と会話するのが苦手だ	37.5	33.1	4.4
値段が高くても、気に入れば買ってしまう	51.4	43.5	8.0
品質には大差がないので、価格を優先して選ぶことが多い	61.1	57.3	3.8
高くても品質のよい服を選ぶ方だ	41.8	42.2	▲0.4

2014　ソロ男プロジェクト調べ

前述したJ．M．ウェストンのローファーを長く愛用する42歳のソロ男も言う。

「青山商事なら3万円でスーツ買える時代ですからね。しかも、生地も縫製もたいして変わらないし、クオリティも高い。一着10万円のスーツとか昔買ってましたけど、そんなのもういらないですよ、無駄ですから」

靴にはお金をかけるが、スーツにはお金をかけない――そんなメリハリのある消費がソロ男の特徴でもある。

服以外にも価格重視で選ぶものには、日用的に使う必需品が多い（そのあたりの詳細については「ソロ男分析6　日常品の買い物行動」を参照されたい）。

一方、ソロ男は「品質のいいものは値段が高い」と考える意識も高く、品質は価格に比例するものととらえる傾向もある。ソロ男に対して安易に価格の安さを前面に打ち出すと「安かろう、悪かろう、価値もなかろう」と判断されてしまう危険性がある。

逆に、品質や機能、信頼性や提供価値を明らかにし、納得感を高めた方が、価格を気にせず購入してくれる可能性が高いともいえよう。

ソロ男分析4・性格

頑固で、あまのじゃくで、へそ曲がり

ここまで、ソロ男の一途な買い物意識について、おわかりいただけたことと思う。どのような感想を持たれただろうか？

「やっぱりめんどくさそう……」？　では、ソロ男の性格に迫ってみよう。

面倒くさい？　ソロ男の性格

ソロ男の性格を一言で言うと、**「束縛を嫌い、頑固であまのじゃく。へそ曲がりでひねくれ者で、何かと面倒くさい」**性格ということになる。

ソロ男ってこういう人なんだよ、と提示されるとどう感じるだろうか。「とても一緒に頑固であまのじゃくな性格。

反省はするけど、直そうとは思いません。

いたくない」「こんな男とは友達になれない」と思う人も多いのではないか。「そんな性格だから結婚できないんだよ」という女性のツッコミも聞こえてきそうである。

「頑固さ」は悪なのか？

では、ここで「頑固」の意味を調べてみよう。広辞苑によると、「かたくなで意地っ張りなこと。人の言うことや情勢の変化などを無視して、それまでの考えや態度を守ろうとすること」。大辞林によれば、「他人の意見を聞こうとせず、かたくなに自分の考えや態度などを守る・こと（さま）」。デジタル大辞泉によれば、「かたくなで、なかなか自分の態度や考えを改めようとしないこと。また、そのさま」となっている。

どの辞書も共通して、「自分の考えや態度を変えない人」を頑固の定義としている。あまりプラスのイメージとして使われる言葉ではない。

しかし、そもそも頑固な人とは、「頑固オヤジ」という言葉があるように、ソロ男というより既婚者で父親で年齢の高い人のイメージがある。事実、「博報堂生活者調査」（２０１３年）でも、「自分の現在の生き方／頑固」と回答した数を未婚と既婚で比べると、未婚男性31％、既婚男性49％と、圧倒的に既婚男性の方が頑固であると出ている。

夫でも父親でもないソロ男が頑固であるというのはどういうことだろうか。

頑固さとは悪であるとして、否定的な人の意見はこうである。

「頑固っていうのは、どうあっても人の意見を絶対に聞かないってことじゃないですか。融通がきかないっていうか、それって思考停止ですよね。その人はもうそれ以上、成長しないってことだと思うんです。

そんな人と議論してもむだだし、つき合う価値ないですよ。だって、意見の交換さえ拒否するんだから。周りの人に迷惑ですよ」

確かにそういう面は否定できないが、頑固な人が最初から意見や信念を内から生み出したわけではない。誰かの意見や考え、周囲の環境に何かしら影響を受けたはずで、なんでもかんでも他者の意見を絶対に取り入れなかったわけではない。

取り入れてなかったとすれば、何も考えを持っていない人となってしまう。逆に、頑固じゃない人でも、人の意見を全部取り入れることは物理的に不可能なはずである。

頑固さというのは、その人の全部が頑固であるということではなく、「ここは譲れない」というある一点において頑固であるということなのだ。つまり、人間誰しも、男性も女性も、その強弱は別として、頑固な一面を持っている。

昔気質と職人気質は違う

頑固者をよく「職人」にたとえる人がいるが、本来、職人という言葉に頑固という意味は含まれない。

「昔気質《かたぎ》の職人」という言葉がある。昔気質とは、「新しいものよりも、伝統的な考え方・やり方を大切にする気質。律義で頑固なさま」とあるように、まさに頑固さを表している。

あくまで、「昔気質」が頑固の意味であり、職人イコール頑固ということではないのだが、それがいつしか「職人＝昔気質＝頑固」という形で、職人が頑固者の代名詞として使われるようになったのだろう。

頑固な人は、新しい考え方を素直に受け入れられず、自分の持つ古くからの考えに固執する保守的な人で、新しいことにチャレンジしたがらない、というイメージも多分にこの「昔気質」に引っぱられている感がある。

一方で、「職人気質」という言葉がある。ウィキペディアによると、職人気質とは「自分の技術を探求し、また自信を持ち、金銭や時間的制約などのために自分の意志を曲げたり妥協したりすることを嫌い、納得のいく仕事だけをする傾向」、「いったん引き受けた仕事は、利益を度外視してでも技術を尽くして仕上げる傾向」と書かれてある。

そこには、保守的な志向も、後ろ向きな考え方もまったく見受けられない。「職人が新しいことにチャレンジしない」というのも職人の認識を間違えている。

たとえば、戦国時代の鉄砲鍛冶職人。彼らは、今まで刀剣しかつくってこなかったが、ポルトガルから伝来した鉄砲を参考に、ゼロから日本オリジナルの鉄砲をつくり上げた。刀鍛冶が経験領域外の鉄砲づくりにチャレンジしたからこその結果である。

この例に限らず、人類の文明の進化は、つねに職人のチャレンジ精神があったからこそといっても過言ではない。

ソロ男の持つ頑固さは、この「職人気質」に近いものがある。**自分の興味領域にはお金も時間も惜しみなく投じて、自分の納得いくまでこだわり続ける。**やると決めたら、何が何でもやり抜き、やり遂げる。

それもまた、頑固さの持つポジティブな一面といえるのではないだろうか。

若いうちから頑固さを貫き通すソロ男

次のページの図は、「自分は頑固な性格だと思うか」という質問に「はい」と答えた人の割合を示したものである。

実は、年代別に見てもソロ男は、すでに20代の頃から頑固さを貫き通していることがわかる。**年齢を経て頑固になるのではなく、元から頑固気質なのである。**

さらに驚くことに、頑固をマイナスと感じていない若者もいる。彼らは、頑固さを**「こだわり抜いた品質の良さ」**と捉えている。

自分は頑固な性格だと思うか

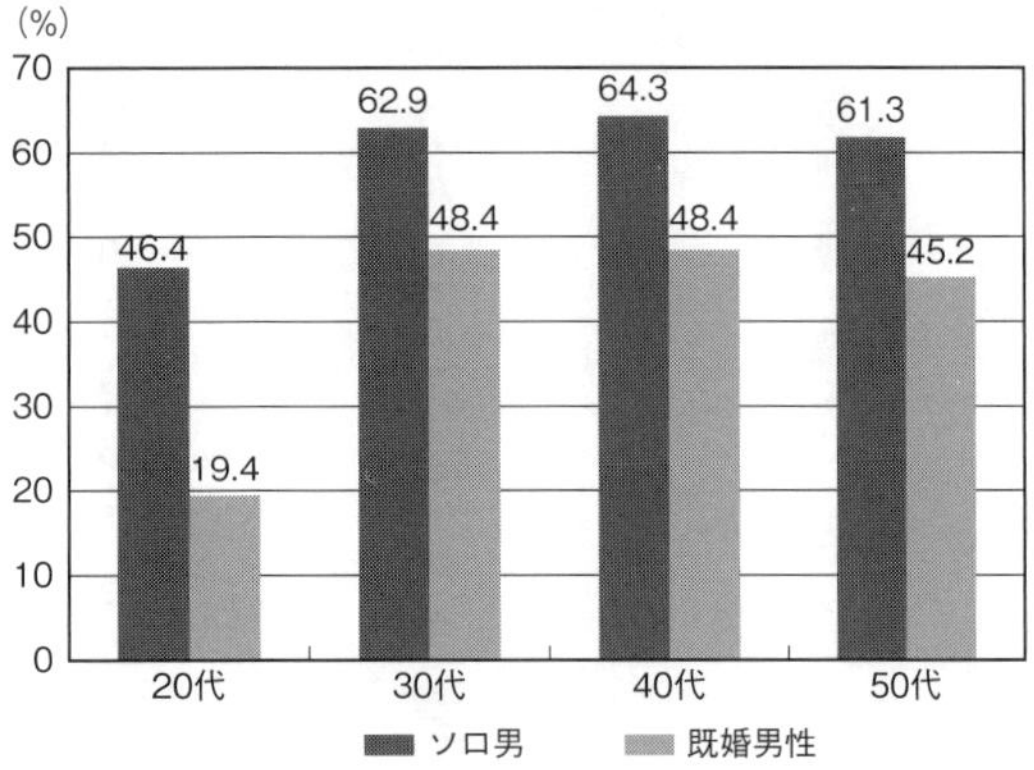

2015　ソロ男プロジェクト調べ

「『頑固な○○』という商品名だと美味しそうに感じるし、店名に『頑固』という文字がつくラーメン屋は、接客はともかく味は確かな感じがする」（21歳）

また、就活の自己PRに長所として「頑固さ」と書く人もいる。悪い性格ではないという認識でいるようだ。

「『こうと決めたら、一直線に突き進む芯の強さがある』という意味で、頑固さを長所に書いています」（22歳）

「頑固」という単語の使い方として正しいとはいえないが、短所の裏返しが長所であるとするならば間違いとはいえない。頑固さを長所に置き換えていうと、「自分の意見を持っていて、一度こうと決めたことはやり抜くブレない心、諦めない心を持っている」ということになる。

ポジティブに考えれば、頑固さもあながち捨てたものではないと、ソロ男の人たちを寛容に見ていただければ幸いである。

あまのじゃく行動は子どもなのか？

「あまのじゃく」という性格も、決してプラスのイメージではない。

試しに、「あまのじゃく」の類語を調べると、以下の言葉が出てくる。

「意地悪・ひねくれ者・つむじ曲がり・へそ曲がり・性格が悪い・人が嫌がることをする・性根が悪い・性根が腐っている・性格が歪んでいる・性格がねじ曲がっている・ひね

くれ者の・性格が素直でなくいじけている・素直でない・すねる・いじけた・屈折した・やさぐれた」

これでもかというくらい、負のワードが並ぶ。

「あまのじゃく」という言葉は、普段から使われているので、その意味はおわかりのことと思う。「わざと人に逆らうような言動、行動をする人」「あえて反対の意見を言ったりする素直じゃない人」という意味だが、その由来や語源については諸説あるといわれている。

日本書紀・古事記に出てくる天探女《あまのさぐめ》から由来したものだとする説や、天若日子《あまのわかひこ》とする説（「天若」はそのまま「あまのじゃく」と読むことができる）などがある。

仏教では、「人間の煩悩」を表す象徴として、四天王や執金剛神に踏みつけられている悪鬼として描かれている。また、民間の説話では、人の心を察して口真似などで人をからかう妖怪とされる例が多い。いずれにしても、あまり良いイメージでないことは確かだ。

そんなあまのじゃくは、性格判断でも悪い性格として位置づけられていて、「直すべき短所」とされている。あまのじゃくに陥る性格的要素としては、「プライドが高い」「本音を言うことが恥ずかしい」「傷つくのが怖い」「他人の目を気にしすぎてしまう」などが挙げられる。

幼稚園児や小学生が無意識にやってしまう「好きな子をいじめたりからかったりする」や、中高生の恋愛にありがちな「好きなのにあえて嫌いだという態度をとってしまう」なども、あまのじゃく的行動のひとつである。一時期流行した**「ツンデレ」**もまた同じだ。

要するに、子どもなのだ。精神的に未成熟なころなら、まだ「かわいい」として許せるが、成人したいい大人の男があまのじゃく行動をとると、世間の目は一転して厳しい。つき合いづらい、扱いにくいと距離を置かれてしまうこともある。

意外にも、あまのじゃくであるソロ男は、自分のあまのじゃく行動を頭の中では冷静に理解している。素直じゃない行動をとったことをちゃんと把握し、場合によっては後悔もするし反省もする。

それでも、当の本人は案外その性格を直すべき短所だと思っていなくて、むしろそのままでよいと思っている節があったりする。

「『あまのじゃく』は当てはまるな。『へそ曲がり』もあるかも。ちょっと否定的なのね、俺。でもそういうのにちょっと憧れてる自分もいるんだよね。いいなあって」(38歳)

「素直じゃないって言われるけど、気持ちを素直に出せない自分っていうのがありのままの自分だから。それを偽ったらもう自分じゃないんで、無理してまで変えようとは思わない」(40歳)

あまのじゃくは、マーケティングでは動かないのか?

人間関係においてだけではなく、こういったあまのじゃくな性格を持つ人たちは、従来マーケティング活動のターゲットになりにくいともいわれてきた。

流行には左右されたくないという意識が強く、企業の「売らんかな」の気持ちを見透かして拒否反応を示してしまう人たちだからだ。

「俺は企業のCMの商品は絶対買わないね。売場でもオススメのマネキンが着てるやつは絶対買わない。あえて、一番奥の棚とかから自分で選ぶ。たとえそれが同じ商品でもね！

乗せられないぞ！っていう意識が強いね。だから、自分で決めたんだっていうのがあればいいんだとは思うけど、ちょっとでも企業が推してるとか、その企業の策略には染まりたくない。いま流行ってるやつとか、絶対買わないね！人の意図で動くもんかってね」（28歳）

しかし、素直じゃないがゆえに、本心と裏腹の行動をとってしまうということは、逆の見方をすれば、**とった行動と裏腹の本心がすぐわかるということでもある。**

むしろ、単純でわかりやすい性格だとも考えられる。企業が推したい商品だとしても、「言われて決めた」のではなく、**「自分が決めた感」さえ演出してあげれば納得もしてしまうのだ。**

「流行に左右されたくないって思いながら、けっこう流行に左右されてんだよね」（38歳）

流行に左右されたくないという言葉は、あまのじゃく的に解析すれば、本心と裏腹の言葉になる。ならば、**本心は流行に左右されて消費したいということになる。**

ややこしいようだが、このあまのじゃくな性格がソロ男の自己矛盾行動を生み、消費の原動力ともなりうるのだ。

実は、この**「自己矛盾行動」**こそ、ソロ男を特徴づけるもののひとつで、本当に興味深いものなのだ。次の節でくわしく見ていこう。

ソロ男分析5・自己矛盾行動

「言ってること」と「やってること」が違う

「動かされない」と口では言うものの……

2014年8月、私たちは「ソロ男プロジェクト」のリリースを発表した。

「博報堂、『ソロ活動系男子』（通称：ソロ男）の研究活動およびマーケティング活動支援を開始。『単身・独身20〜50代男性』の消費力や、自由で自立したライフスタイルに着目、『ソロ活動系男子研究プロジェクト』を発足」

おかげさまで、たくさんのニュースサイトに取り上げていただき、コメントも頂戴した。

・自分がいた
・おっ、俺のことだな
・めっちゃ現状これだ！
・まさにこれｗ
・身の周りにもいます、ソロ男
・ヤバい広告代理店に捕捉されてる！　逃げろ！
・これはいい狙いｗ

という比較的好意的なコメントもあったが、なかには手厳しい意見もあった。

・簡単には引っかからない、広告屋からするとかなりメンドクサイ層。
・結構扱いにくい層だろこれ。へそ曲がりだよ？

- 女性と同じように広告等で消費を誘導できると考えるのはアホの極み。

ご指摘のとおりである。前項「ソロ男分析4　性格」でも書いたとおり、ソロ男はかなり面倒くさい。特に、**企業の「売らんかな」の姿勢を見透かすと嫌悪し、乗せられないように動く傾向が強い。**

「マスマーケティングが効かない層だから、ターゲットとして狙っても無意味。だから今までどこの企業も相手にしなかったんだよ」という意見ももっともなことだと思う。

調査においても、その性質は明確に表れている。「キャンペーンや景品は買う商品に影響を与えるか？」という質問に対して、ソロ男の37・5%、実に4割近くが「影響されない」と回答している。

非ソロ男（ソロ男度の低い未婚男性と既婚男性の合算）が23・8%であることから、14%もソロ男の方がその意識が高い。つまり、何かプロモーションなどの仕掛けをしても、ソロ男はそれに反応しにくいということだ。

それが本当なら、ソロ男は「マーケティングのターゲットにはならない。プロジェクトキャンペーンや景品で、買う商品は影響されるか？

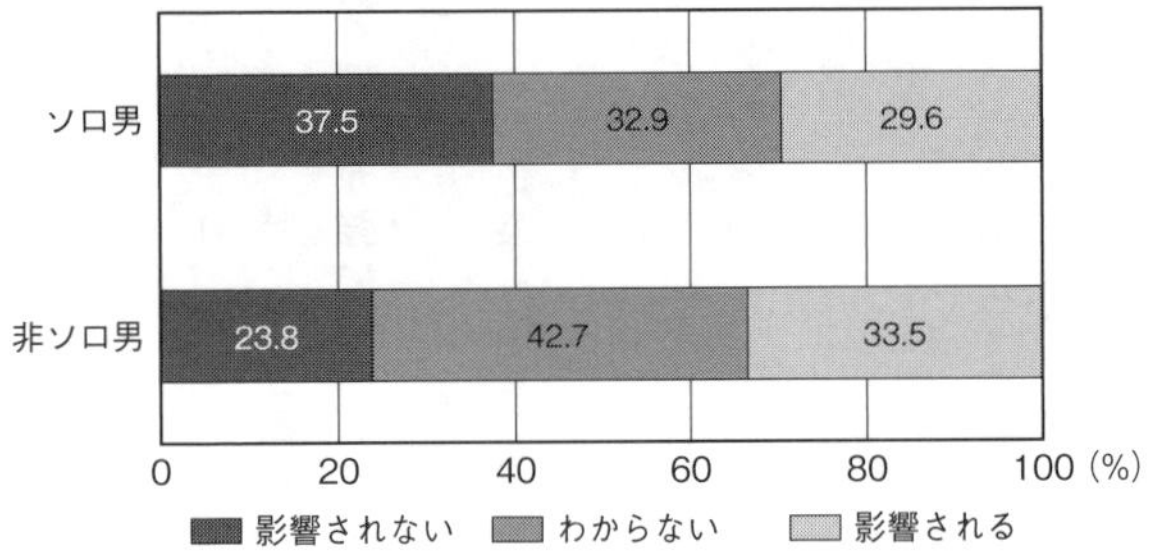

キャンペーンや施策に対する参加意向

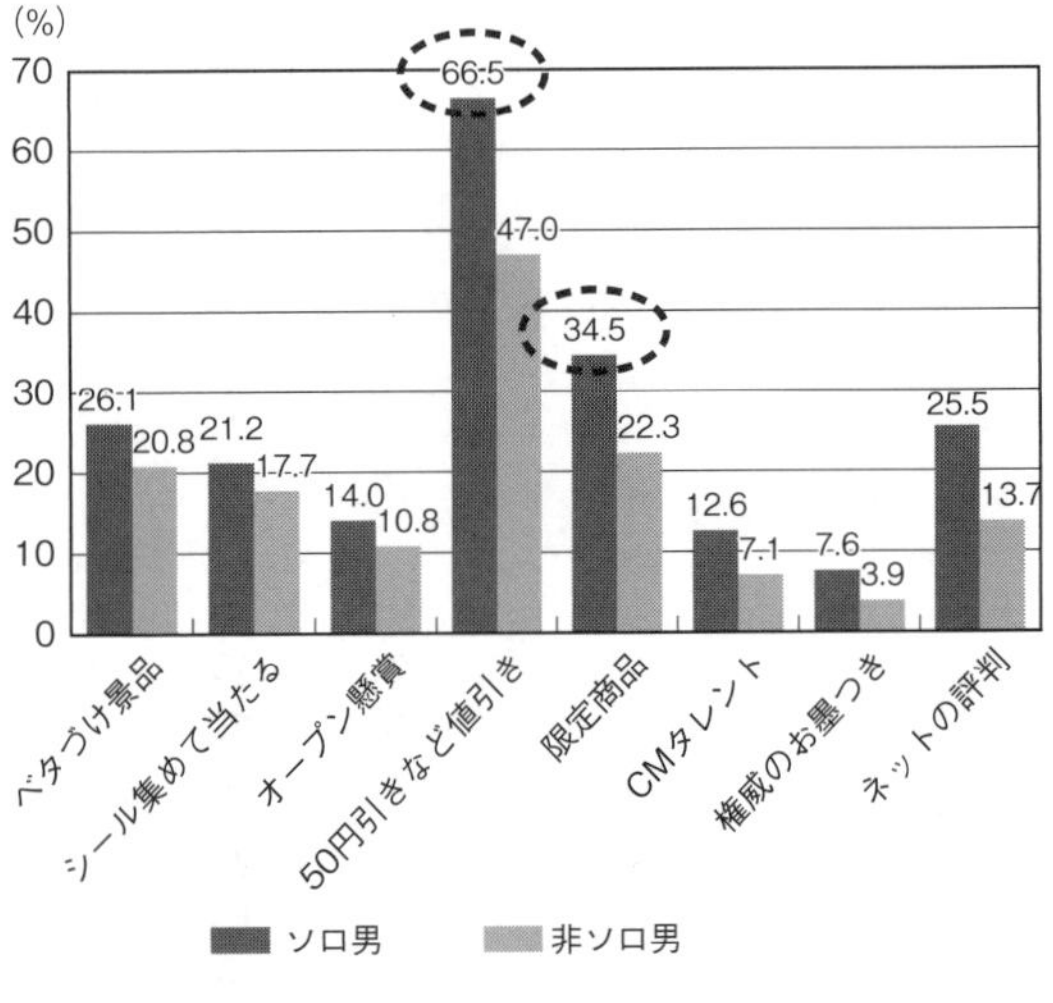

2014　ソロ男プロジェクト調べ

は終了」という話だった。

ところが、プロモーション施策の具体例を提示して、各々に反応するかどうかを聞いてみたところ、意外な結果が出た。

「キャンペーンや景品に影響されない」「企業の販促に踊らされない」と言ってはいるものの、実は思い切り影響を受けているのもソロ男の方なのだ。

実に、すべての施策でソロ男の方が非ソロ男を上回っている。特に、**「値引き」や「限定商品」などの仕掛けにはめっぽう弱い。**ＣＭタレントや、有名人・権威団体のお墨つきにはあまり反応しないが、反面、ネットの評判は気にする傾向もある。

「企業の販促には踊らされないと言う反面、値引きやクーポンなどに敏感に反応」という、一見矛盾する意識と行動。実は、これこそがソロ男に特徴的に見られる行動のひとつでもある。

要するに、素直じゃなくてひねくれている、まさにあまのじゃくの性格そのものということだ。そのことは、こんな行動例からも見て取ることができよう。

・誰かと遊びたがるくせに、一人になりたがる。
・結婚する気がないくせに、女性にモテたがる。
・他人をほめないくせに、自分はほめられたがる。
・他人を気にせず自由に生きたいと言うくせに、他人の評価を気にする。
・ブランドスイッチなんかしないと言うくせに、新商品が出るとまず買ってしまう。
・身近な人の薦めでは買わないくせに、ネットの見知らぬ人の評価を見て買ってしまう。
・長生きにはこだわらないと言うくせに、健康食品が気になる。
・店員のアドバイスは重要と思っているくせに、店員との会話が苦手。

やはり、ソロ男は面倒くさいようだ。

他人の評価が気になる。

他人は気にしないと
口では言うものの……。

ソロ男
あるある

毎日買い物、お店が冷蔵庫代わり

先ほど、「値引き」や「限定商品」などの仕掛けにはめっぽう弱いというソロ男の特性が出てきた。

では、ソロ男は普段、どのような買い物行動に出ているのだろうか。

ソロ男は、ほぼ毎日買い物している

コンビニ利用頻度は、ソロ男の43・9%が「週4日以上」(毎日利用16・1%)。非ソロ男も38・3%が週4日以上(毎日利用13・5%)利用する。利用頻度はソロ男の方が若干高いものの、それほど大きな差異はない。

しかし、スーパー利用頻度で見ると、両者の違いが明確に表れる。**「週2日以上、スーパーを利用する」**としているのが、ソロ男で69・6％なのに対して、非ソロ男は45・9％と24ポイント近く差がある。

これは、ソロ男が一人暮らしであることから当然とも考えられるが、ソロ男にとってコンビニだけではなく、スーパーも日常的に利用する買い物先であるということがわかる。

コンビニ、スーパーでの一回当たりの利用金額は、ソロ男も非ソロ男もほぼ違いはなかった。利用頻度が多いぶん、一週間当たりのコンビニ、スーパーでの総利用平均金額はソロ男の方が高いという結果になっている（ソロ男5442円、非ソロ男41886円）。

週末スーパーでまとめ買いをするというより、ほとんど毎日コンビニやスーパーなどで何かしら買い物をしているということが読み取れる。

「自分がだらしないから、買いだめすると、あるだけ食べちゃう。スーパーも夜遅くまでやっているし、コンビニもあるし、買いだめする必要がないんですよね。お店が冷蔵庫っていうか……」（41歳）

ソロ男のコンビニ利用頻度

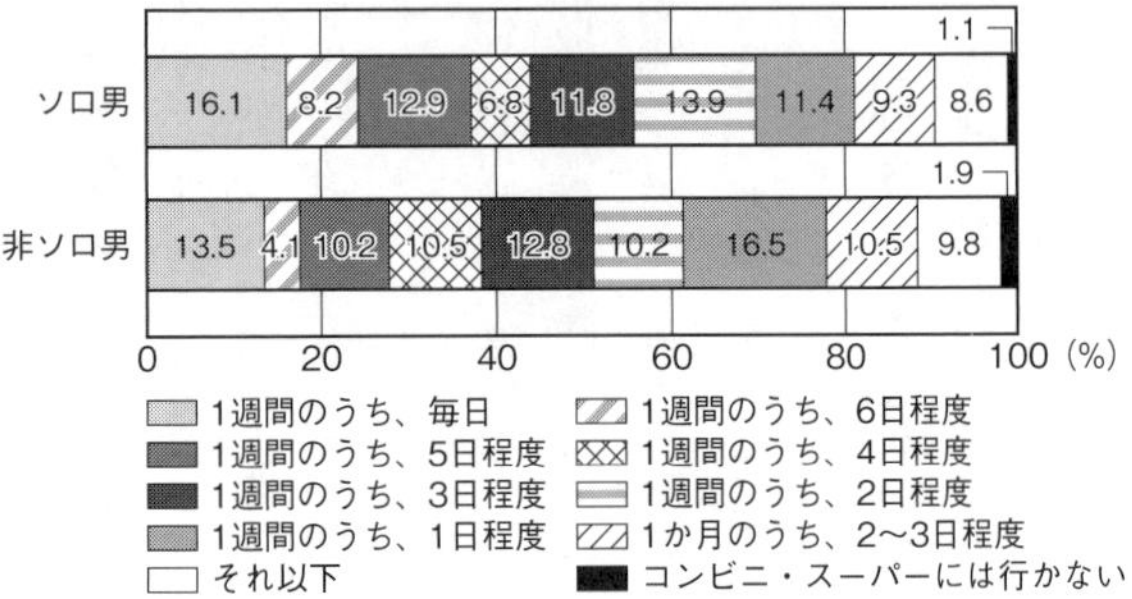

ソロ男のスーパー利用頻度

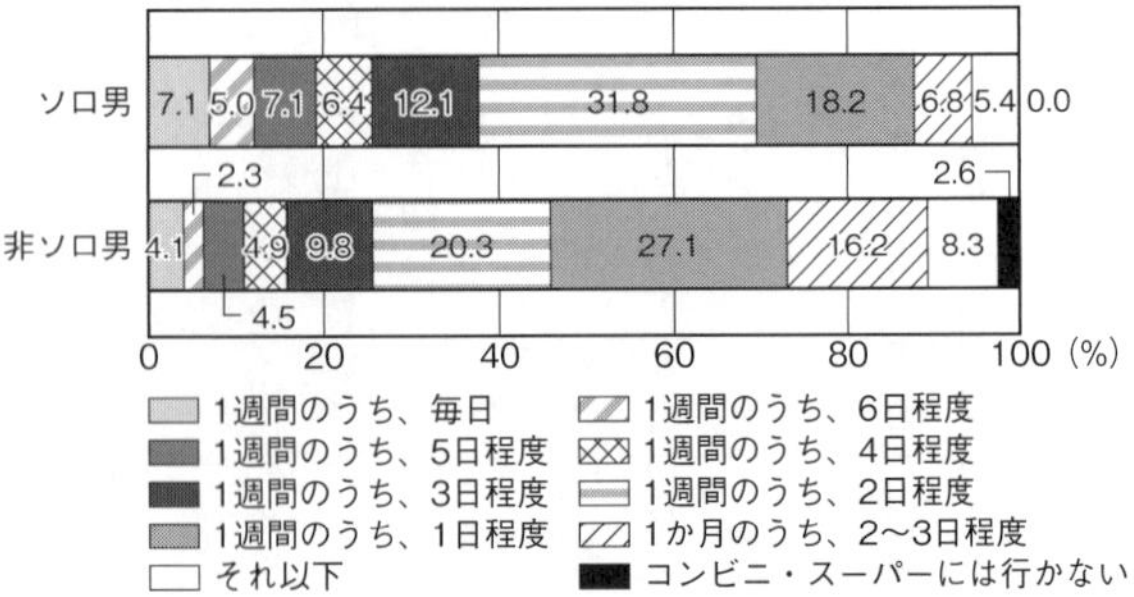

コンビニ、スーパー利用状況（まとめ）

		週利用頻度平均	利用単価平均	週利用金額	合計
ソロ男	コンビニ	3.28	653	2,140	5,442
	スーパー	2.60	1,272	3,302	
非ソロ男	コンビニ	2.88	621	1,786	4,186
	スーパー	1.82	1,322	2,401	

2014　ソロ男プロジェクト調べ

「スーパーで野菜とか果物たくさん買っても余らせて腐らせてしまうんで、結局ムダなんですよね」（50歳）

その日に食べるものをその日に買う――それがソロ男の買い物の仕方のようだ。

ソロ男は、コンビニで「菓子」「カップ麺」を買いたがる

コンビニでは「コーヒー」「お茶」を買うというのが男性全体の傾向だが、ソロ男は「スナック菓子」「チョコ菓子」「アイスクリーム」「ケーキ・洋菓子」「カップ麺」「タバコ」を非ソロ男より多く買うという傾向が顕著に見られる。

特に、非ソロ男との比較では、**「スナック菓子」「ケーキ・洋菓子」「カップ麺」の3点が、ソロ男特有のコンビニ高頻度購入商品**といえるかもしれない。

「ローソンの『ウチカフェシリーズ』にハマってます」（42歳）

ソロ男がコンビニで買うもの
（弁当・惣菜・おにぎり・サンドウィッチ
などの加工食品、生鮮食品を除く）

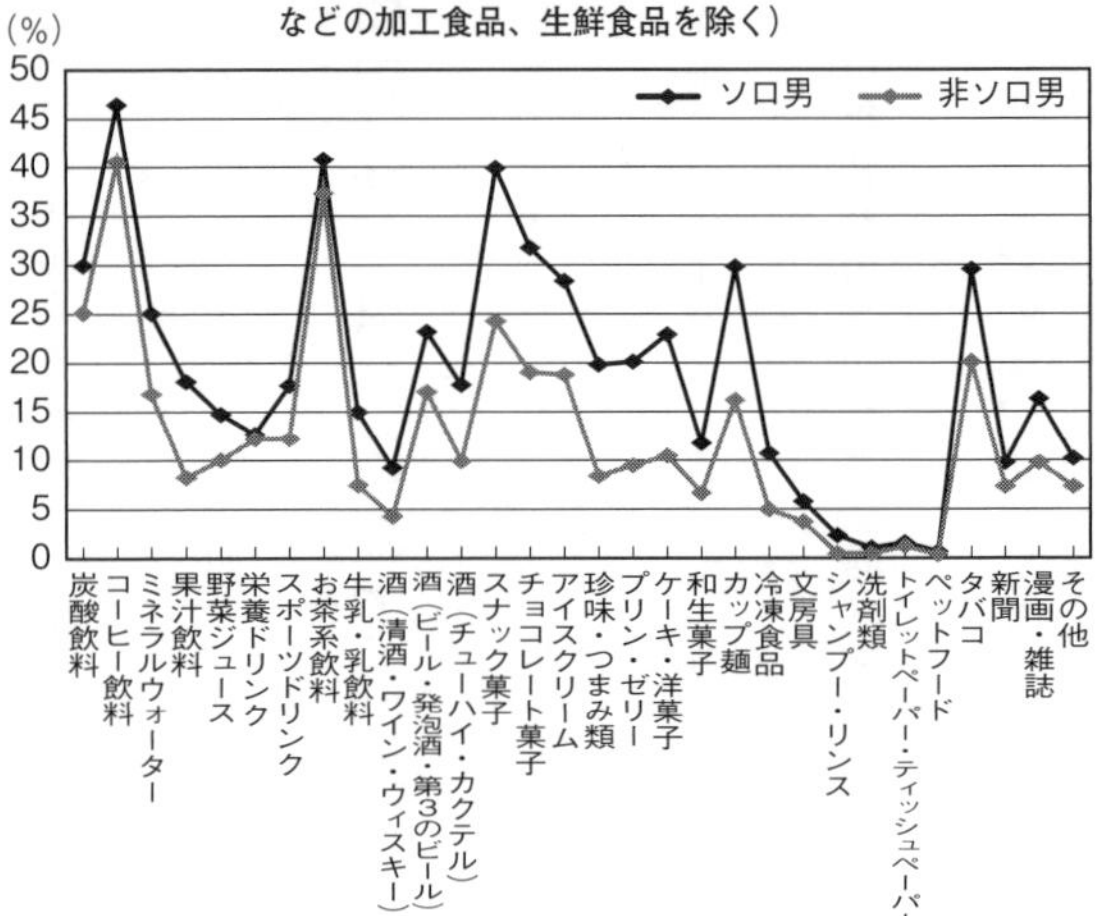

ソロ男がスーパーで買うもの
（弁当・惣菜・おにぎり・サンドウィッチ
などの加工食品、生鮮食品を除く）

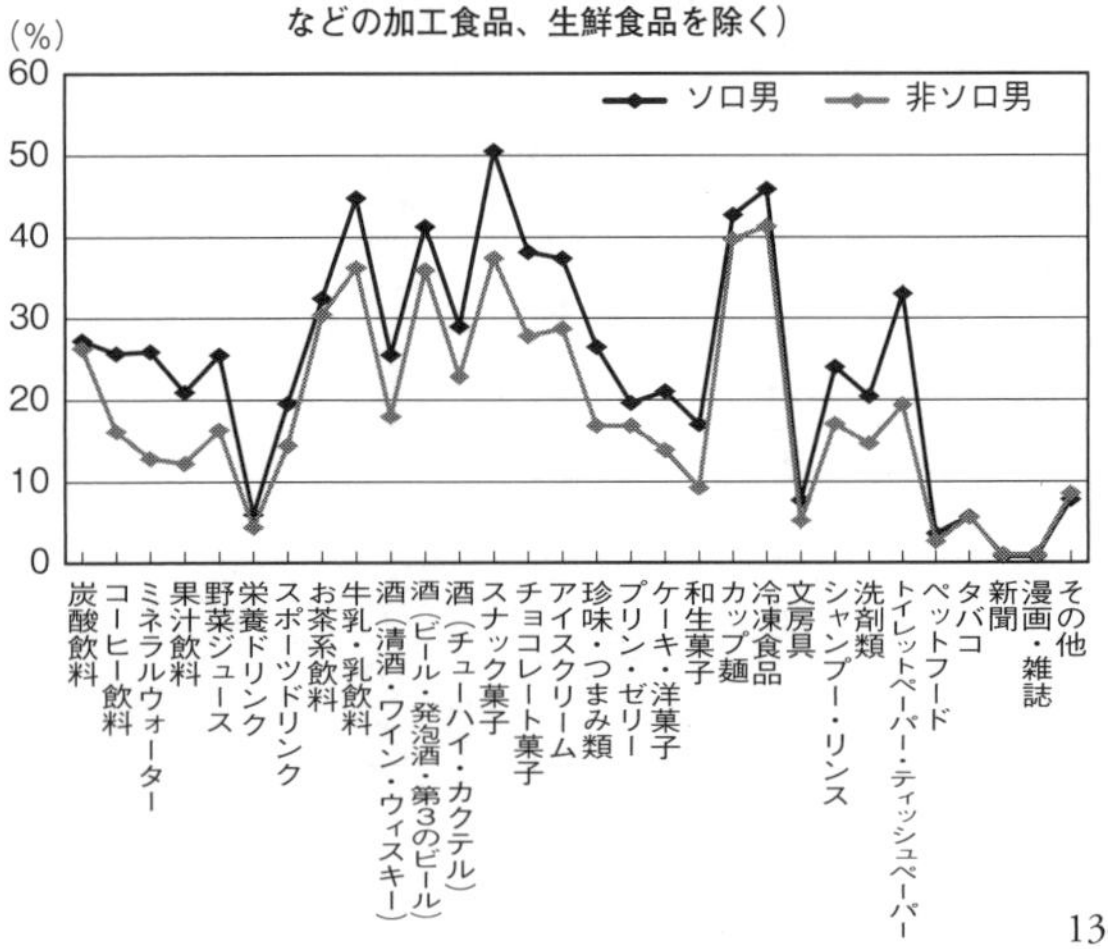

「だいたい帰宅するのが夜0時近くなんですけど、ペットボトルのお茶とポテトチップスは必ず買いますね」（48歳）

「新しいカップ麺を見つけたら必ず買います。とりあえず一回食べて、まずかったらネットに書き込みます」（35歳）

また、非ソロ男と比較すると、**「ビール」や「おつまみ」などもコンビニで買う傾向が強い**といえる。

「毎晩寝る前に必ず1本缶ビールを飲むんで、ビールは毎日1本買います。健康を考えたら、本当は糖質ゼロの方がいいんですけど、なんか味気ないんで普通のビール買います。定価でも別に気にならないです。

毎晩同じコンビニで、同じ銘柄のビールを買うことが、ひとつのジンクスになっているんですよ。そうしないと気持ちよく眠れないんで」（38歳）

ソロ男は、コンビニとスーパーで買うものを分けている

一人暮らしのソロ男が「シャンプー」「洗剤」「トイレットペーパー」などの日用品を買うのは当然として、ソロ男はコンビニ同様、スーパーでも相変わらず「スナック菓子」をはじめとする菓子類をたくさん買っている。
「ビールなどの酒類」はコンビニでも買うが、スーパーの方がより多く買う傾向がある。そのほか、コンビニではほとんど買わない「牛乳」「野菜ジュース」「冷凍食品」をスーパーで買う。

次のページの図によると、コンビニよりスーパーで買うことが多いのが、**「日用品」「冷凍食品」「酒類」「牛乳」**となっている。

「コンビニには自分の使ってるシャンプーが置いてないんで、スーパーかドラッグストアで買いますね」(29歳)

ソロ男がコンビニ、スーパーで買うもの比較

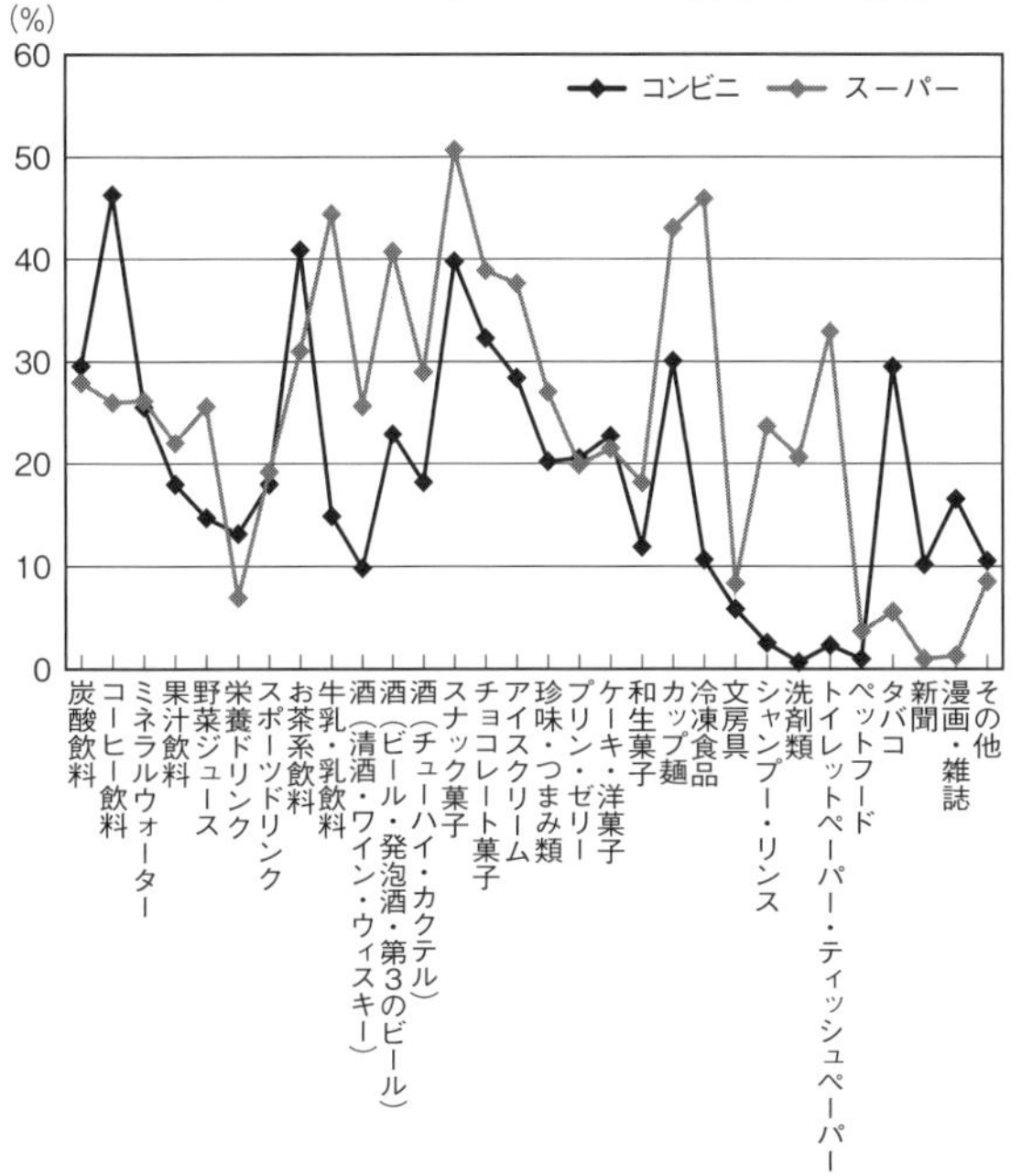

コンビニ、スーパーでの商品分類別購入率比較

	コンビニで週1-2本以上買う			スーパーで週1-2本以上買う		
	ソロ男	非ソロ男	差分	ソロ男	非ソロ男	差分
ビール	40.8	34.5	6.3	52.9	48.6	4.2
チューハイ・カクテル	30.3	24.1	6.2	41.8	32.0	9.7
ワイン・ウィスキー	15.5	9.2	6.3	39.3	27.4	11.9
お茶系飲料	64.3	58.6	5.6	53.2	52.9	0.3
コーヒー飲料	61.4	48.7	12.7	41.4	35.5	5.9
炭酸飲料	51.3	45.6	5.7	49.3	49.4	−0.1

2014　ソロ男プロジェクト調べ

「洗剤とかティッシュとか、コンビニだと無意味に高いじゃないですか。もったいないんで、休みの日にスーパー行って買いますよ」（49歳）

「スーパーで冷凍食品のチャーハンを買います。納豆とセットで。家で納豆チャーハン作るんですよ。コンビニでも（冷凍食品は）買えるんですか？　知らなかった」（50歳）

一方、スーパーよりコンビニで買うことが多いのは、**「コーヒー」「お茶」「タバコ」「漫画・雑誌」「栄養ドリンク」**など。わずかではあるが、**「ケーキ・洋菓子」**についてもコンビニが上回っている。

昨今、各コンビニチェーンが女性客をターゲットとしたスイーツ商品が好調に売上を伸ばしているが、前述のとおりローソンの「ウチカフェ」シリーズにハマっているソロ男がいるように、表面上ターゲットではないソロ男が、その売上を裏で支えていると言ったら言い過ぎだろうか。

とにかくお菓子が大好き。

お菓子をやめるという選択肢はない。

そして、ソロ男は、コンビニでもスーパーでも、どちらでも**「スナック菓子」「チョコ菓子」「スイーツ菓子」**など、とにかく菓子類をたくさん買う。

男性全体の傾向として、酒類はスーパー、清涼飲料はコンビニでの購入率が高いが、**ソロ男は酒類の購入率が非ソロ男より断然高い**ことがわかる。特に、スーパーでの「チューハイ」や「ワイン・ウイスキー」の購入率は非ソロ男を10％程度引き離している。また、ソロ男はコンビニでのビール購入率も高く、定価での購入にも抵抗が少ないと考えられる。

「お茶」や「炭酸飲料」については、スーパーでの購入率は非ソロ男と同等だが、コンビニでの購入率は非ソロ男を上回っている。特に「コーヒー」については、コンビニでの購入率が非常に高い。

もともと男性の購入率の高いコーヒーだが、コンビニでコーヒーを買っているのはソロ男である確率が高いといえるのではないだろうか。

目線が主婦化しているソロ男

自分以外に買い物をしてくれる人が存在しないソロ男。最近では、都市部のスーパーは閉店時間が遅くなっており、平日も仕事帰りにスーパーに立ち寄ることが可能だ。ビジネスバッグを片手に買物カゴを提げて、閉店間際のスーパーで惣菜とビールを買うサラリーマンの姿を見かけることも多い。

個人的には、夜9時以降の食品スーパーでは、主婦などの女性客より男性客の姿の方が多いような印象さえある。

しかし、既婚男性は立場が違う。奥さんに連れ出されるか、またはお使いを頼まれるかで、せいぜい週末たまにスーパーに行く程度ではないか。

対して、毎日何かしら買い物をするソロ男は、商品の価格や店頭の動向にくわしい。

「自分が店に行く時間には、たいてい惣菜や揚げ物が半額になるんですよ。いつも半額で買っているので、普通の値段じゃとても買う気はしません。たまに、いつもの時間なのに店員さんが半額セールをやっていないときもあって、そのときは下がるまで待ちます」（50歳）

ほとんど主婦の買い方と変わらない。

「事前にチラシなんか見ませんが、お店に行けば『特売品』とかの表示に反応しますね。『今日は牛肉かぁ』とかね。あと、いつもの陳列と雰囲気が違ったりすると新商品が出たんだ、って思います」

ソロ男は店頭の変化にも敏感なのである。広告よりも先に、店頭で新商品の認知をする機会も多いと言う。毎日買い物をするがゆえに、ある意味「目線が主婦化」しているのだ。

それだけソロ男は、スーパーでの買い物に関して厳しい目を持っているともいえる。

ストイックなまでに、品質を気にするソロ男

価格だけではなく、品質についてもソロ男はこだわる。

「スーパーやコンビニの出来合いののり弁なんかは絶対買わない。390円でのり弁を買うくらいなら、千円でもいいから身体にいいものを買います。うまいかどうかは二の次。身体にいいことが優先です」（41歳）

「成分表を必ず見ますね。着色料とか保存料なんか入ってたら、絶対買わないです」（39歳）

「糖質制限しているので、成分表に砂糖が入っているものは一切買いません。加工食品にはほぼ全部入っているので買いませんね。缶詰もだめです」（50歳）

品質を気にすることは悪いことではないのだが、行きすぎると面倒くさい。**美味しいものを食べたいという気持ちよりも、品質の良いものを摂取するという考え方が勝る。**

もはや、アスリート並みのストイックさである。彼ら自身は、不思議とそれを窮屈とは考えていない。むしろ、品質や成分にこだわり、今日もきっちり達成したという満足感に浸れるのだ。

ソロ男の「プラスオン消費」

一方、ソロ男に限らず男性のコンビニでの買い物では、ほぼ買うものが固定化されている。その中でも、ソロ男は特に「スナック菓子」「ケーキ・洋菓子」「カップ麺」を買う傾向が顕著だと指摘した。

材料や添加物を極端に気にするソロ男がいる反面で、まったく無頓着なタイプも存在するようだ。前出の、毎晩ポテトチップスを買うソロ男はこう言う。

「メタボなんで、本当はポテチとか絶対ダメなんすけど、トクホのお茶と一緒に飲んで中和させています（笑）」（48歳）

本気で中和されるとは本人も思っていない。本来、メタボを気にするのであれば、ポテトチップスを買い控えるという選択になるのが普通ではないだろうか。

ところが、ソロ男はその欲求を我慢しない。ポテトチップスは食べるのである。ポテトチップスを買い、食べることは前提で、そのぶん緩和させるために、特保のお茶をさらに買う。ソロ男には、そういう「プラスオン消費」の思考が働くことが多い。

「ほとんど毎日コンビニ弁当食べてます。メニューはとっくに全制覇してますね。やっぱ、コンビニ弁当は身体に悪いと思うので、結構な量のサプリメントを毎日飲んでます」(39歳)

「コンビニ弁当を制限する」という選択肢はないのだ。これもまたプラスオン消費である。

さらに興味深い意見もあった。あるソロ男は、毎日コンビニでペットボトルの緑茶飲料を買う。彼は、銘柄を決めていて、ほとんど習慣のように同じものを買っている。

ここにもソロ男の「一度決めたら一途」な面が見えるが、もともと緑茶ペット飲料が好きなこともあり、別の新しい商品が発売されると、それがいつもの銘柄とは違う会社のものだろうと関係なく、一回は買って試すらしい。

「普段買うのは決まってますけど、新しいお茶が置いてあったらとりあえず買いますね。まあ、たいていその一回で終わりですけど。いつものお茶？　それも買います。いつものお茶は買ったうえで、新商品も買うんですよ」（42歳）

要するに、その日は2本お茶を買うということだ。いつものお茶の代わりに新商品のお茶を買うのではなく、「プラスオン」で新しいお茶を買う。彼にしてみれば、いつものお茶を飲まないという選択肢はないのだそうだ。

ポテトチップスを毎晩食べること、いつものお茶を毎日飲むこと——それらはソロ男のこだわりのルーチン行動のひとつであり、**そのこだわりをセーブしたりすることはない。**それどころか、さらにプラスオンで消費をする。**まさに、消費力の高いソロ男の一面が見えたような気がする。**

ソロ男分析7・外食、夜遊び行動

合コンよりも、男どうしで飲むのが好き

コンビニ、スーパーでの買い物の次は、「外食」について見ていこう。なんとなく、ソロ男は「外食頻度が高い」というイメージがある。外食しないのであれば、自分でつくらなければならないため、そういうイメージを持たれがちなのだが、それは本当だろうか。

ソロ男は「外食ばかりではない」

朝食・昼食・夕食・間食を含めて、男性の週当たりの外食回数について調べてみた。

その結果、ソロ男の週平均の外食回数は6・19回、非ソロ男の4・45回と比べて1・7回分は多いとなっている。

普通のサラリーマンのソロ男が、自分のためだけに自作の弁当をつくって会社に持ち込むとは考えにくい。であれば、昼食の外食比率（社員食堂も含めて）は高くなると予想される。

仮に毎昼食が外食だとしても、それで週5回が外食となる。朝食に立ち食いそばやファストフードを食べれば、それもカウントされる。そう考えると、ソロ男の週平均6回の外食回数は決して多いとはいえないのではないか。

「基本的に朝食は食べません。昼食は外食と弁当半々ですね。外で食べるときは、会社近くの定食屋で一人で食べます。夜は、たまに外で食べますが、ほとんど弁当買って家で食べてます。

誰かと食べに行くのは、せいぜい月2回くらいで

週当たりの平均外食回数
（朝食・昼食・夕食・間食を含めて）

	外食回数	一人外食	複数人外食
ソロ男	6.19	4.54	1.65
非ソロ男	4.45	2.80	1.65

2014　ソロ男プロジェクト調べ

しょうか。外食が多いという印象は、自分自身ではありませんけどね」（42歳）

ソロ男の一人外食回数は多いが……

複数人で行く外食に関しては、ソロ男も非ソロ男も１・65回とまったく同じだが、週当たり一人外食回数平均を見ると、ソロ男４・54回、非ソロ男２・80回と、外食回数の差は大きい。

また、「一人では外食に行かない」と答えた割合は、ソロ男21％に対して、非ソロ男は40％とほぼ倍。**ソロ男の方が、より「おひとりさま」で外食していることがわかる。**回数的にも、週７回以上一人で外食する割合は、圧倒的にソロ男の方が多いことがわかる。食事をすべて一人外食ですませている「完全おひとりさまソロ男」の割合（週外食20回以上）も約３％程度存在する。

しかし、これをもってソロ男は「一人で食事するのが好き、人と一緒に行くのが嫌い」

週当たりの一人外食の回数
(朝食・昼食・夕食・間食を含めて)

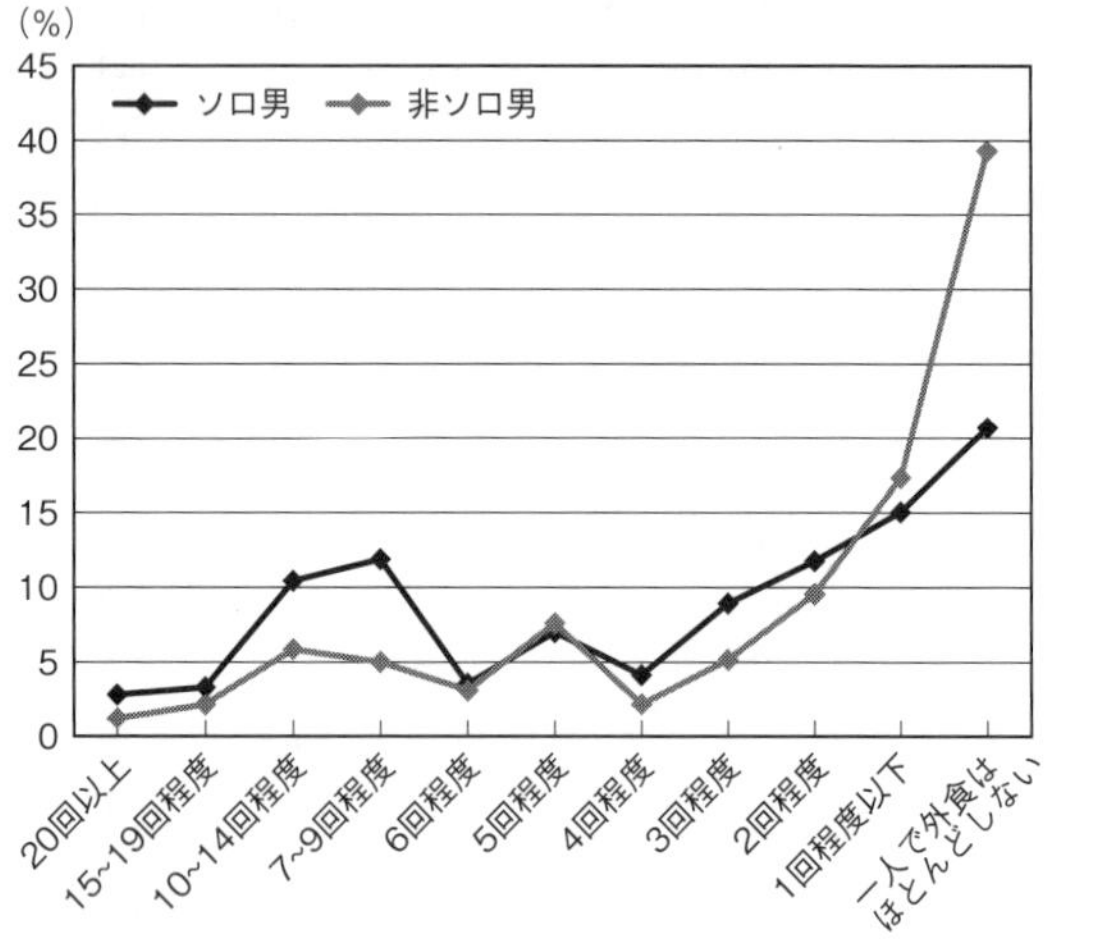

週当たりの複数人外食の回数

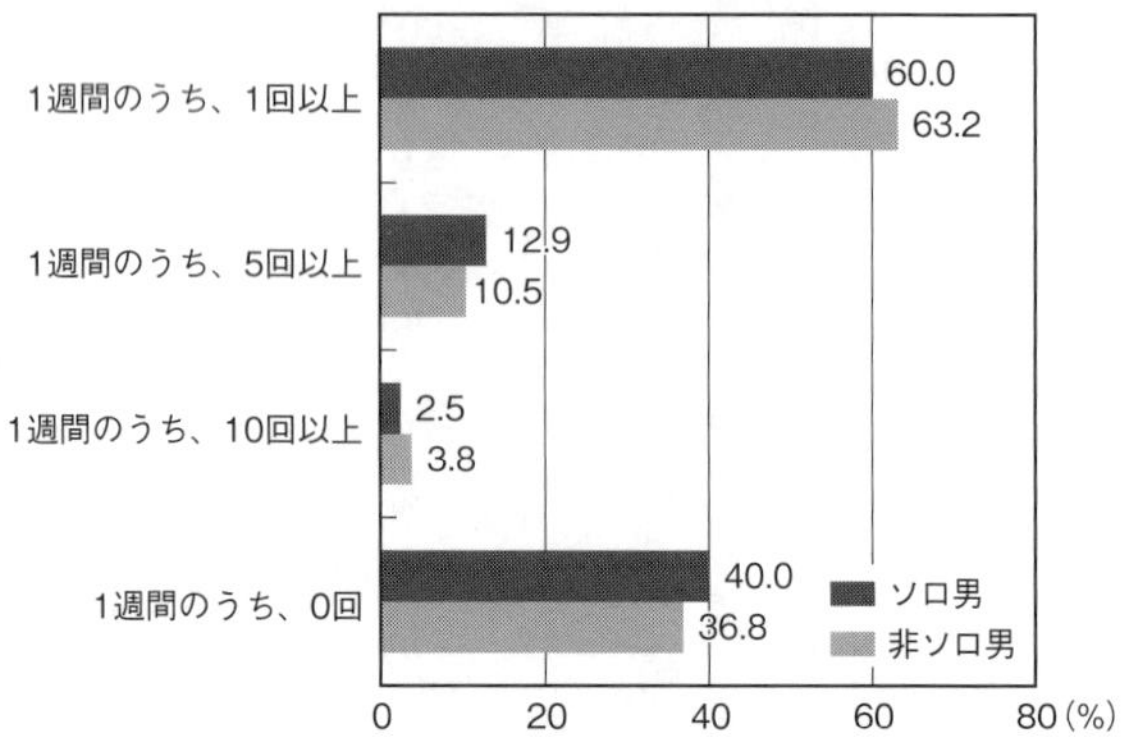

2014　ソロ男プロジェクト調べ

と考えるのは短絡的である。

複数人での外食回数の状況について調べてみると、ソロ男も非ソロ男も、その4割は週0回という結果だった。

また、週1回以上、複数人で外食すると答えた割合は、ソロ男で60%、非ソロ男で63%とほぼ変わらない。週5回以上はソロ男12%、非ソロ男10%、週10回以上はソロ男2・5%、非ソロ男3・8%と同じように推移している。

複数人で外食する頻度はソロ男も非ソロ男もほぼ同じで、ソロ男だけが複数での外食を拒否しているというわけではなさそうだ。複数人で行くときは男性平均頻度で行くし、その回数は非ソロ男と変わらない。

外食をする全体数が多いため、結果的に一人でも外食する回数が多い、というのが現実ではないだろうか。

ソロ男は、「男友達」と食事に行く

外食するときの自分を含めた平均人数は、ソロ男が3・04人、非ソロ男が3・01人と、これもまた変わらない。だいたい平均3人で外食することが多いようだ。

では、その外食のメンバーの内訳を見てみよう。

非ソロ男は、同性・異性（配偶者含む）・家族・仕事仲間とバランスよく同じ割合で外食している。対して、**ソロ男の外食は7割が男友達**という具合に偏っていた。会社関係と食事する場合でも、ソロ男は男性のみのグループで行くことが4割近い。異性の友人や恋人との外食はわずか10％程度にすぎなかった。

ソロ男は、外食費も「メリハリ」

一回当たりの外食費は、最も多くお金をかける場合で、ソロ男平均が1967円、非ソロ男平均が1851円と、若干ソロ男の方が多い。一回5千円以上かける割合も、ソロ男

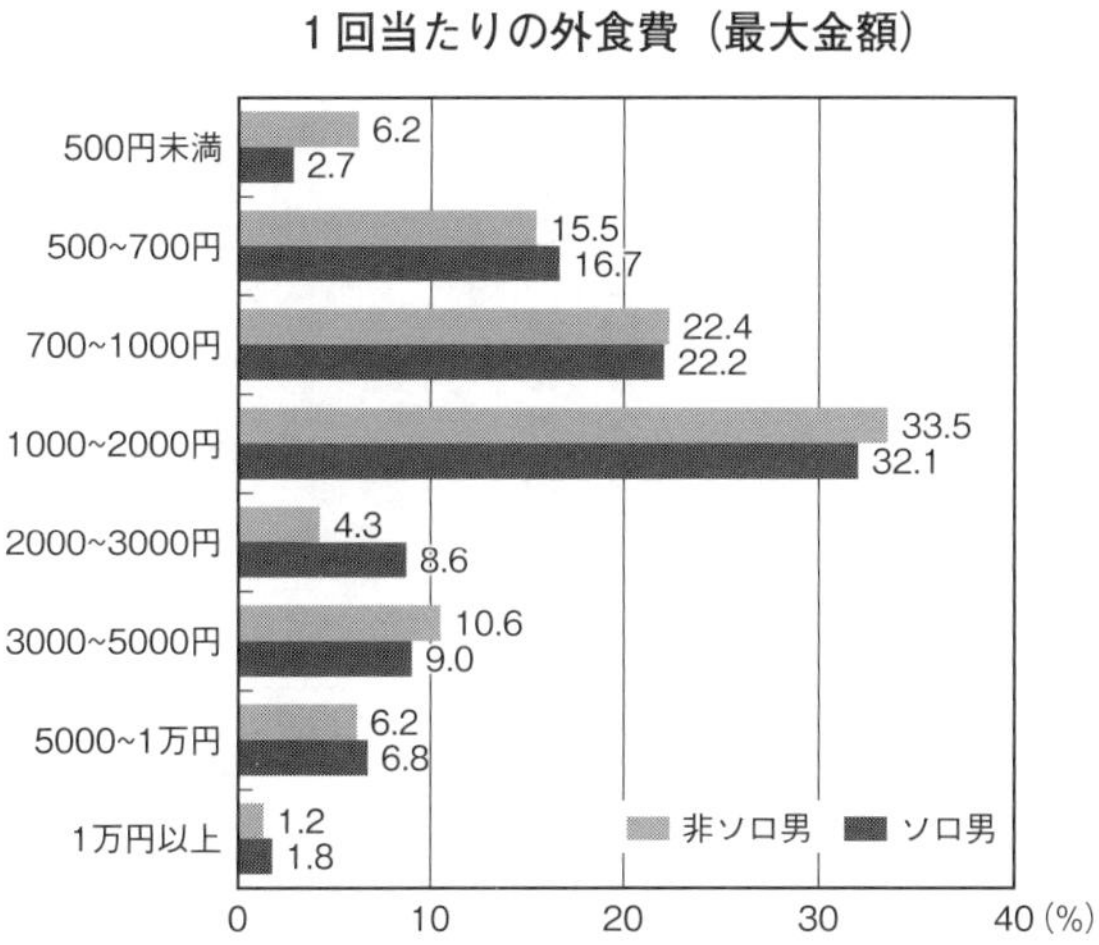

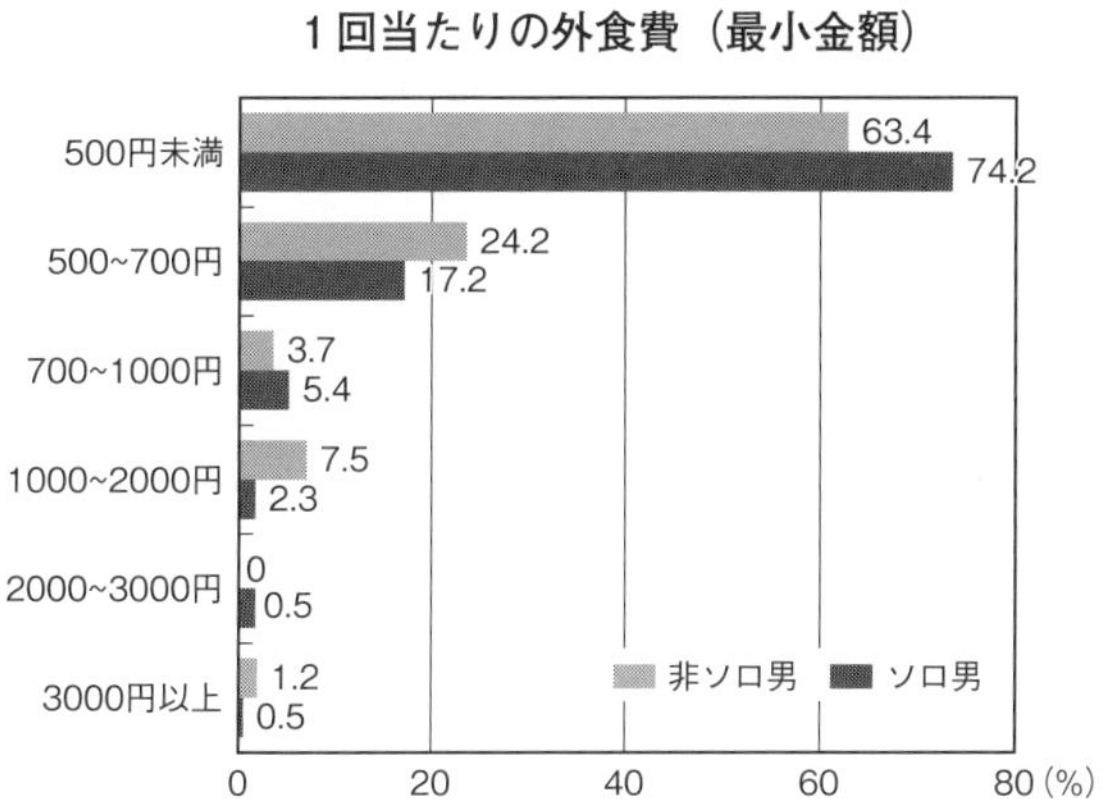

2014　ソロ男プロジェクト調べ

8・6％に対し、非ソロ男7・5％と、一回当たりの外食に高い金額をかけるのはソロ男の方である。

しかし、お金をかけない場合の金額を聞いたところ、ソロ男平均が541円、非ソロ男平均が627円と逆転する。「お金をかけない外食」では、ソロ男の91％が700円以内ですませているということである。

以上を総合すると、ソロ男は、**一人で食べるときには徹底的に金額を抑え、男友達や職場の仲間と一緒に外食する際は3千円程度、女性と外食する際には1万円以上の出費もいとわない、というメリハリのある外食行動意識を持っている**と推測できる。

「何を食べる」より、「どこで食べる」にこだわるソロ男

外食の機会として特別な日がある。クリスマスやバレンタインというシーズンイベントもそうだが、誕生日や記念日などもそれに当たる。

「そんな特別な日に、誰かを連れていきたいお店はどこか？」。そんな質問をしたとこ

特別な日、記念日に誰かを連れていきたいお店は？

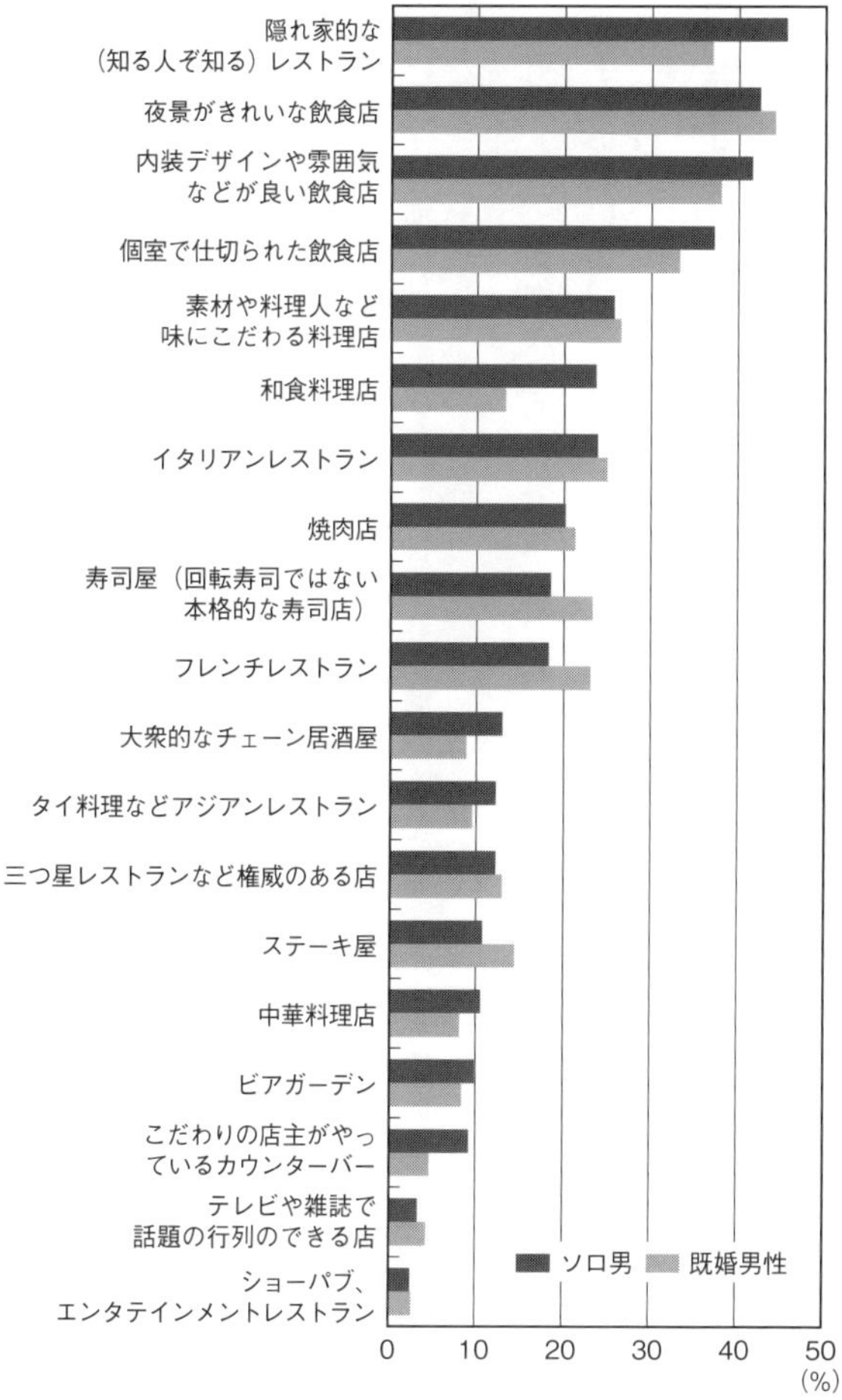

2015　ソロ男プロジェクト調べ

ろ、ソロ男と既婚男性とで面白い差異が出た。

既婚男性は、「何を食べるか」で店を選ぶ傾向がある。特別な日だから、フレンチを食べよう、寿司を食べよう、焼肉を食べよう、という感じで料理の内容から発想する。一方、ソロ男は「隠れ家的な」「夜景のきれいな」「内装デザインが良い」「個室で仕切られた」など店の雰囲気を重視する。

「何を食べよう」を起点とする既婚男性に対し、「どこで食べよう」にこだわるソロ男。この違いは、特別な日およびハレの日の外食消費に対する考え方の違いとして興味深いものがある。

ソロ男にとって特別な日の食事は、単においしいものを食べるということだけではなく、**相手との思い出づくりの日としたいという考えなのだ。**

ソロ男は合コンに行かない

女性との外食といえば、ソロ男は異性との出会いの場である合コンなどには参加するの

合コンより
男どうしで飲みたい。

なんで
男子会割引サービス
はないのかな？

ソロ男
あるある

だろうか。
調査の結果、ソロ男の合コン参加率はわずか5・4%だった。非ソロ男の2・4%と比較すると倍以上あるとはいえ、あまり合コンなどへの参加意欲は高くない。

「30代の頃は、それこそ週5とか合コンしてた時期もありましたけどね、今や年間1回やればいい方ですかね。あきました……というか、打率が悪いので意味ないかな、と」(47歳)

ちなみに、ゲストハウスウェディングを展開しているアニヴェルセル株式会社の2014年「結婚意識調査」によると、そもそも合コンで知り合ってつき合う確率は高くなく(7・2%)、**今やネットでの出会いよりも低いそうである**(9・7%)。

ソロ男はキャバクラにも行かない

厳密には外食ではないが、「キャバクラ」「ガールズバー」という女性が接客してくれる

キャバクラ、ガールズバーなどに行くか？

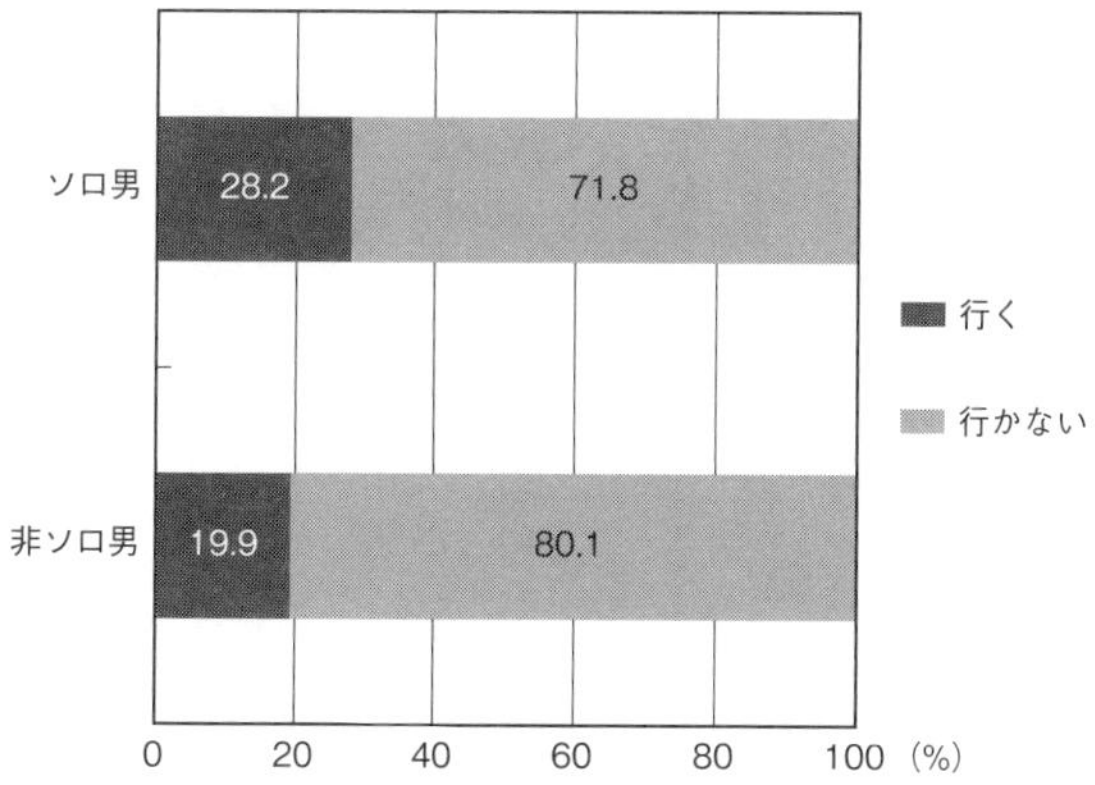

キャバクラ、ガールズバーなどに行く頻度

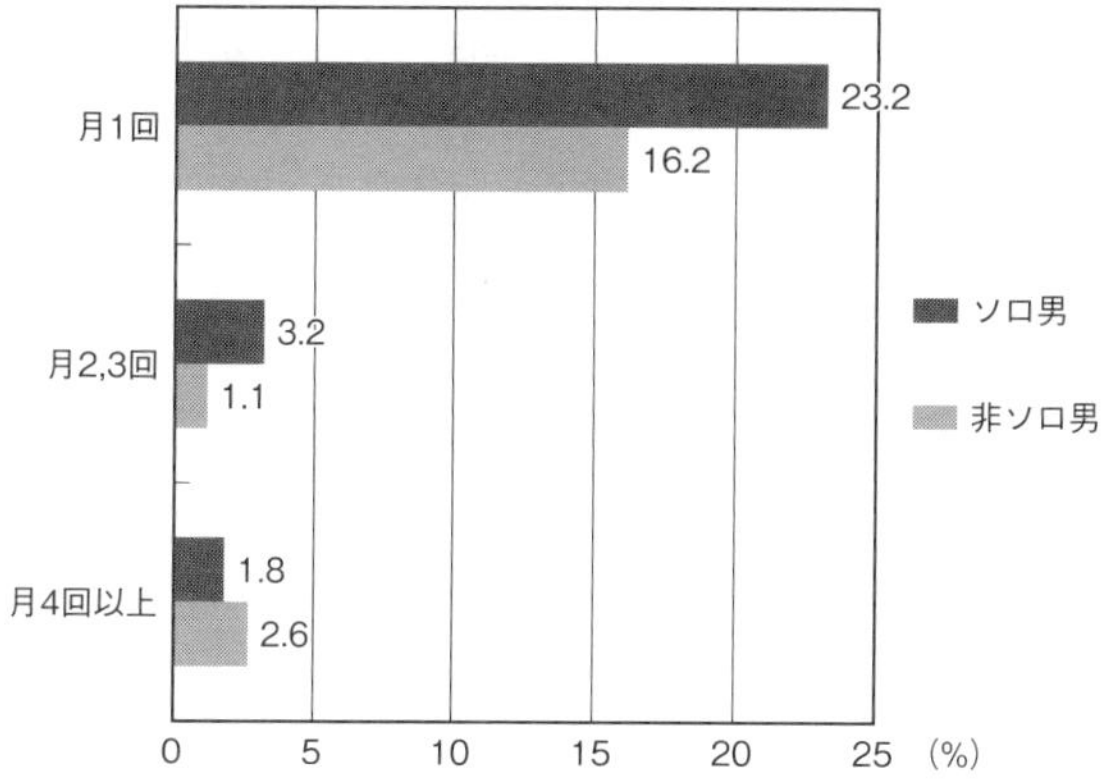

2014　ソロ男プロジェクト調べ

店への来店行動についても聞いてみた。仮説としては、そういうところによく出没するのはソロ男の方ではないかと考えた。

しかし、結果としては、**ソロ男のうち72％が「キャバクラ」「ガールズバー」へは行かない**と回答した。非ソロ男の80％よりは低いが、ソロ男はそういう店に対する興味は薄いようである。

「わざわざお金払って、そういうお店に行く意味がわからない。ああいうお店の女の子って打算的だし、なんか嫌なんですよ」（39歳）

1か月あたりの「キャバクラ」「ガールズバー」への来店頻度についても、ソロ男で平均1・33回。非ソロ男の方が高く平均1・72回となった。

つまり、ソロ男は「キャバクラ」「ガールズバー」にはそもそも行かないし、行ったとしても1回だけであまりリピートしない。むしろ、**リピートしてハマる傾向があるのは、非ソロ男の既婚者の方であるようだ。**

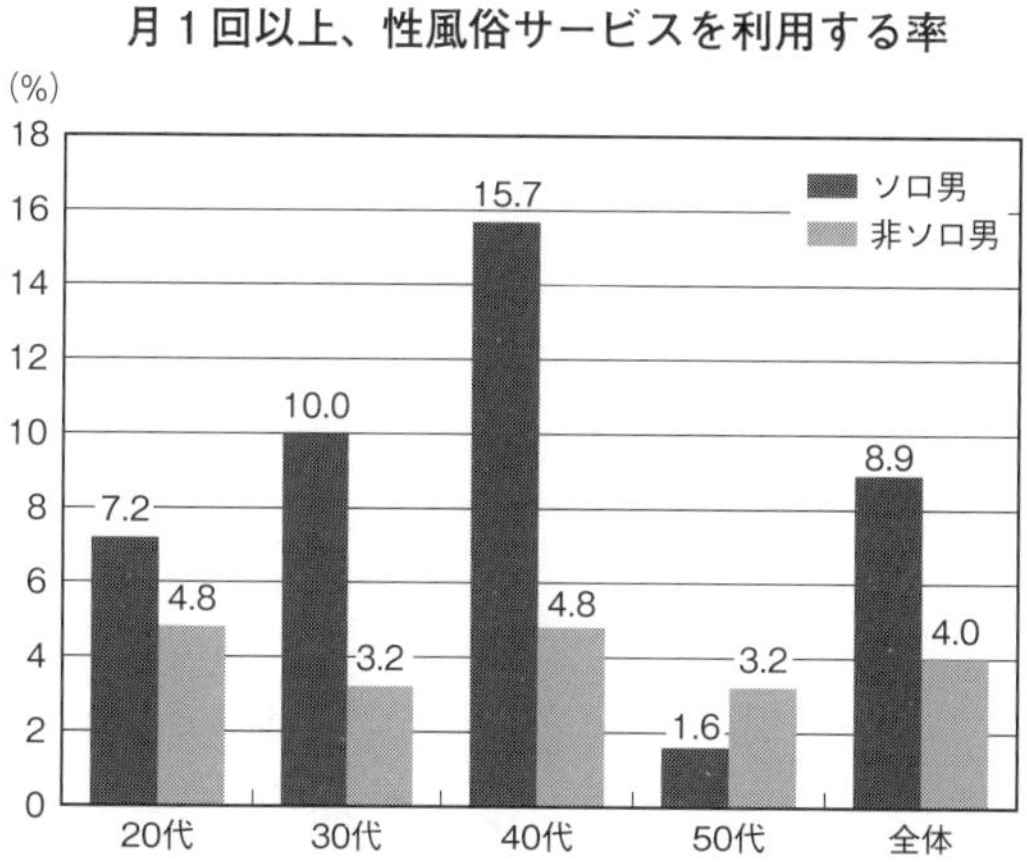

2015　ソロ男プロジェクト調べ

ソロ男の性風俗サービス利用率は高い

合コンにもキャバクラ・ガールズバーにも行かないソロ男だが、性風俗サービスの利用についてはどうだろうか。

「性風俗サービスを利用したことがある」と答えたのは、ソロ男が60・5％、非ソロ男が44・0％という結果だった。

これは、ソロ男の方が大きく上回った。

月1回以上利用すると答えた割合も、ソロ男約9％に対して、非ソロ男4％と倍以上の差が出た。

キャバクラなどで疑似恋愛を楽しむとい

うより、**即物的に性欲を処理した方が効率的だと考えるのだろうか。**

また、月1回以上の利用率について年代別に比較すると、ほとんどの年代でソロ男の利用率が上回る。特に30代で7ポイント、40代では11ポイントもソロ男の方が上回る。なぜか50代のソロ男だけは、利用率が一気に10分の1に急降下している。ただ、50代ソロ男が性風俗サービスを利用しないかというと、そうではない。

各年代で年間通じた利用率が高いのは50代のソロ男（71％）なのだ。たとえ頻度は少なくても、やはりソロ男の性風俗利用率は全体的に高いと考えられる。

男性誌の視点から　ソロ男を語る

男の買い物は、本質的なモノを吟味する時代。心を豊かにする消費へ。大切なのは物語。

宝島社　『MonoMax』柚木昌久編集長

宝島社が発行する『MonoMax（モノマックス）』は、実売10万部を誇り、モノ雑誌売り上げNO．1。モノが売れない時代にもかかわらず、『MonoMax』で紹介された商品は売れるといわれています。

読者視点の商品の見せ方を工夫した誌面づくりに定評のある『ＭｏｎｏＭａｘ』の柚木編集長に、ソロ男の消費行動や価値観をお聞きし、ソロ男を含む男性消費のツボについてうかがいました。

Q　30～40代の男性に雑誌が支持された理由は何でしょうか？

以前は、モノ雑誌というと、商品をずらっと並べたいわゆる「カタログ」的なつくりの誌面だったのですが、それではもう読者は反応しなくなっています。

編集部内では、「使う、試す、シーンを見せる」ということが大切だという話をよくしています。たとえば、「8層あるお財布」であれば、海外旅行のときに日本紙幣と海外紙幣を分けて入れているシーンや、領収書を保管する目的で使っているシーンなど、8層を活かした実例シーンを一目でわかるようにビジュアル化しています。使用シーンを具体的に見せることに取り組むようになってから、雑誌の売れ行きが上昇していきました。

30～40代の人の特徴なのですが、経験値が異様に高い年代なんです。たとえば、ファッションでいうと、古着ブームがあって、キレイめブームがあって、インポートブランドがやってきたと思えば、突然ストリートが来て、ファストファッションが来て。それだけ多くの流行を経験している世代はほかになく、『MonoMax』編集部では〝目利き世代〟と呼んでいます。

つねにモノを見てきて、目が肥えている人たち。目が肥えているぶん、納得したものでないと購入しないという傾向があるため、購入してくれるだけの説得力を誌面で出せるように努力しています。

Q　読者である男性の消費の傾向はありますか？

ひとつは、「目的があると消費が生まれる」ということです。超実用的で必要に迫られたときにモノを買うんだなと感じています。

昔は、「ショップへ行って眺めていたら買った」ということもあったと思うのですが、今はモノも情報も多いため、「決めてから買いに行く」人が多いと思います。アウトドアでキャンプに行きたい方が、「どうせ買うんだったら、いいテント買おう」と思って調べるときの手段のひとつとして、雑誌が役に立つ。だから、「目的」が目に見えるような誌面にしましょう、って話をよくしています。

もうひとつは、「物語消費」です。「心を豊かにしたい」というもので、たとえば「この革財布は日本一の職人さんがつくっていて……」といった物語があると、商品が売れる。特に、いまMade in Japanモノなどは大変人気です。「どうせ買うなら、ちゃんとしたモノが欲しい」というニーズがあるんですね。

Q 「心が豊かになる消費」とはどんなものでしょうか?

僕がよく思っているのが、たとえば食事。昔の「食べられれば満足」という時代から、「美食」の時代に変化しました。そして今は、「美味しいものが食べたい」というところからもうひとつ進化して、「A5ランクのお肉を食べたい」とか、「無農薬のお米や野菜を食べたい」「ワインだったらビオワインが飲みたい」「口コミサイトで4点以上のお店を予約したい」というように、〝頭で食べる〟という段階にきています。

そのうんちくがあると、料理が美味しくなった気がするんですね。こういうことって、みなさんも体験したことがあるのではと思います。〝ありがたい〟感ですね。

ですので、実際に食べて、それが美味しい、美味しくないということよりも、それを食べたという過程と事実が重要なのです。

心が豊かになる消費は、「お金を払ってよかった」と思えることなんですね。男性は「消費に三度満足する」と考えています。

ひとつめは「ベストを調べたことに満足する」、ふたつめは「実際に使ってみて、間違いのないものを購入したと満足する」、そして「それを人に話す、公開することに満足する」。この三度の満足が重なると、とても豊かな気持ちになるのだと思います。これだけの手間がかかっていますし、ここまでしているものに関しては、男性は高額でもお金を費やします。

『MonoMax』で珈琲特集をしたら、驚くほど人気だったのですが、掲載されている珈琲メーカーを買うかどうかよりも、〝その珈琲のある生活をしている自分が好き〟という心理があるのではと思います。

飲み方も紹介するのですが、「その知識を持っていて語れる自分への満足感」があるのではないかと。女性と違いますよね。全体的なバランスの中で、フィーリングで判断するのが女性だとしたら、男性の場合は面じゃなくて、大切なのは「ここがいい」という点の部分だと思います。『MonoMax』でも、その点をいつもくわしく紹介するようにしています。

Q 買い物前に調べる男性に、買い物行動を喚起させるものとは何でしょうか?

調べることって、途中で疲れますよね。がんばって調べようと思って、調べていくうちによくわからなくなったりとか。

30~40代の男性は忙しい方が多いので、モノを選ぶ時間が取れなかったり、自由に使えるお金がそこまでなかったりもします。そうすると、「買い物で失敗したくない」という気持ちが強くなってくるので、雑誌においては、その検索する面倒臭さを省いてあげて、もう「これだ!」って言ってあげる誌面づくりが多いですね。

たとえば、これを持っていたらほめられたという「ほめられモノ」を紹介する企画を実施しました。男性はほめられるのが好きですから、人が「ほめられた」という実績があるものを紹介することが大切。ランキングにも意外と弱いんですよね。

ランキングが高いものを見つけたあとに、さらに追加で調べたりしているのではと思います。スタート地点のアタリをつけるのも難しいほどに情報の量が多すぎるのではないでしょうか。

Q　誰かの推薦や雑誌の推薦を素直に信じるものでしょうか？

女性と違って、有名人やモデルに対して共感するという発想はそれほどなく、それよりは、身近な信頼できる人だったり、美容師とか店員とかに言われたほうが響く傾向があるのではと思います。

それに、ランキング１位になったものを実際に買っているようで、反響の声をお店から多数いただきます。しかし、ここからは想像なのですが、たとえば『ＭｏｎｏＭａｘ』で１位になったから買った、とは言わないかもしれません。

「それ1位でしたよ！」と誰かに指摘されたら、「ええ？　うそ！　知らなかった！」といったことを言うのでは、と思います。推されているから買ったというよりは、買ったものが推されている方がうれしいのではないかと想像しています。

Q　結婚して子どもがいる男性と独身男性とのお金の使い方の違いはあるでしょうか？

なかなか難しいですね。主観になってしまうのですが、結婚されている方とかお子さんがいる方って、オンでもオフでも使えるような汎用性が高いモノを購入されることが多い。対して独身の方は、一個の機能に特化したものでも購入する傾向があるように思います。

Q　一時期、「一点豪華主義」みたいな、時計だけは良いものを持つようなのって、流行りましたよね。

そうですね、まだそういう流れが続いてるのかなという気がしますね。時計とかバッグは、ブランドがすぐわかってしまうんですよね。

でも、今の洋服の場合はわからないんですよ。低価格の洋服のレベルがグンと上がったので。昔は、服もブランドロゴが大きく入ってるものとか多くありましたけど、今は昔よりは洋服の良さの判断が難しくなったと思います。世界でも大成功している企業家が、毎日同じジーンズに黒ニットを着ていたり。でも、その人ってかっこいいですよね。そのことからも思うのですが、かっこよさがどんどん内面とか本質的な方向へ向いています。

買い物も、自分自身が心の底から満足できたり、心が豊かになるものだったりと、本質的になってきているのだと思います。

Q「買い物が本質的になった」とはどういうことですか？

『ＭｏｎｏＭａｘ』が創刊したのは２００７年ですが、当時『ＭｏｎｏＭａｘ』という名前は〝新製品をとにかくマックスたくさん載せよう〟というコンセプトで、「新製品大特集」といった企画を行っていました。それが、時代が変わって、２００９年ごろからどんどん吟味する方向に変わっていくんですね。大量に商品を載せていたのが、今は1点をどーん！と大きく、使い勝手をくわしく見せるようになっていきました。

震災以降、「断捨離」ということがよく言われるようになって、大量に消費することがかっこよくない時代になりましたよね。

今後もこの傾向は続いて、より吟味することが多くなることで、買い物が本質化して、「本物志向」になっていくのだと思います。たとえば、キャンプやアウトドアが流行って、アウトドアギアを購入する男性が増えていますが、生地は薄いのに信じられないくらい温かい。しかも、案外安い。数十年前の、何にこだわったのかわからない15万円のコートでは絶対に得られない機能性を感じますよね。そういうことに、みなさん気づいてきたんだと思います。

実用的な部分と、心を豊かにする部分は違うため、実用的なものは賢く消費し、心を豊かにするものは吟味し、自分が絶対満足するものを買うというふうに、きっちり分けている気がしますね。

メリハリですよね。僕自身もそうなのですが、食事でも、気合入れて食べるときと、どうでもいいときとがありますよね。そういうメリハリだと思うんです。

実用的な部分でいうと、お酒などをスーパーで買うときは、安ければお酒の種類は割と何でもいいのに、いいお店に行くと「ビオワインを飲みたい」と言う。そういうものなのではないでしょうか。

Q　ソロ男は、趣味にこだわる人が多いのですが、その点はいかがでしょうか？

本当にひとつのことにハマる人は極めるまで行くのでしょうが、多くの方においては興味関心の範囲や、趣味が広くなっているような気がします。

たとえば、「ハーフマラソン」をクリアしたから、次は「フルマラソン」みたいに、設定したテーマに対してひとつひとつクリアしていく感じで、流行しているテーマをひとつずつホッピングしてる感覚の方も増えているのではと思います。

Q　ソロ男の消費行動や価値観の話を聞いた感想はいかがでしたか？

お話を聞いていて、『ＭｏｎｏＭａｘ』読者とすごく近いと思いました。

たとえば、広告タイアップページをつくる場合、広告主が望むタイアップ感がにじみ出る誌面をつくってしまうと本当にダメで。読者の方々は、「広告にはなびかないぞ！」って思っているので、編集ページと同じクオリティでつくらないと全然響かないですね。

『ＭｏｎｏＭａｘ』は、他の雑誌と比べても、特に純広告よりタイアップ広告が多いのですが、クライアントにもお願いして、編集ページのつくりに合わせていただくようお願いしています。内容でも、やりすぎるくらい調べたほうが、ウケが良かったりするんですよね。

「ソロ男はキャンペーンや広告には屈しないぞ」というお話がありましたが、『ＭｏｎｏＭａｘ』はひとつひとつの商品を丁寧に紹介していく雑誌なので、ある意味、キャンペーンの集合体といえるかもしれません。

ただ、こちらもむやみにキャンペーンをしたいわけではなく、どんな商品にも必ず隠れている製作過程の物語をピックアップしていきたいんですね。そうすると、読者の方たちもすごく反応してくれます。

同じ商品を扱っていても、見せ方でいくらでもアプローチしていく方法はあると思います。そこが面白いですね。

情報も、一歩早いと早すぎちゃう。半歩先くらいが一番いいところなんです。時代とともに、物欲や買い物の仕方も変わっているんですね！

（2015年5月「ソロ男プロジェクト」フェイスブック掲載記事より）

ソロ男分析8・趣味、余暇行動

自分の好きなことをとことん追求したい

総務省統計局の2011年「社会生活基本調査※」によると、土日を含む週全体の行動平均時間において、独身男性と既婚男性とでは大きな違いが見られることがわかった。「睡眠」「買い物」「スポーツ」にかける時間は両者ともほぼ同じだが、**「仕事」と「趣味・娯楽」に関しては、真反対の傾向が出ている**のだ。くわしく見ていこう。

バランスよく時間を使うソロ男

20代の既婚男性は、「仕事」にかける時間が特に多い一方で、**20代未婚男性は、「趣味・娯楽」「交際・つき合い」に時間をかけている。**まさに、真反対の生活時間の使い方であ

週平均行動時間　既婚男性と未婚男性差分比較

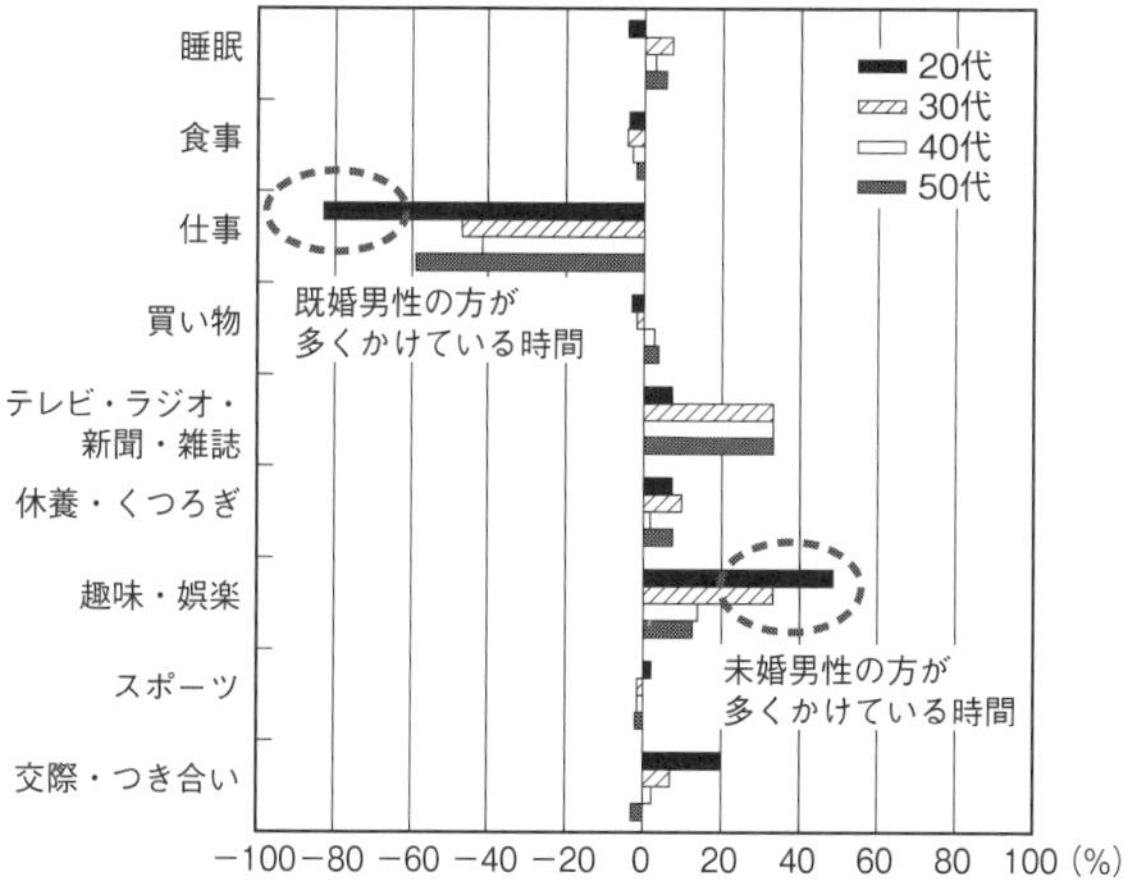

出典：2011年総務省統計局「社会生活基本調査」有業者のみ（既婚と未婚20〜50代の差分で作成）。

こだわりの強い趣味や余暇活動の有無

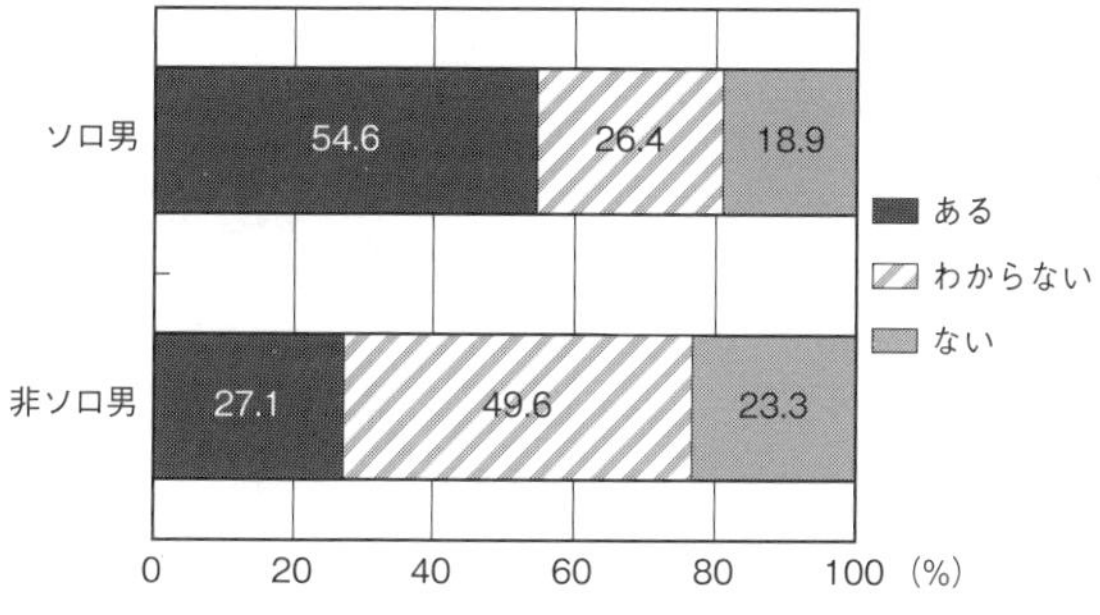

2014　ソロ男プロジェクト調べ

る。

また、テレビなどのメディア接触時間も独身男性の方が多いというのも特徴的だ。「休憩・くつろぎ」の時間も既婚男性より多く取っており、ライフタイムバランスとしては、ソロ男の方が有意義に時間を使っているように思える。

若くして所帯を持ち、家族のためにがんばらなければならないというプレッシャーは理解できるが、既婚男性のみなさん、すべてを犠牲にして無理をしていないだろうか、と心配になる結果だ。
※ 週全体（土日含む）の週平均時間。20～50代の有業者既婚男性と有業者未婚男性を抽出。

こだわりの強い趣味を持つソロ男

自分の好きなことや趣味に対して、ソロ男はとてもこだわる。男性全体と比較しても、趣味や余暇に対する意識は10ポイント以上も高くなっている。

趣味には惜しみなく使う。

つぎ込むのは
時間とお金と熱い情熱。

自分の趣味や好きなことを追求したい　ソロ男　78・6%（男性全体　64・6%）

仕事や家事以外の時間を充実させたい　ソロ男　62・9%（男性全体　52・7%）

趣味の中でも特に、**こだわりの強い趣味の有無について聞いたところ、ソロ男の過半数54・6%が「ある」と答えた。**これはなんと、非ソロ男（27・1%）の2倍以上になる。

以降、ソロ男のこだわりの強い趣味について掘り下げていきたい。

趣味には時間もお金もかけるソロ男

趣味にかける時間は、ソロ男平均が週19・2時間、非ソロ男平均週10・6時間と、これも**ソロ男の方が倍の時間をかけている。**ソロ男の実に38・9%が週20時間以上、11・4%が週40時間以上趣味に費やしていると回答している。週40時間といったら、ほぼ仕事と同じくらいである。

誤解のないように申し上げると、ソロ男とは無職ではなく有業者を指すので、仕事をせずにただひたすら趣味だけに没頭しているわけでは決してない。

こだわりの強い趣味や余暇活動にかける時間

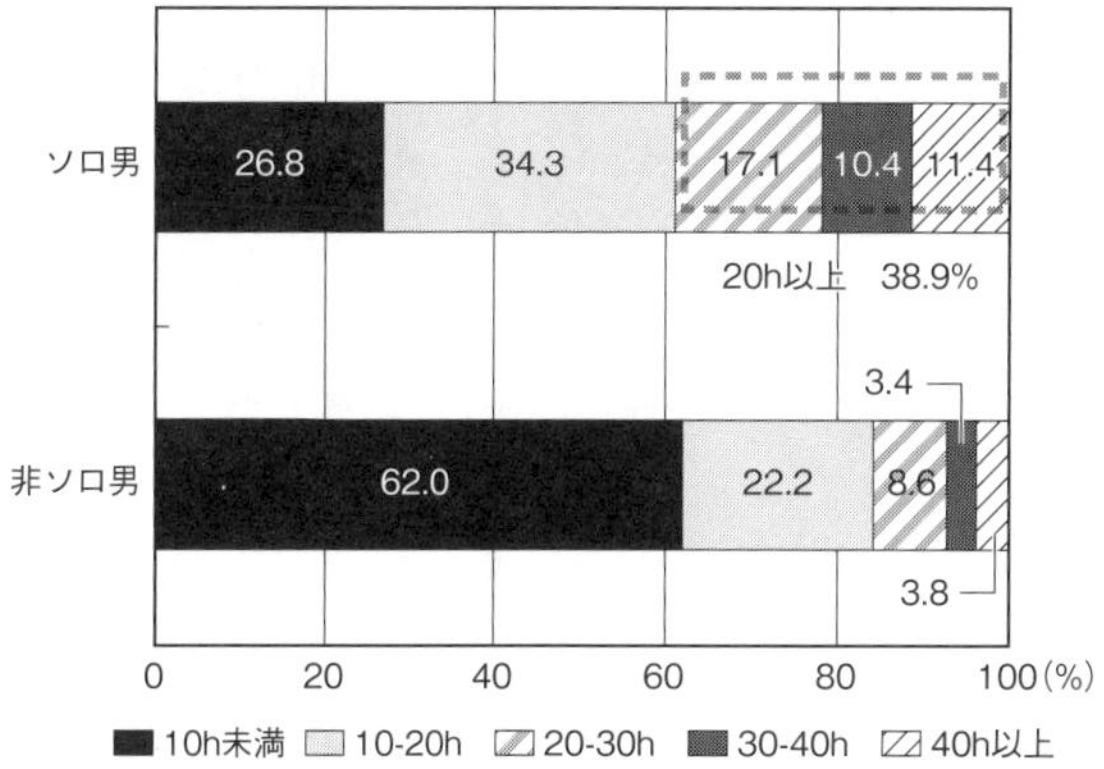

こだわりの強い趣味や余暇活動にかけるお金

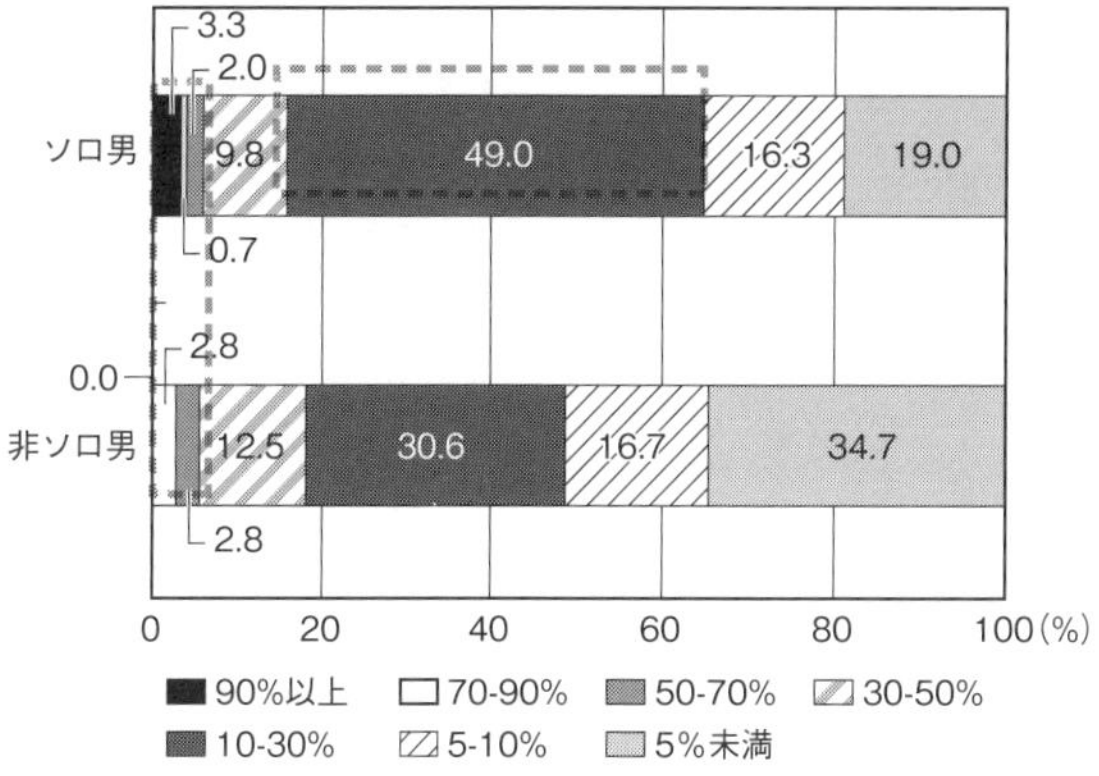

2014　ソロ男プロジェクト調べ

ソロ男が趣味に注ぎ込むお金は、月収の10〜30％がほぼ半数を占める。非ソロ男と比べて、全体的に趣味にかけるお金は多い。**月収の30〜50％かける人が9・8％、月収の50％以上が5・9％も存在する。**さらに、月収の9割を趣味に費やすと回答しているソロ男が3・3％もいる。他人事ながら、どうやって生活しているのだろうかと心配になる。

ただ、意外だったのは、月収の30％以上趣味にお金をかける割合はソロ男16％よりも、非ソロ男18％の方が上回っていたこと。月収の50％以上かける人も、ソロ男・非ソロ男ともに6％程度存在する。

一部のコアな層に関していえば、非ソロ男も負けていない。ハマってしまえば、男はみんな一緒ということか。

こだわりの強い趣味に払ってもいい最高金額はいくらなのかについても質問してみた。非ソロ男の平均金額が37万9403円なのに対して、ソロ男は60万6797円と、ソロ男が1・6倍使ってもいいと回答している。調査したソロ男の平均年収が511万円、非ソロ男が541万円なので、**ソロ男は年収の11％、非ソロ男は年収の7％を趣味に充当する**

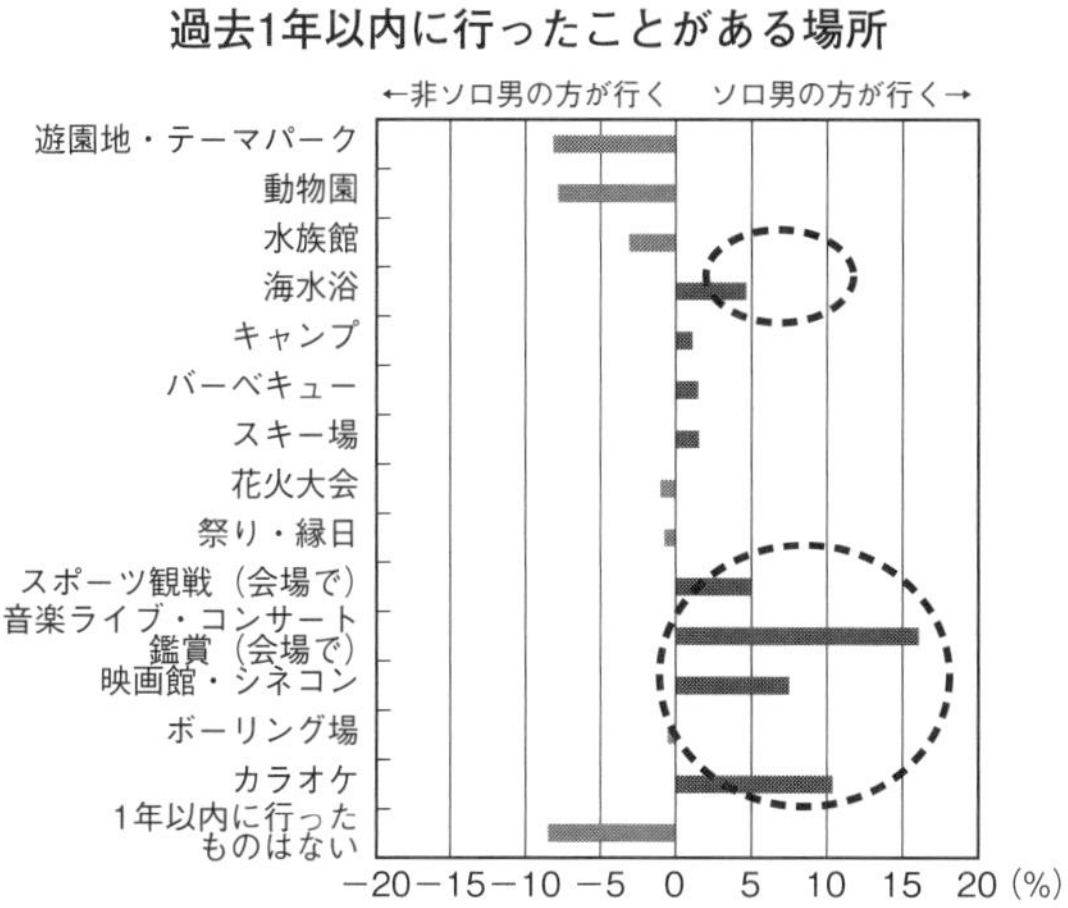

2015　ソロ男プロジェクト調べ

ということになる。

ソロ男がそれほどこだわり、時間とお金をかけている趣味の詳細については、第２章で紹介することとする。

なぜか海に行くソロ男

では、ソロ男は、休みの日、どんな場所に遊びに行くのだろうか。

過去１年以内に行ったことがあるレジャー施設で比べてみた。ソロ男と非ソロ男との差分で比較すると、違いが明確に出た。

遊園地・テーマパーク、動物園、水族館にはソロ男はあまり行かない。一方、**スタジアムでのスポーツ観戦やコンサート会場**

ときどき一人で
海に行く。

そりゃあ、いろいろ
あるからさ。

ソロ男
あるある

での音楽ライブ鑑賞、映画やカラオケなどはソロ男の方がよく行っている。若干ではあるが、キャンプもバーベキューもソロ男の方が行く。

なぜか、海水浴もソロ男の方が多い。ソロ男とマリンスポーツとはあまり結びつかないような気もするが、ソロ男は海が好きなのだろうか。日焼けのため？　謎である。

たいてい、どこでも一人で行けてしまうソロ男

では、そういったレジャー施設にも、ソロ男は一人で行くのだろうか？「一人で行ったことがある」「行ったことはないが余裕で行ける」と回答した人たちで比べてみた。

「一人で行ったことがある／一人で行ける」と回答したソロ男は、「映画館・シネコン」がなんと80・8％、「音楽ライブ・コンサート鑑賞（会場で）」62・4％、「スポーツ観戦

一人で行ったことがある／一人で行ける場所

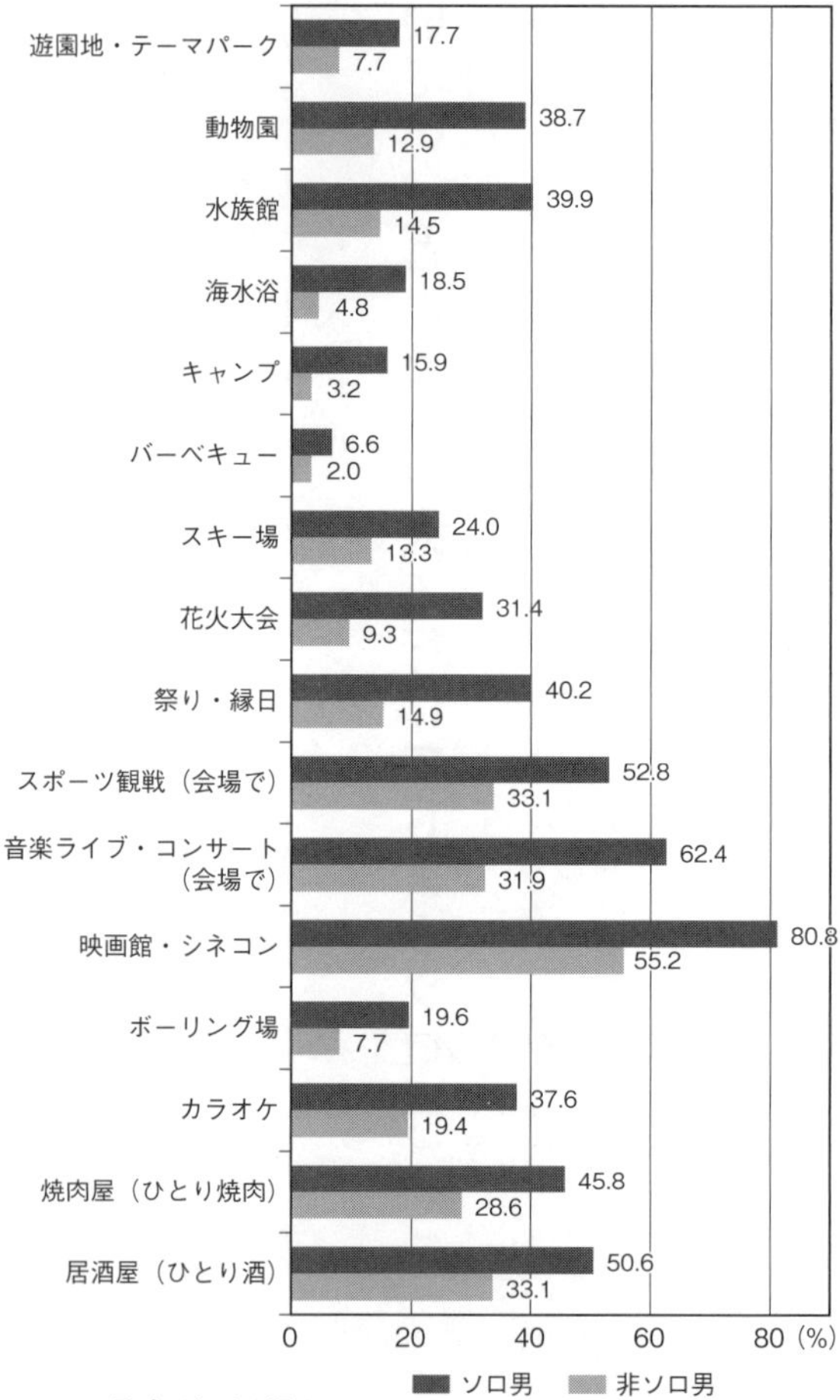

2015　ソロ男プロジェクト調べ

（会場で）」52・8％、「居酒屋（ひとり酒）」50・6％、「焼肉屋（ひとり焼肉）」45・8％……、という結果になった。

映画も音楽ライブもスポーツも、ソロ男は一人で十分に楽しめるようだ。おひとりさまの定番ともなりつつある「ひとり酒」も「ひとり焼肉」も、半数のソロ男が行けると回答している。水族館や動物園といったファミリー向けの施設でさえ、ソロ男の4割が一人で行ける。魚や動物が単に好きなんだろうか。

余計なお世話かもしれないが、祭りや花火大会は誰かと一緒に行った方が楽しいと思うのだが、一人でも楽しめるソロ男もいるようだ。

一人でディズニーランドに行く女子も増えていると聞くが、ソロ男も負けていない。遊園地・テーマパークに一人で行けるソロ男が17・7％も存在する。6人に1人のソロ男は行けるようだ……。

面白いところでは、キャンプが15・9％。一人でテント張って……ということだろうが、これは本格的なキャンプや山登りが趣味なソロ男なら、さもありなんという気がする。

バーベキューは6・6%。ソロ男で最も低い数値がバーベキューだった。さすがにソロ男とて、一人でバーベキューしても面白くはないということだろう。

40代で突然スポーツを始めるソロ男

現在しているスポーツについても聞いてみた。

ソロ男66・4%、非ソロ男61・7%と、意外に……と言っては失礼だが、**ソロ男の方がスポーツをしている割合が高い**。

年代別に見てみると、20~30代までは非ソロ男の方がスポーツ率は高いが、非ソロ男は年代が上がるとともにスポーツをしなくなる。逆にソロ男は、40代で突然スポーツ熱に火がつき、非ソロ男を逆転する。

40代といえば、身体の代謝も衰え、暴飲暴食やストレスなどで、男性たちがメタボになりがちな年代である。ソロ男が40代で急にスポーツを始めるきっかけがすべてメタボ対策

現在、なにかスポーツをしている人の割合

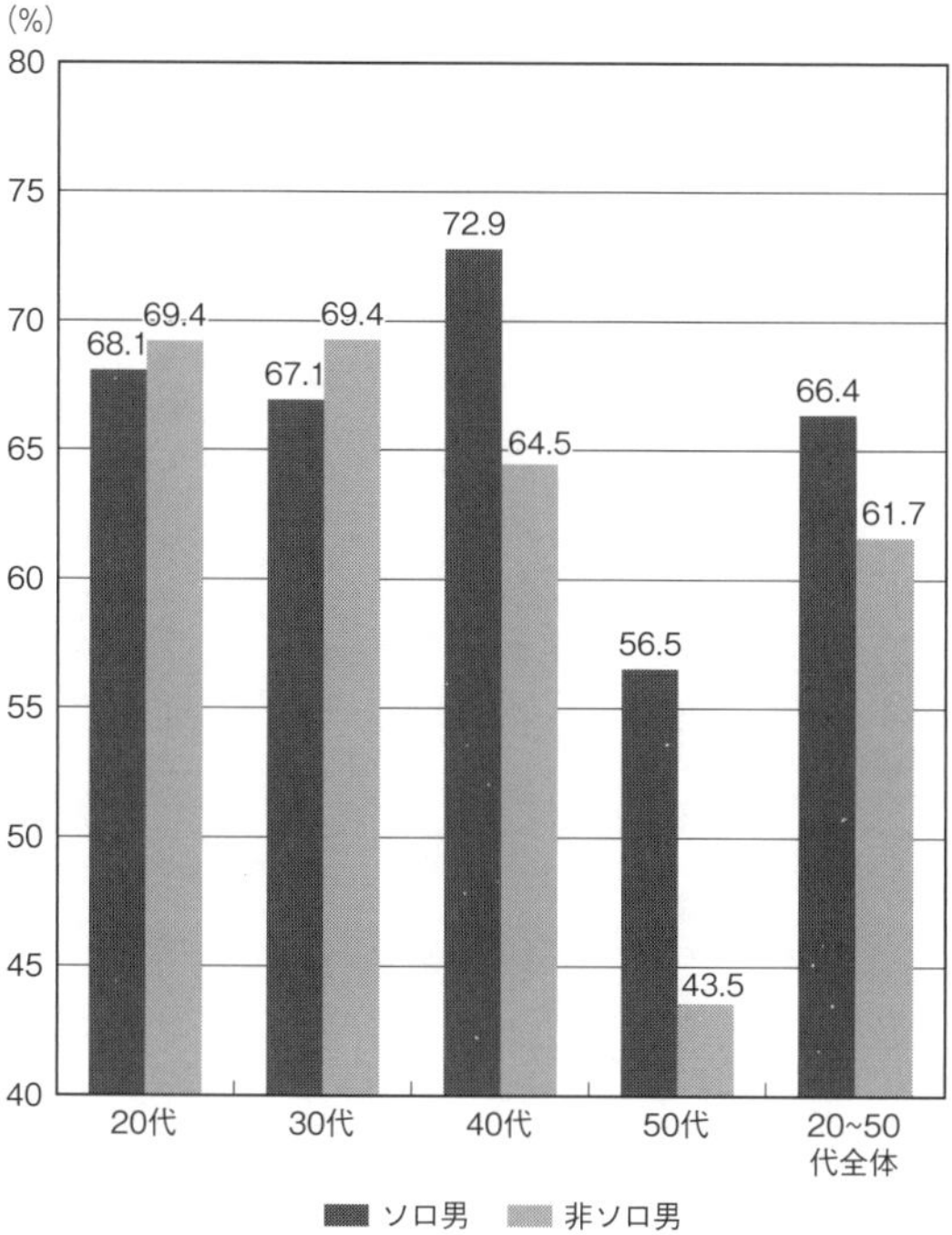

2015　ソロ男プロジェクト調べ

かどうかは不明だが、なんらかの関係性があると見てよい。

ソロ男は、食品の品質表示に敏感になるのも30代からだったことを考えると、健康意識の高まりとともに、スポーツを始めるソロ男が多いと推測できるし、一度始めたらストイックに突き詰めるソロ男だからこそ、非ソロ男と比べて継続しやすい面もあるのかもしれない。

実は、結婚を考えはじめるのも40代、スポーツをしはじめるのも40代。 40代のソロ男は、何かと忙しいようだ。

ソロ男はゴルフをしない

ソロ男は、具体的にどんなスポーツをやるのだろうか。現在やっているスポーツについて、ソロ男と非ソロ男との差分で比較してみた。その結果がなかなか興味深い。

ソロ男が現在やっているスポーツは、**「水泳」「ランニング」「ウォーキング」「サイクリング」「スノボ」「マリンスポーツ」「登山」**など。一方、非ソロ男が現在やっているスポーツは、「テニス」「ゴルフ」「野球」「スキー」「マラソン」「武道」などとなった。

両者の違いが明確で面白い。ソロ男がやるスポーツ「水泳」「サイクリング」「ランニング」は3つ合わせれば「トライアスロン」になる。

ちょっと気づいたのが、**ソロ男は球技をしない**ということ。非ソロ男が挙げている「テニス」「ゴルフ」「野球」はいずれも球技だ。考えてみれば、球技はチームで戦うスポーツ。ソロ男だけに一人でできるスポーツが好きなようだ。

さらに、「これからやってみたいと思っているスポーツ」についても聞いてみた。

ソロ男は、**「スカイダイビングなどのスカイスポーツ」「ヒップホップ系ダンスや踊り」「ボクシングや総合格闘技」「モータースポーツ」「自転車ロードレース」**など珍しいスポーツにチャレンジする意欲が旺盛である。相変わらずゴルフ、テニス、スキーというトラッドなスポーツにしか興味のない非ソロ男とは対照的な結果となった。

ソロ男を巻き込むには、スポーツという切り口は有効なのかもしれない。ただし、あくまで球技以外で。

ソロ男分析9・恋愛行動、結婚観

恋愛はするし、彼女もいるけど、結婚はしない

もしかしたら、みなさんが最も気になっているのが、この恋愛行動、結婚観なのかもしれない。最初に申し上げておくが、**「ソロ男＝彼女がいない」ではない**、ことに注意していただきたい。

ソロ男だからといって、恋愛をしないわけではない

彼女がいるソロ男は26・8％、非ソロ男と比較して若干低いが、それほど差はない。彼女がいる率だけで見れば、**ソロ男は男性平均と同等に恋愛をし、つき合っている彼女もいるということになる。**

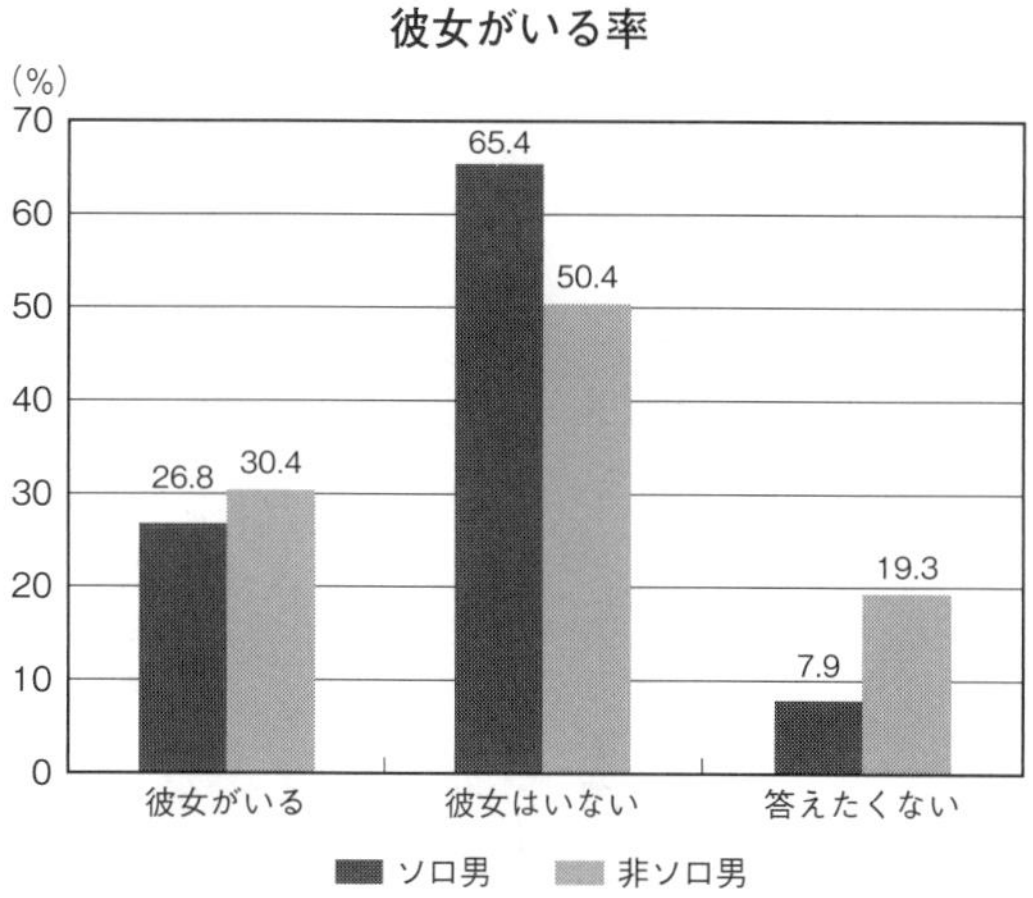

2014　ソロ男プロジェクト調べ

異性との交際の状況別未婚者数（20～49歳、男性独身者）

婚約者がいる	1.7%
恋人として交際している異性がいる	19.2%
友人として交際している異性がいる	10.2%
交際している異性はいない	63.2%
不詳	5.7%

出典：2010年厚生労働省「第14回出生動向基本調査（結婚と出産に関する全国調査）」。

参考までに、厚生労働省が発表している「出生動向基本調査（結婚と出産に関する全国調査）」によると、彼女がいる独身男性は、婚約者・恋人合わせて20・9％※となっている（友人としての交際は含まない）。

厚生労働省の調査は全国、ソロ男の調査は一都三県が対象であり、その差が見られるが、ソロ男だからといって特に恋愛を拒否しているというわけではないことがわかる。

※　18〜19歳の実績データを抜いた20〜49歳の合計値にて算出。

一時期、「草食系男子」や「絶食男子」などといわれ、最近の若者は恋愛をしないということが取り沙汰されていたが、**実際「彼女がいる率」は30年前の1982年と比較すると、むしろ20代以上では増えていることがわかる。**特に、25〜29歳の増加が顕著である。

全体的な晩婚化の影響もあると思うが、マクロ的に見れば、若い男性が恋愛をしないということにはならない。

では現在、彼女がいなくても、過去につき合った経験についてはどうだろうか。

異性との交際状況比較（婚約者+恋人がいる率）

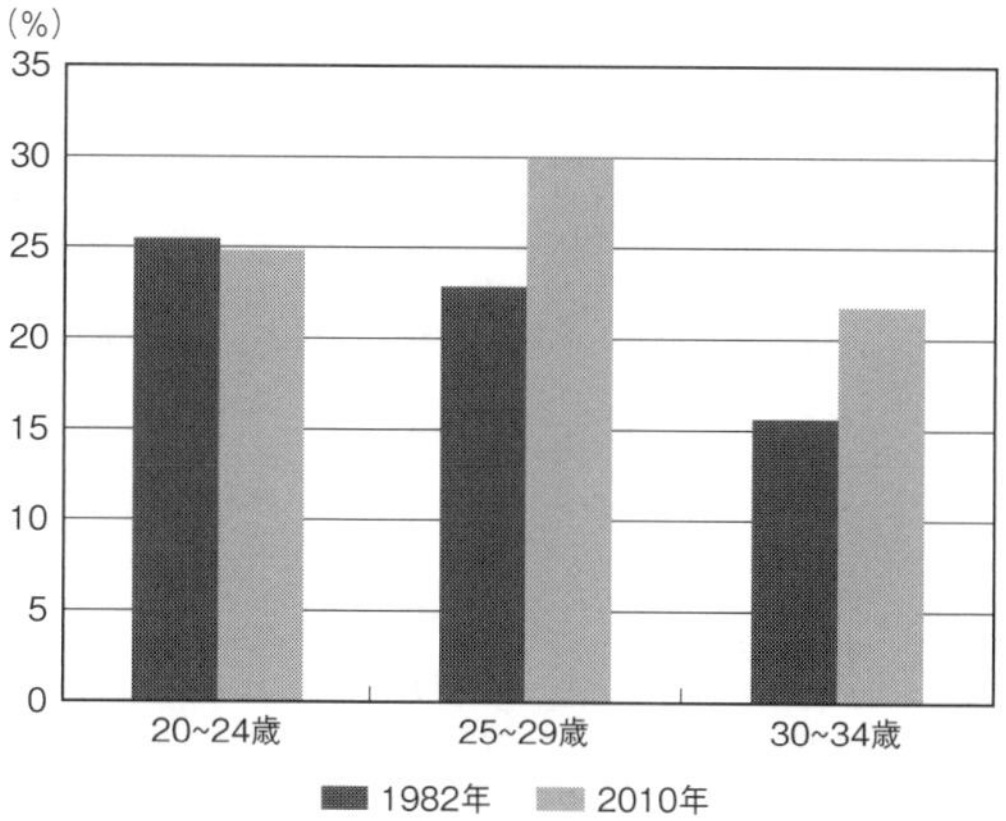

出典：2010年厚生労働省「第14回出生動向基本調査（結婚と出産に関する全国調査）」。

今までにつき合った人数

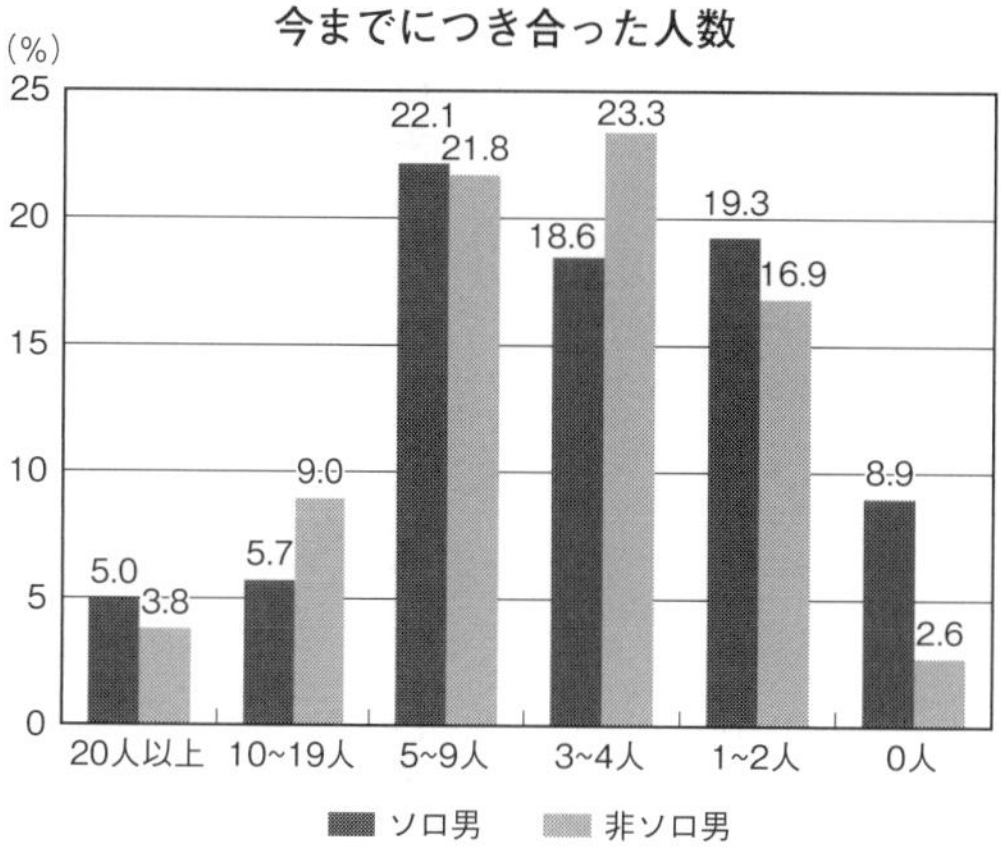

2014　ソロ男プロジェクト調べ

今までつき合った人数
ソロ男平均　4・94人
非ソロ男平均　5・31人

ほとんど差がないといえる。ソロ男は、つき合った人数5〜9人がボリュームゾーンで22%、20人以上とつき合ったとする割合も5%あり、非ソロ男を超える。

ただし、**今まで誰ともつき合ったことのないソロ男は8・9%であり、非ソロ男の3倍以上であった。**それでも現在、彼女がいないというソロ男75%のうち、今まで誰ともつき合った経験のないソロ男は、たったの9%しかいないということである。

ちなみに、前述の「2010年出生動向基本調査」での未婚者の性体験の有無についての調査によると、20〜24歳での性体験無率は40・5%、25〜29歳で25・1%、30〜34歳でも26・1%となっている。

1982年からの推移で比較しても、多少の上下はあるにしても、全体としてここ30年大きな違いはない（むしろ、**20代のセックス意欲が最も減退したのは1987年〜92年ご**

性経験のない未婚者率の推移

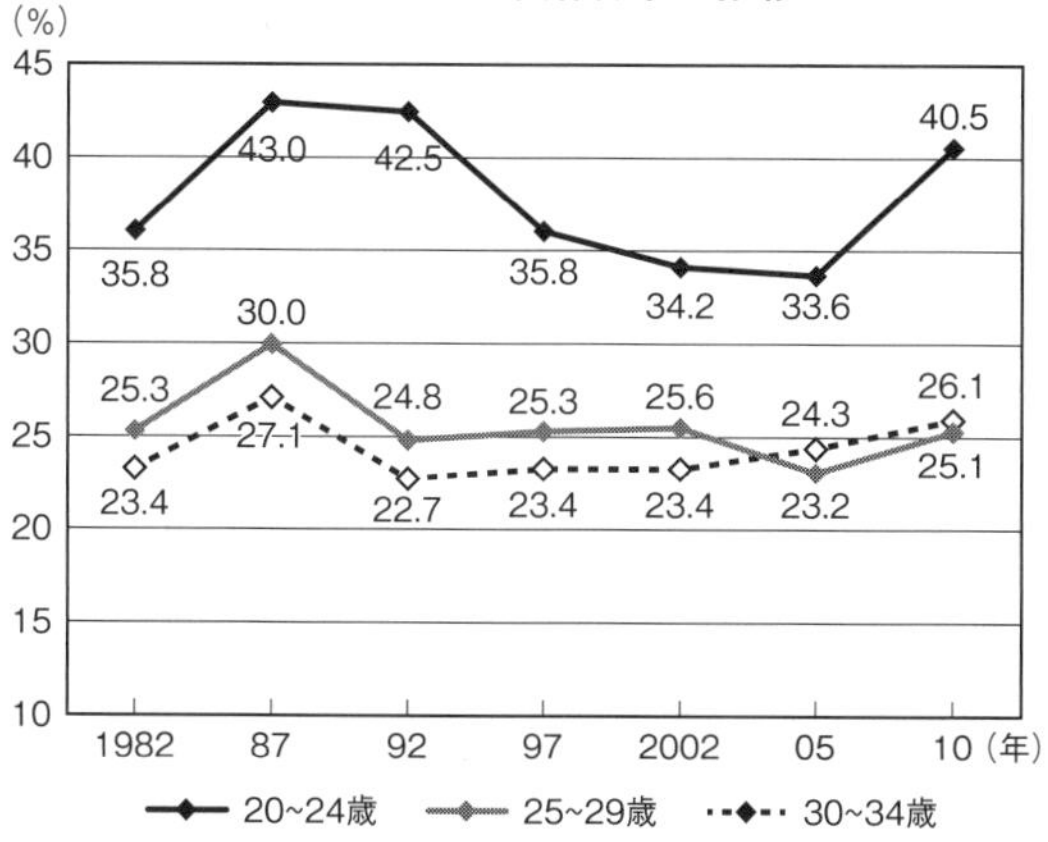

出典：2010年厚生労働省「第14回出生動向基本調査（結婚と出産に関する全国調査）」。

ろである。ちょうど、「新人類」と呼ばれた世代が大学を卒業して就職した時期だった）。

つまり、**ソロ男といえども恋愛もするし、セックスもする。**

結婚しないソロ男が増えたといっても、それは恋愛意欲や性欲の低下が原因ではないということだ。

ソロ男は、結婚となると消極的になる

現在、独身のソロ男ではあるが、将来結婚する意志が現時点であるかどうかについて聞いた。

予想どおりというべきか、**半数近くの46・5%のソロ男が結婚には後ろ向きである。**しかも、「結婚したいと思わない」（9・6%）という漠然とした感情ではなく、「結婚するつもりはない」（19・2%）、「結婚はしない」（17・7%）などと、**非婚を貫く強い意志というものを感じる。**

とはいえ、すべてのソロ男が結婚に対して消極的というわけではない。35・8%のソロ男は結婚に前向きである（「将来絶対に結婚するつもり」が4・8%、「結婚したいと思っている」が31・0%）。

逆に意外だったのは、非ソロ男（ここでは、既婚は除いている）のうちの36%が結婚に対して後ろ向きであるという結果の方だった。その理由は年代別で見るとよくわかる。

30代まで「結婚したい層」が6割以上の非ソロ男が、40代を過ぎると一転して「結婚できるかどうかわからない」と悩みだし、50代になると逆に6割が「結婚しない」と判断する。判断というより、あきらめかもしれない。非ソロ男の場合、「結婚したかったけどできなかった」結果としての未婚が多い。

結婚意識の比較

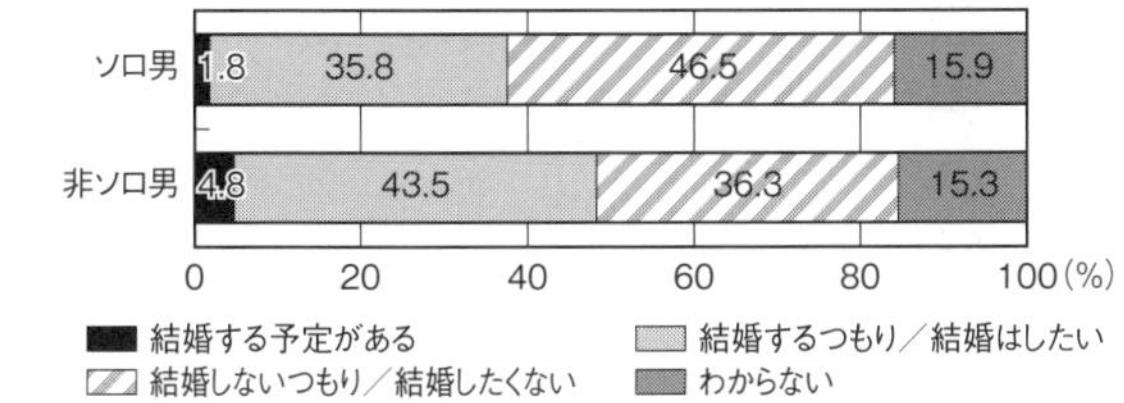

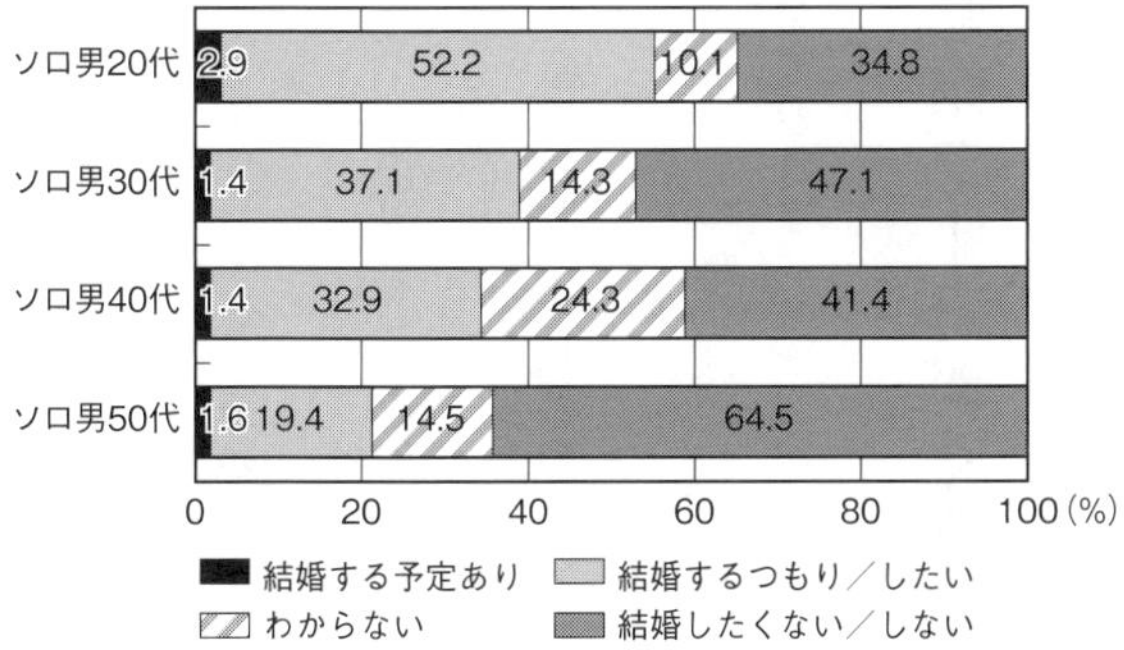

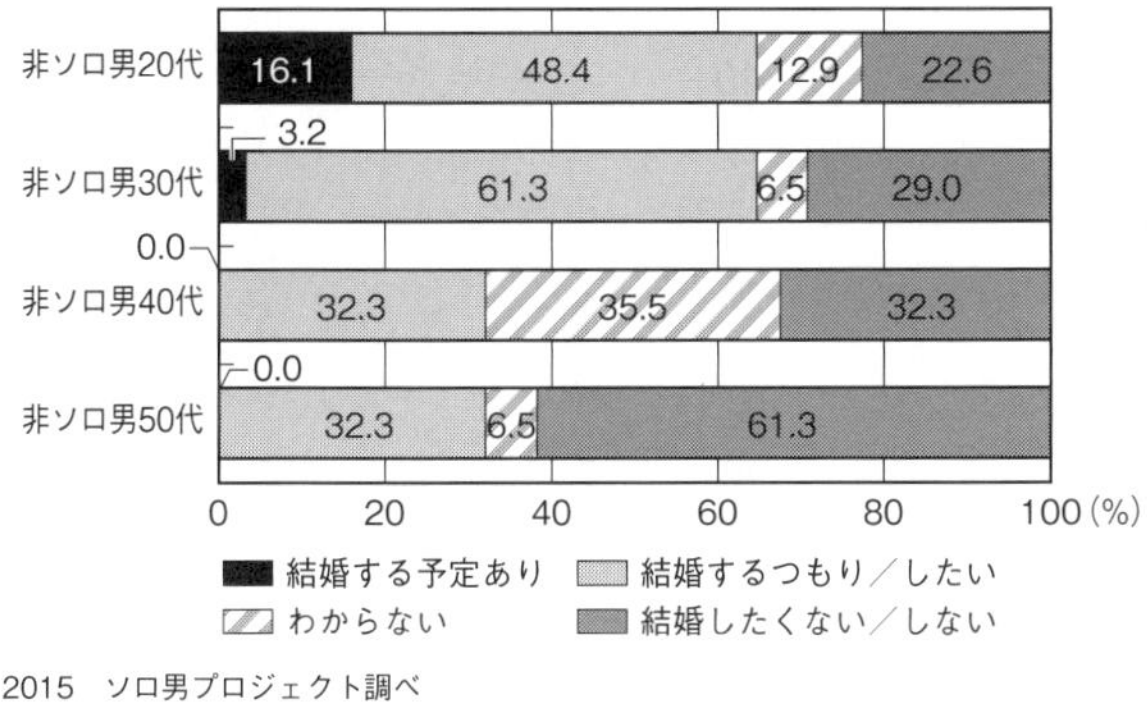

2015　ソロ男プロジェクト調べ

年代別でソロ男の方を見てみる。

こちらも、20代は過半数が結婚するつもりでいるが、非ソロ男と比べて20代のころから「結婚しないつもり」率が高い。30代で半数近くが「結婚しないつもり」となるが、これもまた40代で6％近くトーンダウンする。その代わり、25％ものソロ男が「わからない」と悩みだすのも40代である。

ここでのソロ男の悩みは、「結婚できないかもしれない。どうしよう」という非ソロ男の悩みとは逆で、「このまま結婚しないでいいのかな」という悩みではないだろうか。ここを過ぎるとソロ男は、一気に諦観の様相を強める。これは非ソロ男と同様である。

ソロ男も非ソロ男も、そもそもの意志は逆だが、どちらも**40代で大きく揺れ動き、悩むときを迎えるというのが見て取れる。**では、なぜ40代で突然揺れ動くのか。

ソロ男は40代で結婚ブームがくる？

2013年厚労省の「人口動態調査」によれば、男性の40代での初婚率は8％近くになっている。これは、戦後の1947年と比較すると8倍増である。

これは、「結婚を切望していた非ソロ男がやっと結婚できた」という場合もあるだろうが、「結婚するつもりのなかったソロ男が突如、年貢を納めた」という場合もある。

前述したとおり、ソロ男は40代で非婚の意志が揺らぎはじめる。それは、結婚をしないと絶対に手に入れることのできないものがあるからである。

それは、自分の子である。結婚したがらないソロ男が子どもを欲しがるのか、と思うかもしれないが、結婚の有無とは関係なく、**ソロ男も子どもを欲しているのだ**（ソロ男の43％が「自分の子どもは欲しい」と回答している）。

子どもを持つとするならば、仮に40歳で結婚した場合、すぐに子どもを授かったとしても、その子が20歳になる前に、自分は還暦を超えてしまうという計算が成り立つ。寿命としては問題はないが、子どもが成人を迎える前に自分自身が定年を迎えてしまうことへの不安があるのかもしれない。

また、40代は身体にガタがくる年代でもあり、中間管理職など立場上精神的ストレスをため込みやすい時期である。身体を壊して不安になったときに、ふと自分の老後を想像して、「このままでいいんだろうか」と不安になるのも無理はない。

どうしてもソロ男を攻略したいという奇特（？）な女性がいらっしゃるならば、この40代の心の隙を突くというのも効果的かもしれない。

年収が高いソロ男ほど、結婚したがらない

男性が結婚できない理由として「低収入」が一番に挙げられることが多いが、では、「高収入」の男性は結婚を望むのだろうか。

実はそれも違う。年収別に「結婚するつもり／結婚したい」と回答した割合を示したグラフを見ると、**ソロ男はむしろ、年収が上がれば上がるほど結婚意欲が下がっている。**ソロ男の結婚意欲は、自分の収入の大小にはまったく影響されない。それどころか、むしろ**年収の高いソロ男ほど結婚しようという意欲がなくなる**のである。

一方、結婚したがっている未婚の非ソロ男はどうか。年収400万円未満では、結婚意

年収別に見た結婚意欲

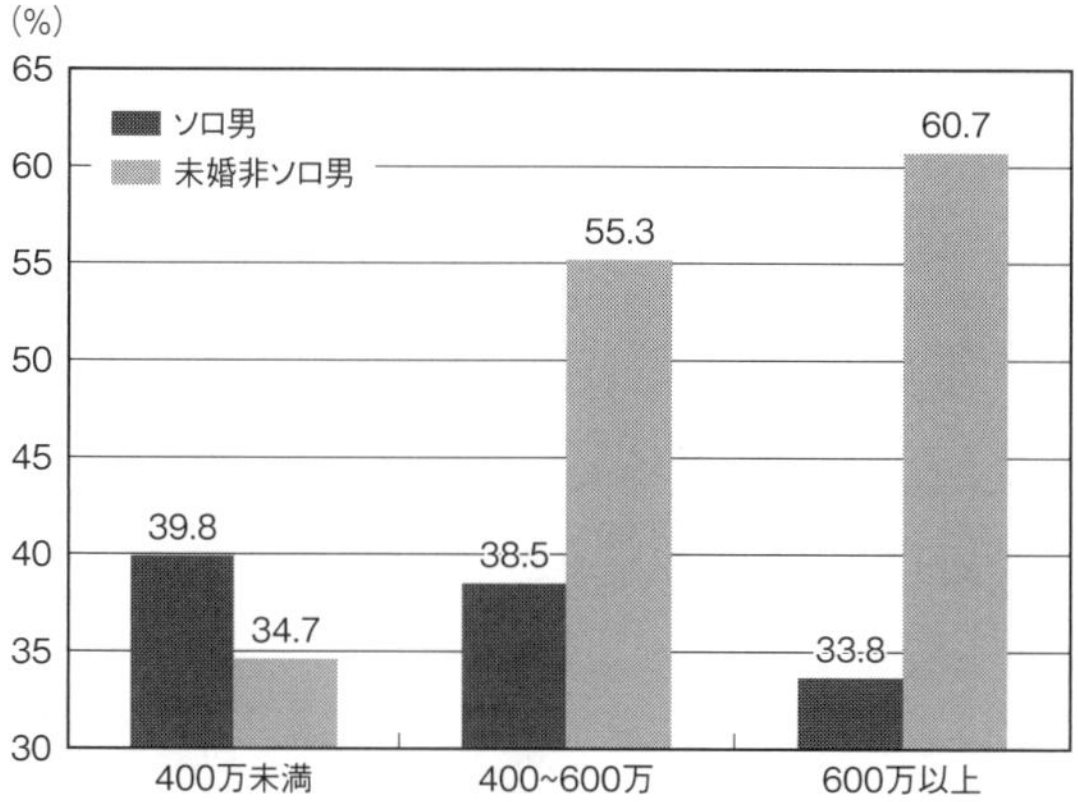

2015　ソロ男プロジェクト調べ

欲はソロ男より低く34・7％となっている。「低年収」のうちは結婚を我慢しようという抑制が働いているのだろうか。

だが、400万円を超えると、途端に結婚意欲がある人が半数以上に増加する。彼らが結婚できない要因が「低年収」であれば、年収が上がることでそれは解決されるはずなのだが、年収が上がれば上がるほど「結婚意欲の高い」非ソロ男が増えるという現象になっている。

低収入だから結婚できない層が存在するのは間違いないが、**「年収もあって結婚意欲も高いのに結婚できない」非ソロ男が多く存在していることもまた事実**といえよう。

ソロ男は、プレゼント代をケチる？

恋愛をすれば、相手の誕生日やクリスマスなど、何かとプレゼントをする機会がある。ソロ男に対して、「今までプレゼントしたものの中で（本人的に）一番良かったと思うものは何ですか？」また、その金額はいくらでしたか？」という質問をしてみた。

一番高額なものではなく、あくまで個人的に「良いプレゼントをした」と考えるものは何かという質問である。まず、その金額は、

ソロ男平均額　　５万４６１８円
非ソロ男平均額　８万１６４９円

ソロ男の方が、約3万円ほど低いという結果だった。ちなみに、婚約指輪や結婚指輪などの高額プレゼント代は、平均金額を上げてしまうため、非ソロ男の金額から除外している。

それでも、ソロ男の方が低い。**自分の趣味にはお金をかけるくせに、他人のプレゼントはケチる。**それもソロ男のひとつの特徴である。

では、具体的なプレゼントの中身は何だろうか。

大きくは、ブランドもののバッグやジュエリー、財布・時計などのモノ系、たとえば「サマンサタバサの財布、2万3千円」（20歳）、「スワロフスキーのネックレス、2万5千円」（55歳）、「ティファニーの指輪、5万円」（42歳）、「シャネルの財布、10万円」（26歳）と、海外旅行やディナークルーズなどのコト系に分かれるが、おおむねプレゼントとしては納得できる内容が多かった。

金額的にも、ソロ男と非ソロ男とで特に大きく違うわけでもなかった。

特徴的だったのは、**プライスレスなプレゼントをあげているソロ男が多く見られたことだ。**

たとえば、「自筆の手紙、0円」（27歳）や、「最高のほめ言葉、0円」（34歳）、「気持ち、0円」（47歳）、「真心&愛情、0円」（44歳）など。贈った本人は「一番良いプレゼント」として挙げているので満足なのかもしれないが、贈られた側としては、ありがた迷惑この上ないプレゼントだっただろう。

一方で、**「こだわりの皮革製品、20万円」（57歳）**というのもあった。金額からして良いものであることはわかるが、プレゼントとしてはいかがなものかと感じてしまう。こだわるのは結構だが、それはあくまで本人のこだわりである。そのこだわりが、果たして贈られた相手にとってもうれしいものになるのだろうか。

極めつけは、**「何を基準として良かったと言えるのか、何が一番良かったかを決めるのは贈った側ではない」（31歳）**という回答。確かにそのとおりかもしれないが、なかなかに面倒くさい。

ソロ男は、メイド系の女性がタイプ？

ソロ男の好みのタイプの女性とはどんなものか、それは既婚男性と違いがあるのかどうか、検証するために聞いてみた。

お金は、
自分のために使いたい。

だから、他人への
プレゼント代は
ケチります。

ソロ男
あるある

まずは外見から。調査前の仮説では、ソロ男はアイドルやメイド喫茶の女性のような、小さくてかわいらしい女性が好みではないかと思っていたのだが、意外な結果となった。

ソロ男が好きなタイプの女性【外見】

- **身長は高めで、やせ型。**
- **巨乳よりも貧乳派。**
- **目鼻立ちくっきりの外国人のような顔より和風の顔を好む。**
- **タレ目よりツリ目気味が好き。**

一言でまとめてしまうと、モード系のモデルさんのような女性が好きということになる。どちらかというと、既婚男性が女性に性的なものや母性を求めているのに対し、**ソロ男は現実にはあまり存在し得ない架空のモデル体型を求めている。**

女性に対して、自らと関与する「女」や「母」を求めるのではなく、**鑑賞用の「美」**を求めている人がソロ男には多いのではないか。

次に、つき合うにあたって、どうしても譲れない外見のポイントについてフリーアンサーで聞いたところ、圧倒的に「太っていないこと」を挙げるソロ男が多かった。

「極端に太っていることは、すなわち自己管理というか、自分の欲求をコントロールできないということ。そういう女性とはつき合えません」（36歳）などと、かなり手厳しいコメントが寄せられた。

対して既婚男性は、「自分より身長が高くないこと」を挙げていた。むしろ既婚男性は、最近の女性のやせすぎ状態に対して苦言を呈している人も多い。

続いて、ソロ男が好きな女性の性格について聞いてみた。

ソロ男が好きなタイプの女性【性格】

・おしとやかで、落ち着いていてあまりおしゃべりをしない。

・体育会系より文化部系。

・わがままを言わずにつつましく我慢するタイプ。

・三歩下がって……という感じで、短気じゃない人。

・甘えさせてくれるというより、向こうから甘えてくるタイプ。
・妹タイプじゃなく姉御肌。
・専業主婦になりたいと思わないで、バリバリ仕事をする人。
・連絡は自分からじゃなく、相手の女性の方から取ってくるタイプ。

「おしとやかな大和撫子タイプ」が好きな感じは理解できる。が、だとすると専業主婦ではなく、バリバリ働くタイプが好きというのは矛盾していないだろうか。

自分から仕切らずに三歩下がってついてくるタイプを望みながら、連絡は向こうから積極的にしてくる女性を望むのも矛盾している。全体を平均化しているので無理もないが、**ソロ男の方が支離滅裂である印象が否めない。**

対する既婚男性の方は、活発な体育会系の明るい子で、専業主婦タイプ。わがままでもかまわないが、自分のことも甘えさせてくれる女性。もちろん、連絡は男性の方から。矛盾もなく、一貫性がとれている感じがする。

先ほどと同じように、おつき合いをする女性に対して、ここだけは譲れない性格上のポイントがあるかどうか、フリーアンサー形式で聞いてみた。

既婚男性は、「明るいこと」「思いやりがある」「やさしい」などが挙がるが、ソロ男だと「だらしないのはダメ」「裏表あるのは嫌」「自分中心な考えは嫌いです」などが挙がる。

お気づきだろうか。**既婚男性は譲れないポイントを長所でとらえるのに対して、ソロ男は短所を挙げる人が多かった**のだ。「××はダメ」「××は嫌い」というふうに。

たくさんの長所があっても、たったひとつの短所ですべて否定してしまうという悪いクセがソロ男にはあるのかもしれない。自分に対してストイックに追い詰める反面、他人にもそれを求めると、なかなかおつき合いは厳しいといえる。ソロ男が結婚に向いていない一面が少し見えた気がする。

試しに、あなたの周りの未婚男性に「つき合う女性にここだけは譲れない点は？」と聞いてみてほしい。

「××はダメ」「××は嫌い」というネガティブな条件を提示したとすれば、おそらくその彼はかなりの確率で、ソロ男度の高い男性といえるのではないだろうか。

ソロ男の視点から　ソロ男を語る

僕、ガチ・ソロ男です（笑）

せーの代表・石川涼さん

〝お兄系〟ブームを生みだし、そのジャンルにおいて確固たる地位と不動の人気を誇るブランド「VANQUISH」をはじめ、最近では自ら企画したマスクブランド「ゴノタン」のヒットを手がけたせーの代表の石川涼さん。

本業だけではなく、SNS上でのセクシャルな発言や奔放な私生活でも話題を提供し続ける石川さんの破天荒でやんちゃな「ソロ男」生活とその価値観につい

て、お話をうかがいました。

Q　ご自身の結婚についてどう思われていますか？

今年40歳になっちゃうんですけど、結婚には憧れないっす。だって、世の中離婚率35％以上じゃないですか。でも、僕らの親とかおじいちゃんおばあちゃんの世代って、離婚することが恥ずかしいと思ってる世代だから、実質は5割以上破綻してると思ってるんですよ。

せっかく好きになったのに、結婚して何年か経って、いがみあって、離婚裁判やって、まったく意味ないみたいな。だから、そういうところにまったく憧れなくて。だったらそれより、じゃあ子ども産んでもらうかわりに、生活保障するっていう契約のほうが、お互い自由だし。

いわゆる結婚生活って、なんにも幸せなことないんじゃないのかなって。今どこにいるのとか、何時に帰ってくるのとか、誰といるのとか、そんな日々の何がいいのって。誰かがつくった常識の上で生活しても意味がないって思います。

Q　ブログで書かれた「やりちんの掟──The rule of Playboy」が大変話題になりましたが……。

あれはウソがないから、話題になったと思うんです。僕、正直に生きてるんで。最終的に自分が受け入れられない人に時間を使いたくないんです。だから女の子も、僕がそういうのって知ったうえで来るから、もめごともないっす。真面目な子には、僕も手を出さないんで。

どっちみち、ガラス張りの世の中になってくるんで、正直に生きたほうが絶対得する社会になっていくんで。

ウソが通用しない社会になっていくから。この前、「ただヤリたいだけ」というTシャツをつくったんだけど、すごくオーダーが入った。戦略的に買わせようとかじゃなくて、ウソがないものがたぶん受け入れられるんですよね、たぶんね。

Q　「やりちんの掟」の中に、「物より体験をプレゼントする」という言葉があって、ものづくりをされている石川さんの言葉

として非常に含蓄のある言葉だと思ったんですが。

百万円のバッグは、誰からもらっても百万円のバッグなんで、価値ないです。だったら、その百万円を使ってオーロラを見に行くほうが、一生忘れられない思い出になりますよ。

僕は、ただのモノ売りは終わっていくと思ってるんで、だから店の中を体験できる仕組みをつくったりとか、店に来る理由をつくってるんですけど、そういうことですよねー。極端に言うと、百円でつくったモノを千円で売るわけですから。千円でもいいっていう付加価値をどこでつけるかですから。

僕の「ただヤリたいだけ」Tシャツだって、ブログから続く流れで、「僕がやりそう、おもしろい！」って思ってくれたからよかったわけで、「おもしろい」って思ってもらえる何かをどうつくっていくか。それだけですよね。付加価値なんて目に見えないものなんで。ストーリーですよ。

Q　休日は何されているんですか？

最近、都心から離れたところに引っ越したんですけど、犬と散歩したりとかね。（ぼーっとすることは）ないですねー。（趣味は）何ですかね……。あっ、カメラね、あんまり趣味だと思ってないかもね。仕事と思ってるかも。写真展とか始めちゃったからね。

僕、仕事のことばっかり考えてます。24時間。「これやったらあいつびびるなー」とか。良いライバルがいっぱいいるんで。またあいつ、いいことやったとか、負けてられないんで。仕事が趣味っていうありきたりなのは嫌ですけど（笑）。

最終的にはこうなりたいとかは、あんまりなくて。自分たちでつくっているものが世界中で愛されるものになったらいいな、とかそういうのはあるんですけどねー。

だから、休みの日に何しようかとか、あんまり考えたことないですね。

Q　「ソロ男の7割以上は彼女がいない」という調査結果が出ているんですが、石川さんのようにモテるにはどうしたらいいん

ですか？

どうしたらいいか！（笑）

答えは明白で、仕事をがんばるだけですよ。仕事がうまくいけば、自然とモテますよ。不満があるんだったら、とにかく目の前のことを一生懸命やる、それ以外ないですよね。学生だったら勉強、大人だったら仕事。わかんないですけど。テレビに文句とか言ってちゃダメです。どうせ一生働かないといけないんですよ。どうせ働かないといけないんだったら、何か熱中して好きなことやった方がいいですよ。

Q　仕事への取り組み方や意識についてはどうですか？

自分が今できることに必死になった方がいいですよね。

経験上、僕の若いころから周りにいる人たちって、先のことばかり考えて、頭でっかちになりすぎて、何もできなくて消えていったんですよ。自分はまだ1段目のレベルなのに、10段目のレベルの話して。そうすると、1段目の時点でやらなきゃいけないことがダサすぎてできないんですよ。「俺はこんなことするために、この仕事してるんじゃない」とか。ほんと馬鹿らしいなと思ってて。

だから僕は今、目の前のことをやりますよね。先のことは、そのときに考えるんですよ。

僕の提案って、ほとんど反対されるんですよ！「ゴノタン」っていうマスクもそうですけど、「なんですかそれ。マスクですか!? 売れなかったら在庫どうするんですか！」みたいな。

でも、そういう反応のときって、「いける」って思うんですよね。新しいってことだから。みんな理解できてないから。

メンズブランドつくったときも、僕らが始めたときは、世の中にそういう価格帯のメンズブランドがなかったんですよ。安いメンズブランド。今はありますけど。

Q　今後について教えてください。

写真。アートをやってます、今。

写真は……何だろう、重要なアイテムというか。たぶん、今後モノを買うより、写真を撮るほうが絶対多くなっていくんで。まあ、言語じゃないんで。

写真と動画は、世界共通の重要なものになっていくと思うので、今そっちに向かって始めてます。どうせ同じ時間をかけてやるんだったら、日本人だけじゃなくて世界中の人が理解できるものを作っていくっていう。

いつも怒られるんだけど、洋服とかは、そんなに興味ないです。ただの洋服屋はもう10年も持たないです。もうドメスティックな企業は、グローバル企業に勝てないです。見てる側（消費者として）は一緒だから。面白いもの一つ作れば、アジアでも欧米でも同じだから、消費者にとってはそっちのほうが面白いから。

今の若い子は、高い服買わないですよね。なんでかっていうと、写真のコミュニケーションになったから。5万円の白シャツも、2千円の白シャツも変わらないんです。服はコミュニケーションツールじゃなくなったから。「どこどこのブランドが何とかで〜」って、そんなこと話してるの、ファッション業界の人だけですよ。

やっぱ、自分が海外に行くことが多くなって、日本の良いところと悪いところがすごくわかるようになったんですよ。日本って中途半端に人口が多くて、日本だけでも儲かっちゃうんだよね。だから世界に対して、外向きの仕事の仕方をしないんだよね。

たとえば台湾だったら、国内需要満たすだけじゃ、もうてっぺんが見えちゃってるんで、最初からプロモーションがグローバルになってる。世界を目指すためにはどうするかとか、考え方が根本から違うんだよね。

そっちの考え方の方が、今の環境にマッチしてきちゃったんですよね。ネット社会になったから。30年後くらいかなー。世の中は一気に変わると思ってます。

Q　最後に、お子さんは欲しくないですか？

欲しいです。

それは生物として、自分が死に近づいていってるので、なんか自然に、最近子どもは欲しいんですよね。結婚はしたくないけど。

でも、それにはお母さんになる人が大事で、ちゃんと子どもに良いことと悪いことを教えてくれるかがポイントで。たぶん、そういう子はちゃんと結婚したいと思ってる。そうすると、どこまでいっても平行線なのに、なんで僕がそういう子に惹かれちゃうのかも自分でもわかんないし、難しいですねー（笑）。

僕の子どもね、そっくりそのままミニサイズで生まれてきそうだけど（笑）。

ソロ男分析10・経済事情

しっかり貯金している

ソロ男は、非ソロ男より平均年収は下

今回、調査対象とした**ソロ男の年収の平均は511万円**。これは、2013年の国税庁調査による民間サラリーマンの男性平均年収と同じ水準だった（「民間給与実態統計調査結果」より）。

一方、非ソロ男の平均年収は541万円で、ソロ男を上回る。

ソロ男のボリュームゾーンは、300〜400万円台だったが、500〜600万円台にもうひとつ山がある。非ソロ男のボリュームゾーンは300〜500万円台となって

ソロ男の平均年収

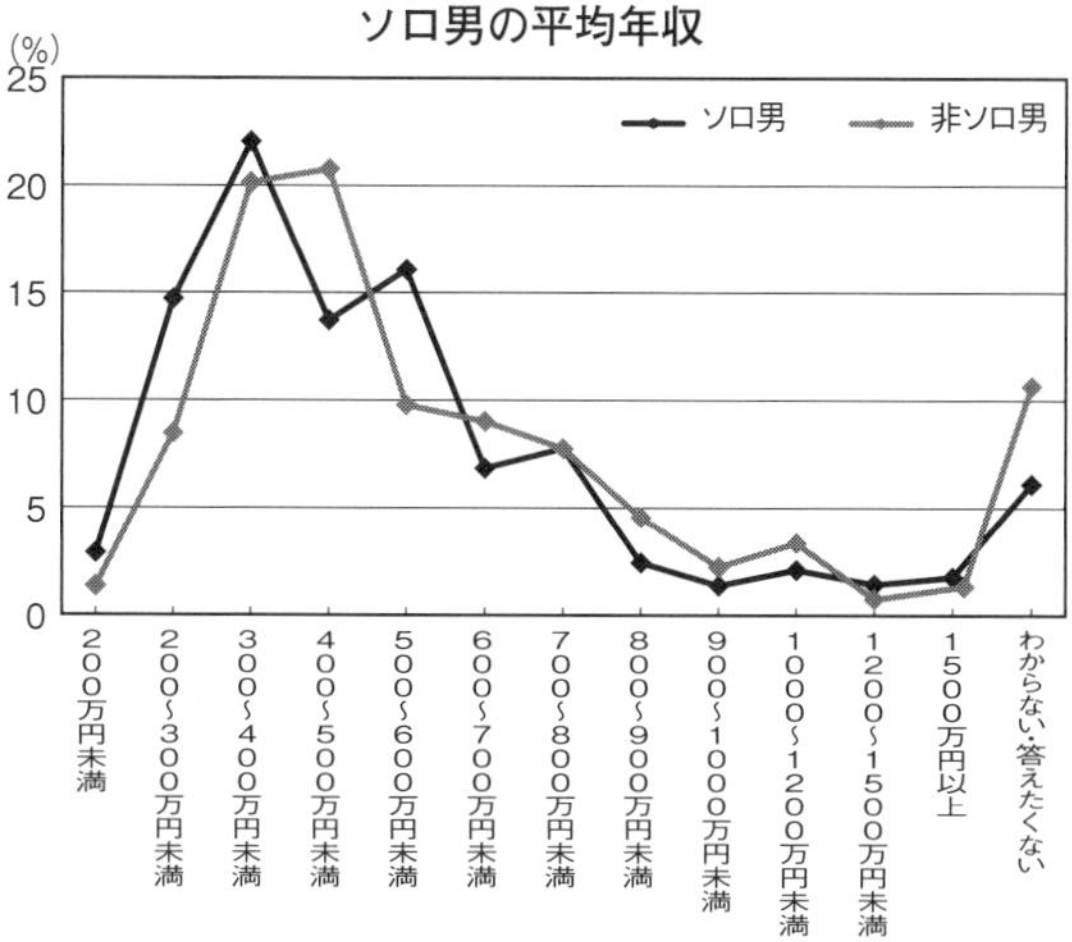

ソロ男の貯蓄額

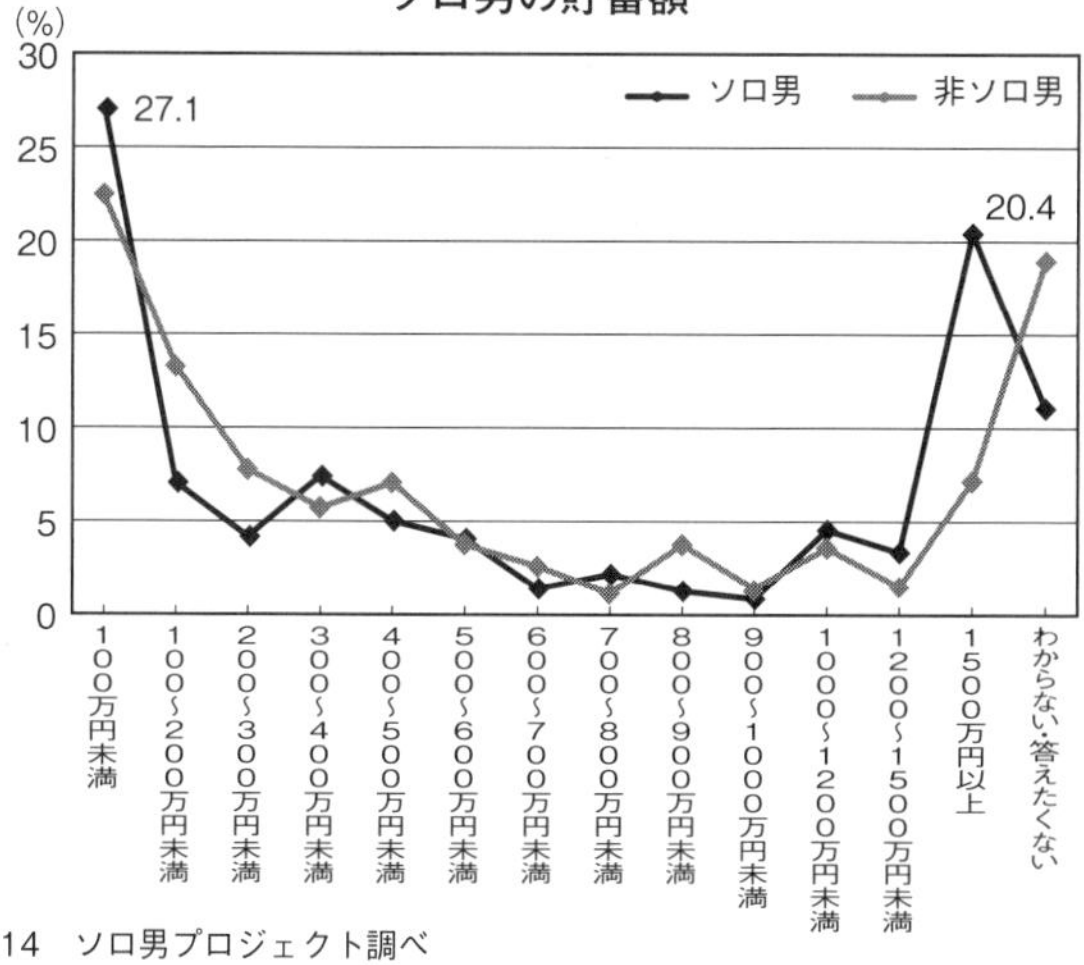

2014　ソロ男プロジェクト調べ

いる。ただし、**1200万円以上の割合でいくと、ソロ男の方が多い**（ソロ男3・2%、非ソロ男1・9%）。

ソロ男は、貯めるか貯めないかが両極端

ソロ男の貯蓄額を見てみると、**貯蓄額100万円未満が27・1%と群を抜いて高い**。反面、貯蓄額1500万円以上の層も20・4%存在する。まったく貯めないか、貯めるかの両極端に分かれている。

この傾向は、非ソロ男も同様だが、1000万円以上の高額貯蓄をする割合は、ソロ男の方が大きく上回っている（ソロ男28・1%、非ソロ男12・1%）。

ソロ男分析11・友達づき合い

友達とは深く濃く長くつき合う

ソロ男というと、どうしても変な先入観や偏見で解釈されがちだ。そのひとつに、「ソロ男は孤独に苦しんでいる」というものがある。「ソロ男＝ぼっち」とつなげて、友達もなく孤独で寂しい生活をしている男なのだと思われてしまう。実態はどうだろうか。

ソロ男は孤独なのか？

ソロ男だからといって、決して友達がいないわけではない。

現在の平均友達数で比較すると、ソロ男が16・5人、非ソロ男は21・4人。確かに、ソロ男の方が5人程度友達数は少ないとなっているが、将来もこのまま続く友達数と合わせた友達残留率で比較してみた。

将来もこのまま続く（と思う）友達数
ソロ男　３・４人（友達残留率20・７％）
非ソロ男　４・５人（友達残留率20・９％）

友達残留率は、どちらも約21％で同じである。たくさんの友達と幅広いつき合いを求める非ソロ男に対して、**ソロ男は数は少なくても深く濃い長いつき合いをする**といえる。これは、趣味に対する考え方と通じるものがある。

友達としての関係継続年数とともに、「趣味」と「彼女」についての関係継続性を比較してみた。各々5年以上続いたことがあるかどうかで聞いている（（　）内は既婚男性との差分）。

５年以上続いた趣味がある　58・７％（＋12・７％）
５年以上続いた友達がいる　52・４％（＋０・８％）

5年以上続いた彼女がいる　22・9%（▲10・2%）

予想どおり、ソロ男は趣味は続いても、恋愛は続かない。ここは、明らかにソロ男としての特徴が表れているが、友達関係については、ソロ男も既婚男性もほぼ変わらない。これを見ても、「ソロ男には友達がいない」というのは単なる偏見だということがわかる。

ソロ男の友達の内訳は？

では、そんなソロ男の友達の内訳とはどんなものだろうか。

学生時代から続く友達　27・2%（▲5・9%）
会社、職場で知り合った友達　34・6%（▲8・9%）
会社以外で知り合った友達　38・2%（＋14・8%）

会社以外で知り合った友達が圧倒的に多いのが、ソロ男の特徴である。ソロ男の方が、学校や会社の枠にとらわれず、自由に社交的に人間関係を構築しているといえる。

特に、同じ趣味を持つ者どうしのつながりが多いようだ。

「写真撮影が趣味で、よく高原に行っては深夜に星空を撮影しています。いい場所はたいていかぶるので、そこで知り合ったほかの写真愛好家の人と友達になりますね。

僕は、タイムラプスといって、時間をかけて撮影した静止画をつなげて動画のようにするんですが、作った動画を互いに鑑賞したり、いいスポットを紹介し合ったり……。今では一緒にキャンプに行ったり、何年も前からつき合っている親友のようになってますね」(44歳)

対照的に、非ソロ男は会社や職場で知り合った友達が43%を超えており、学校や会社以外の新しい出会いが少ない。こうなると、むしろ定年退職後の非ソロ男の方が孤独になる可能性があるのではないかと思う。

第2章

ソロ男のこだわりの趣味

第1章の分析から、ソロ男は、買い物や食生活を含め、生活の中である種、自分なりのこだわりを持って生きていることがおわかりいただけたことと思う。

ここでは、ソロ男が時間とお金をかけているという「こだわりの趣味」についてくわしく追っていくことにする。

ソロ男はアクティブに「ソロ活」する

まず、「日頃よく行っている趣味的な活動」で比較をしてみる。ソロ男と既婚男性（どちらも20～50代）で差異はあるのだろうか。

ソロ男の上位には、「音楽鑑賞」「PCによる動画鑑賞」「漫画以外の読書」「SNSの利用」など、インドアでできることが入ってはいるが、5位に「買い物」、6位に「1泊以上の国内旅行」、7位に「食べ歩き」、9位に「街歩き」と、上位10位の中に4つも外出が必要なものが入っている。

ソロ男は、決して部屋に閉じこもってネットやゲームばかりするインドア派だけではないということだ。もちろん、部屋でゲームなどは日頃行うものとして入ってはいるが、既

普段行っていること

ソロ男			既婚男性		
1	音楽鑑賞（CD・音楽配信など）	51.7%	1	買い物（ショッピング）	39.5%
2	PCによる動画視聴	46.9%	2	SNSの利用	28.2%
3	読書（漫画以外）	43.9%	3	読書（漫画以外）	27.4%
4	SNSの利用	42.1%	4	日帰り旅行	24.2%
5	買い物（ショッピング）	35.4%	5	1泊以上の国内旅行	24.2%
6	1泊以上の国内旅行	34.7%	6	音楽鑑賞（CD・音楽配信など）	23.4%
7	食べ歩き、グルメ探求	33.6%	7	ドライブ・ツーリング	23.4%
8	読書（漫画）	29.2%	8	PCによる動画視聴	21.8%
9	街歩き	29.2%	9	読書（漫画）	21.0%
10	ビデオ鑑賞（映画）	26.9%	10	モバイルゲーム（携帯・スマホ利用）	20.2%
11	日帰り旅行	26.9%	11	写真撮影	20.2%
12	散歩	26.2%	12	食べ歩き、グルメ探求	20.2%
13	ドライブ・ツーリング	21.4%	13	ビデオ鑑賞（映画）	19.4%
14	映画館での映画鑑賞（洋画）	21.4%	14	散歩	16.1%
15	PCによるゲーム	18.8%	15	PCによる写真、音楽、ビデオ映像の編集加工	14.5%
16	PCによる写真、音楽、ビデオ映像の編集加工	17.7%	16	街歩き	13.7%
17	モバイルゲーム（携帯・スマホ利用）	17.7%	17	家庭用テレビゲーム	12.1%
18	宝くじ（ロト・ナンバーズ含む）	17.7%	18	宝くじ（ロト・ナンバーズ含む）	12.1%
19	家庭用テレビゲーム	16.6%	19	携帯型ゲーム（PSP・ニンテンドーDSなど）	11.3%
20	携帯型ゲーム（PSP・ニンテンドーDSなど）	16.2%	20	ブログ・HPの作成	8.9%
21	写真撮影	16.2%	21	ビデオ撮影	8.9%
22	カラオケ	16.2%	22	映画館での映画鑑賞（洋画）	8.1%
23	ブログ・HPの作成	13.7%	23	PCによるゲーム	7.3%
24	映画館での映画鑑賞（邦画）	12.5%	24	楽器の演奏	7.3%
25	映画館での映画鑑賞（アニメ）	10.0%	25	カラオケ	7.3%
26	オンラインゲーム・ソーシャルゲーム	9.6%	26	ペット飼育	7.3%
27	パチンコ	8.5%	27	園芸・庭いじり（ガーデニング）	5.6%
28	楽器の演奏	8.1%	28	映画館での映画鑑賞（邦画）	5.6%
29	ゲームセンター	7.0%	29	パチンコ	5.6%
30	ペット飼育	7.0%	30	ゲームセンター	4.8%

20代	30代	40代	50代
SNSの利用	音楽鑑賞（CD・音楽配信など）	PCによる動画視聴	音楽鑑賞（CD・音楽配信など）
音楽鑑賞（CD・音楽配信など）	読書（漫画以外）	読書（漫画以外）	PCによる動画視聴
PCによる動画視聴	PCによる動画視聴	音楽鑑賞（CD・音楽配信など）	読書（漫画以外）
買い物（ショッピング）	SNSの利用	買い物（ショッピング）	1泊以上の国内旅行
読書（漫画）	食べ歩き、グルメ探求	SNSの利用	SNSの利用
読書（漫画以外）	街歩き	食べ歩き、グルメ探求	ビデオ鑑賞（映画）
PCによるゲーム	1泊以上の国内旅行	ビデオ鑑賞（映画）	散歩
食べ歩き、グルメ探求	読書（漫画）	1泊以上の国内旅行	食べ歩き、グルメ探求
街歩き	買い物（ショッピング）	ドライブ・ツーリング	宝くじ（ロト・ナンバーズ含む）
1泊以上の国内旅行	日帰り旅行	街歩き	日帰り旅行
日帰り旅行	散歩	読書（漫画）	街歩き
家庭用テレビゲーム	携帯型ゲーム（PSP・ニンテンドーDSなど）	映画館での映画鑑賞（洋画）	買い物（ショッピング）
携帯型ゲーム（PSP・ニンテンドーDSなど）	ビデオ鑑賞（映画）	散歩	ドライブ・ツーリング
散歩	映画館での映画鑑賞（洋画）	PCによるゲーム	PCによる写真、音楽、ビデオ映像の編集や加工
カラオケ	モバイルゲーム（携帯・スマホ利用）	モバイルゲーム（携帯・スマホ利用）	写真撮影

2015　ソロ男プロジェクト調べ

婚男性との差異でいえば、携帯・スマホでの「モバイルゲーム」率は既婚男性の方が上回っている。

ちなみに、年代別で見ても、特に大きな変化はない。「音楽鑑賞」「PCによる動画鑑賞」「SNSの利用」が上位を占める。各年代で「読書」率も高いが、20代に関しては「漫画」を読む率が高いようだ。

40代と50代に関しては、「ドライブ・ツーリング」という項目が上位にきているが、20代と30代では見られない。若年層の車離れはここでも見受けられる。

ソロ男と既婚男性との差異で比較した表を見ると、より顕著にわかる。**ソロ男は「音楽」を聴き、「PCによる動画」を鑑賞し、「漫画以外の読書」をする。「SNS」を利用し、「街歩き」「散歩」や「食べ歩き」を楽しみ、「1泊以上の国内旅行」に出かける。**これが、ソロ男の日頃よくやることのまとめとなる。

一方で、既婚男性は、「園芸・庭いじり」をし、「写真撮影」や「ビデオ撮影」を楽しむ点が特徴だ。

ソロ男vs既婚男性　日頃行うことの差分比較

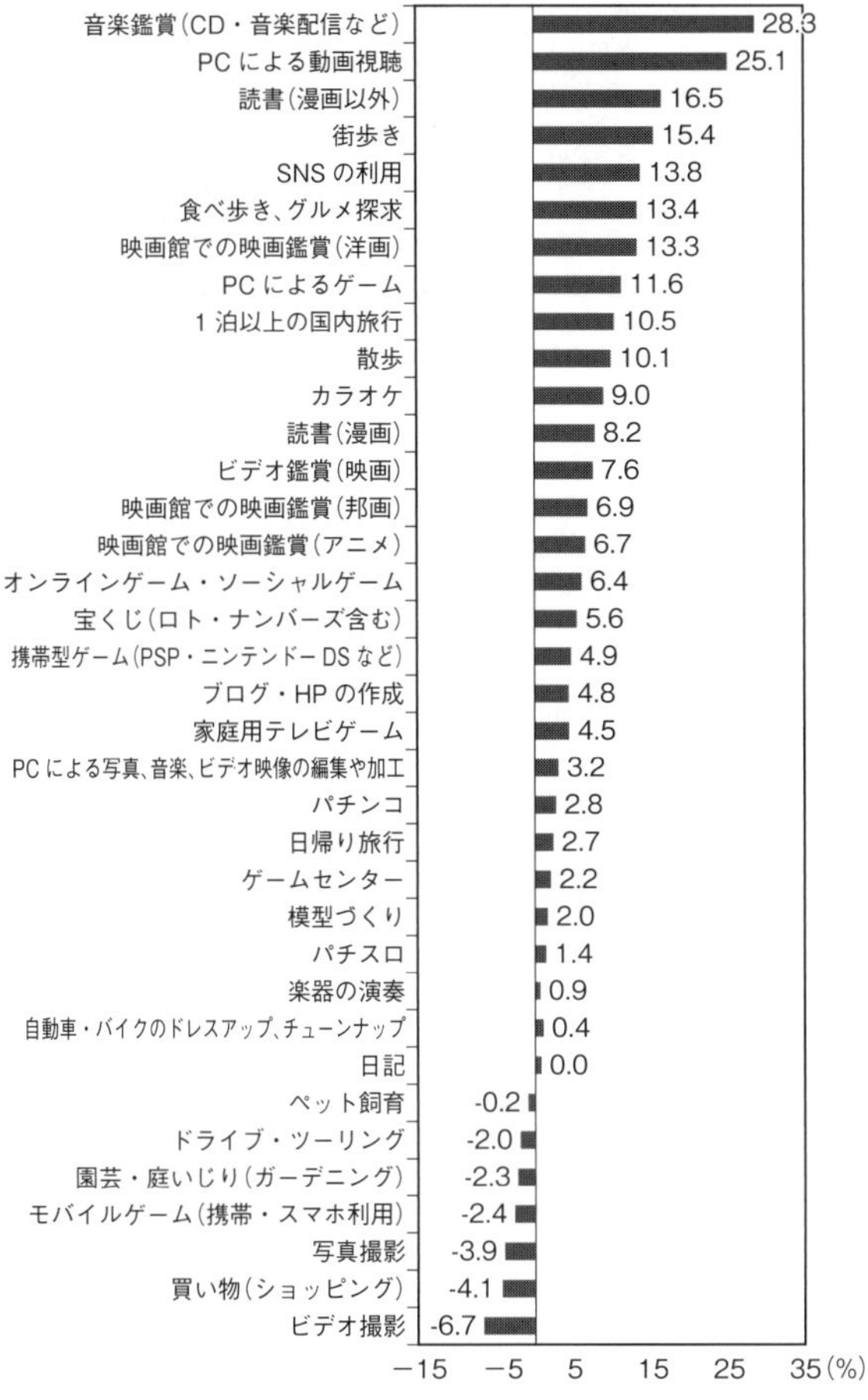

2015　ソロ男プロジェクト調べ

既婚男性も20〜50代で平均しているのだが、ソロ男に比べて全体的にシニア臭が強いと感じるのは気のせいだろうか。

ソロ男は映画好き

ソロ男は、既婚男性と比べて、日頃映画館で映画鑑賞する割合が高い。

映画館で洋画を観る　＋13％
映画館で邦画を観る　＋７％

映画館に一人で行けると答えている割合も8割のソロ男。映画会社にとって彼らは大事な顧客といえる。

もちろん、映画館だけではなく、自宅での映画鑑賞も多いようだ（「ＤＶＤ・ビデオで映画を観る」が＋８％）。

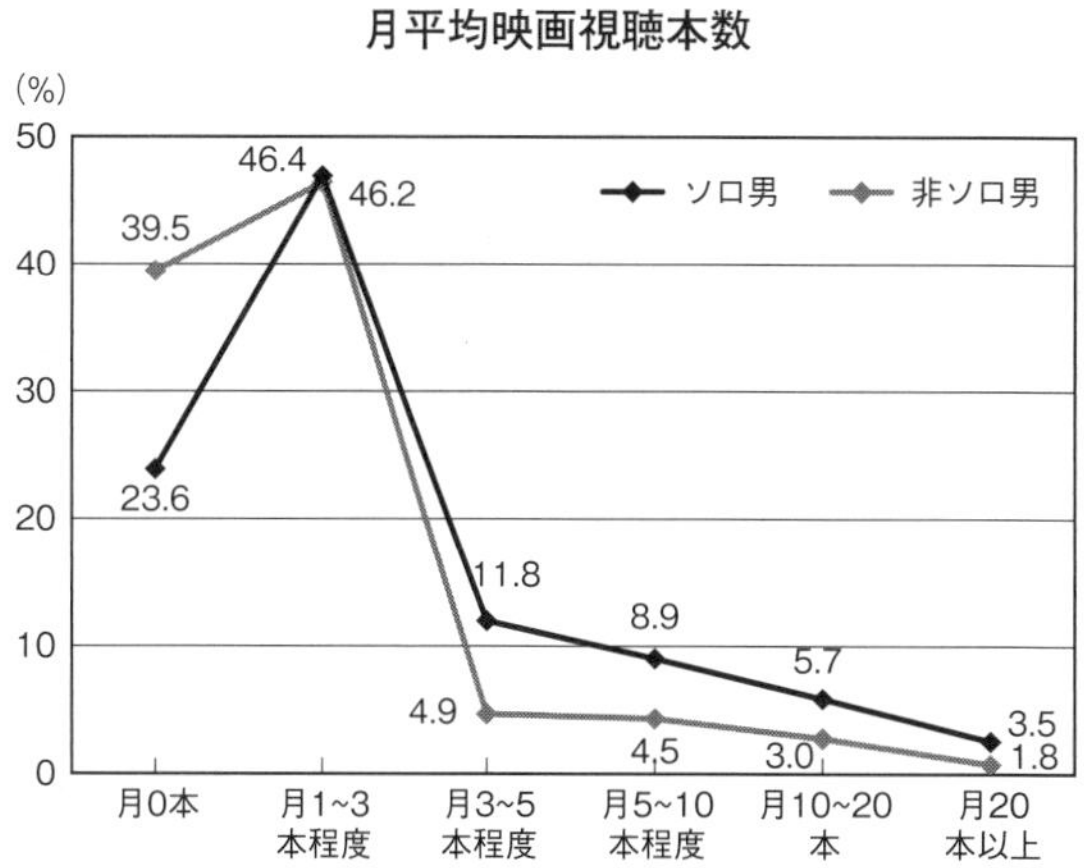

2014　ソロ男プロジェクト調べ

ソロ男は映画好きなのである。では、ソロ男は月に何本くらい映画を観るのだろうか？

月平均の映画鑑賞本数（映画館、DVD視聴含む）を聞くと、ソロ男4・07本に対して、非ソロ男は2・45本だった。ほぼ倍近い差がある。

月4本ということは、**ソロ男は週1本ペースで映画を観ているという計算になる。**

月1〜3本程度の割合は、ソロ男も非ソロ男も同じく46％と変わらないが、それ以上の本数はすべてソロ男が上回っており、月10本以上観るソロ男は9・3％も存在する。

ソロ男は本を買って読む

映画同様、ソロ男は読書好きでもある。既婚男性と比べてもその差は明らかだ。

漢画以外の本を読む　+17%
漫画を読む　+8%

意外にも漫画だけではなく、テキスト系の読書の方が多い。

「本を買って読む」という購読行動についてはどうか。

月間購読書籍数（漫画、雑誌、デジタル書籍を含む）を聞いてみると、ソロ男が3・70冊に対して、非ソロ男は2・73冊だった。

こちらも、ソロ男の方が月平均1冊ほど多く書籍を買っている。月10冊以上購読するソロ男も8・6%存在する。

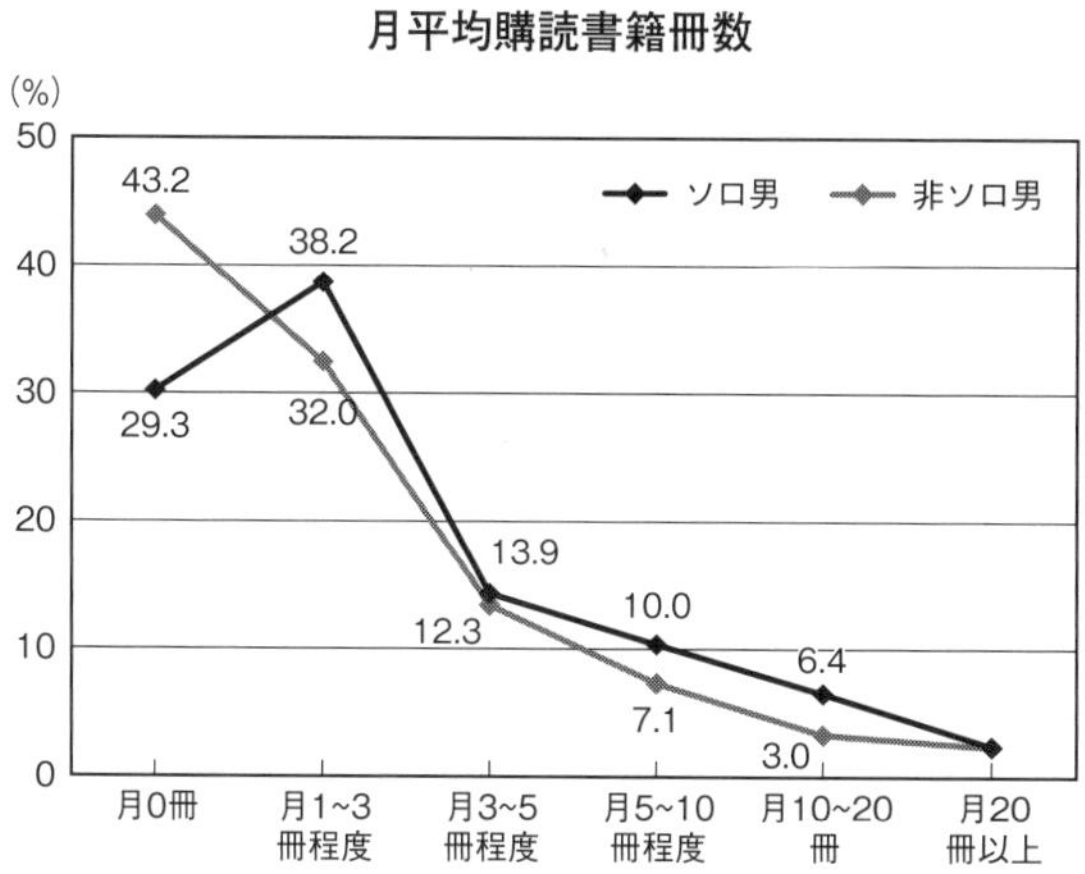

2014　ソロ男プロジェクト調べ

ソロ男は立ち読みではなく、書籍をきちんと買って読むようだ。出版社や書店にとっても、ソロ男は無視できない顧客といえるのではないだろうか。

では、具体的に何を購読しているのかについて、「漫画」「小説・ビジネス書など」「雑誌など」の3つのジャンルに分けて比較した。

まず、「漫画」だが、ソロ男が一番購読しているのは、「ファンタジー系漫画」（調査時点では、「進撃の巨人」「HUNTER×HUNTER」などを例にした）で22・2％、次いで「スポーツ漫画」（例なし）の21・2％と続く。

ジャンル別購読書籍（漫画）

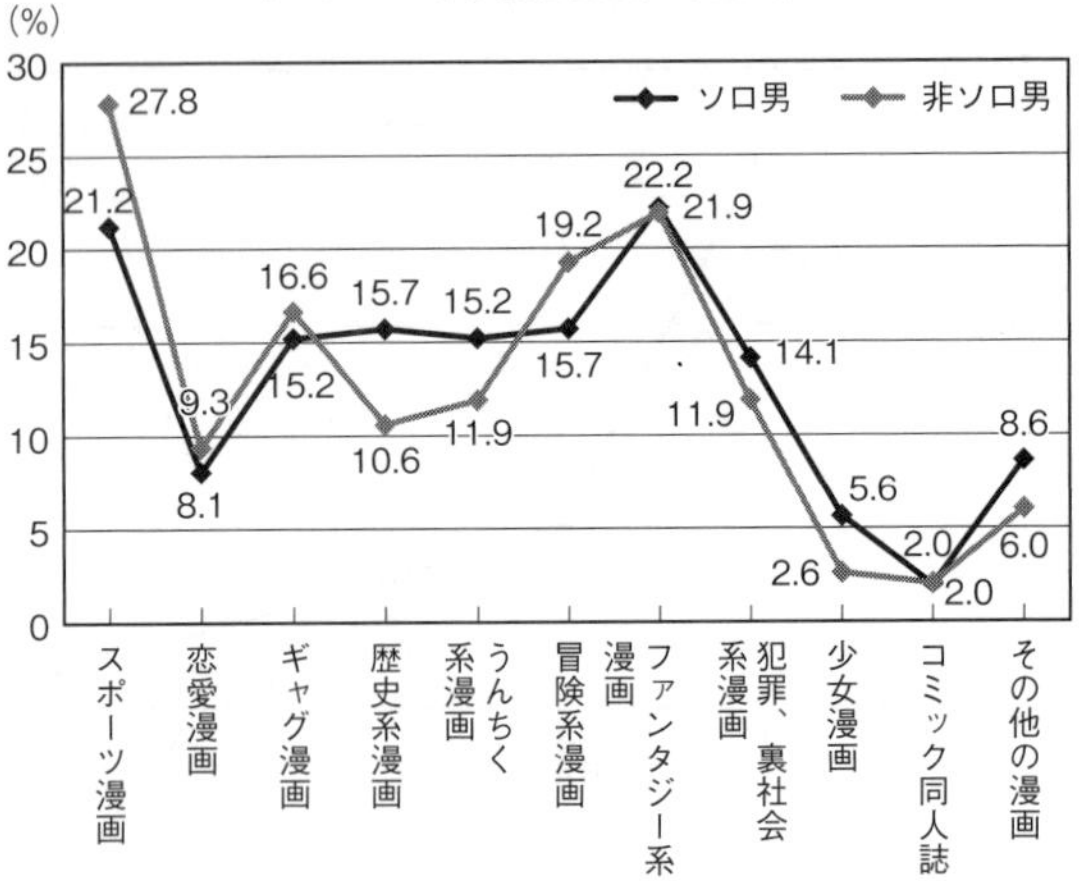

ジャンル別購読書籍（小説・ビジネス書）

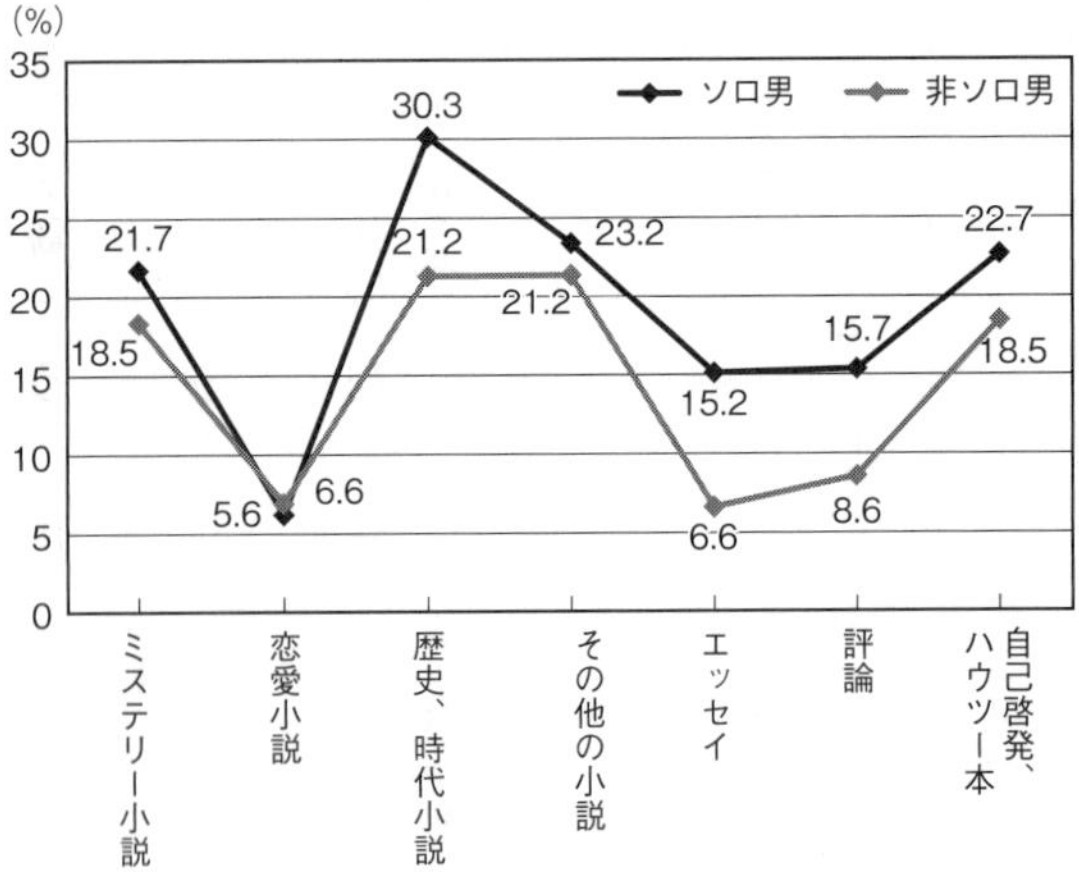

2014　ソロ男プロジェクト調べ

ジャンル別購読書籍（雑誌など）

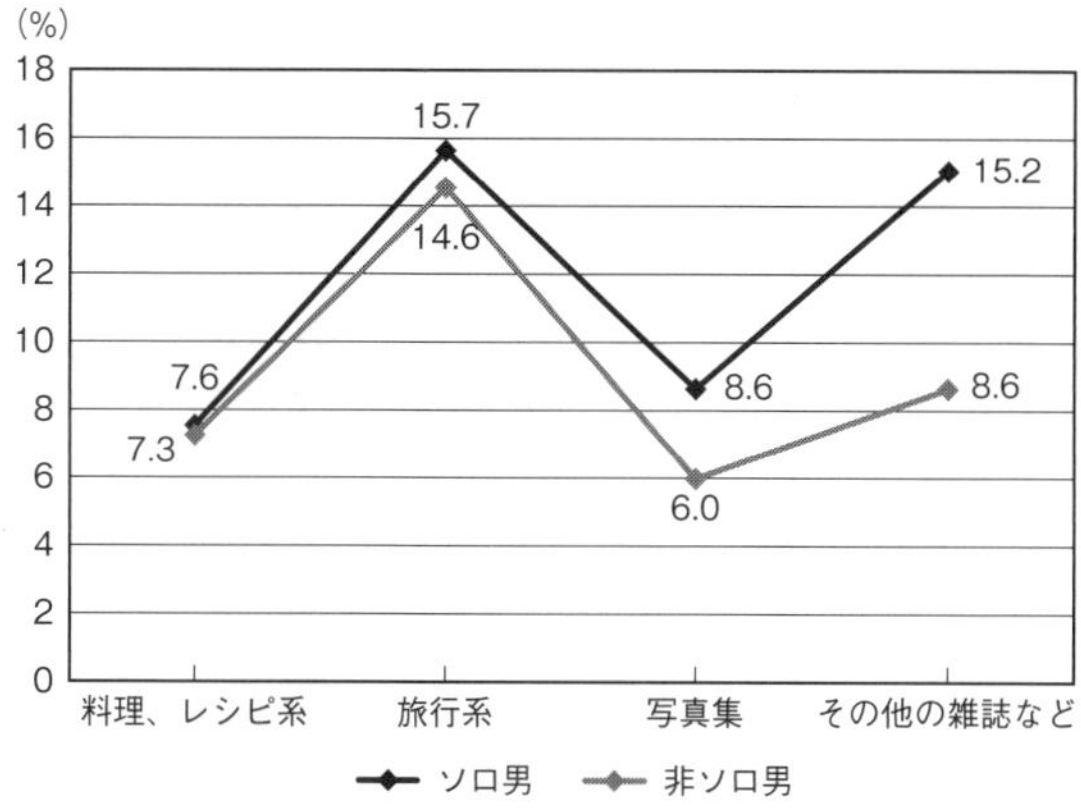

2014　ソロ男プロジェクト調べ

非ソロ男も、１位と２位が逆転しているものの、「スポーツ漫画」と「ファンタジー系漫画」が上位だった。

ソロ男の特徴としては、**「歴史系漫画」（例：「へうげもの」「センゴク」「キングダム」など）と、「うんちく系漫画」（例：「銀の匙」「美味しんぼ」「ちはやふる」など）が非ソロ男と比べて圧倒的に高い**ことである。逆に、非ソロ男に人気の「冒険系漫画」（例：「ＯＮＥ　ＰＩＥＣＥ」「ジョジョの奇妙な冒険」）がソロ男はそれほど高くない。

「少女漫画」を購読する率も、ソロ男の方が若干高い。

次に、小説や評論、ビジネス書について見ると、ソロ男では「歴史・時代小説」が30・3％と漫画以上に購読されている。

「自己啓発本」や「ハウツー本」についても22・7％と高く、総じてテキスト系の書籍はソロ男の方がより多く購読していることがわかる。

唯一、「恋愛小説」だけが非ソロ男より低い結果となった。

最後に、雑誌系を見てみると、ここでもソロ男の購読率の方が高い。

男性は書籍を買わないといわれているが、その中でもソロ男は「本を買って読む」という特徴が表れており、ここでも**消費力の高さがうかがえる結果となった。**

ソロ男のこだわりの趣味　6つの類型

こだわりの趣味を持つ傾向のあるソロ男。ここでは、その趣味の内容を詳細にアンケート形式でヒアリングしてみた。

その結果、特徴的な趣味を区分けすると、次の6つの傾向があることがわかった。

①集めるソロ男

収集する人たち。いわゆる「コレクター」である。

②旅するソロ男

単純に旅行をすることも含まれるが、多くは、ある目的意識を持って、その目的達成のために旅行している人たち。

③応援するソロ男

アイドル、スポーツチームや選手などを応援する人たち。

④鍛えるソロ男

スポーツに打ち込んだり、ジムに通って筋トレしたりするが、健康のためというよりは、日々の自己鍛練そのものが目的で、かなりストイックに身体を鍛える人たち。

⑤作るソロ男

自分の手で作り上げることに喜びを感じている人たち。イラスト、楽曲、映画、小説などの創作活動以外に料理や陶芸なども含まれる。

⑥賭けるソロ男

パチンコ、パチスロ、競馬、競輪などのギャンブルにお金を賭ける人たち。それに加えて、株式投資などお金を張る人たちも含まれる。

それぞれについて、個別の事例を紹介していきたい。

※　趣味の詳細アンケートに関しては、20代を除外し、30〜50代のソロ男に限定して実施。

※　アンケートは、それぞれの趣味の「内容」「始めたきっかけ」「続けている理由」「自慢できること」「うれしかったこと／悲しかったこと」「年間の支出額」について、フリーアンサー形式で記述していただいた。記述内容どおり紹介しているが、一部こちらで重複部分の削除や補足追記および言い回しの修正をしている部分がある。

※　アンケートは２０１３年の実施だが、回答者の年齢は回答当時のままとさせていただいた。

①集めるソロ男

《本物のヴァン・ヘイレンのギターを集めるソロ男》

（38歳、継続期間20年、年間消費額450万円）

エドワード・ヴァン・ヘイレン本人のギターを所有しています。レプリカではなく本物です。鑑定書や本人のサイン、証拠写真などもあります。ギター演奏を始めたころに、カッコ良さからファンとなって以来、ヴァン・ヘイレン命です。ファンで居続けている限り続けます。

アメリカやイングランドの友人との情報交換や、ネットを駆使して情報を得るなど、人知れず努力しています。ギター関係の購入代だけで、年間450万円くらい使いました。取材や公表は絶対にしません。自慢もしません。バカなコレクターや非常識な人間とかかわりたくないので。

一番うれしかったのは、**ヴァン・ヘイレン本人に会って話せて、サインをもらえたこと。**ギターをEVH5150につなぎ、ヘッドフォンで演奏することが至福の時間です。

《路線バスのアイテムを集めるソロ男》

（31歳、継続期間25年ほど、年間消費額6万円）

公共交通機関の「路線バス」をテーマにしたアイテム集めです。物心がついて、最初に興味を抱いたのが地元を走っていた路線バスです。

幼稚園のころから一人で路線バスに乗り、一人旅をしてきました。現在もときどきバスの一人旅をします。毎年、全国各地で「バスの日」記念イベントが開催されていますが、そこで、バス車内の備品（つり革、降車ブザー、行先方向幕）を安く購入してコレクションしています。

それ以外にも、事前に許可を頂いたうえで、バス車両の写真撮影を行い、写真も収集しています。また、バス模型（完成品・未完成品）の収集も行っています。**将来的には、バス乗務員になることが夢です。**

本当に好きなコトだから、やめられません。基本的に「あきる」コトがないので、今後もずっと継続したいです。

同じ趣味を持つ人との交流が一番楽しいですかね。今までは、メールやネット掲示板での間接的交流だったので、それが直接の交流になったことがうれしい。同好の士の中には、同じバス好きな人はもちろんのこと、現役のバス乗務員やバス営業所の所長、運行部長などの人たちとの心のおつき合いもあります。

路線バスで一人旅をしていると、その土地に住む住民らとの交流も起きてきます。それも楽しいことです。

――ほかには、「13年間、真空管アンプを集め続けるソロ男」（47歳）、「芸術品として女性の下着を40年近くも集めているソロ男」（45歳）、「自衛隊の飛行機の模型を年間20万円ずつ10年間も集め続けて、置き場がなくなってきたソロ男」（38歳）や「ご当地キティちゃんを20年集め続けて、そのために交通費が年間70万円かかっているソロ男」（38歳）、「40年間も鉄道模型を集め、作り続けるソロ男」（51歳）、「ラーメンの袋・カップ麺のふたを20年集め続けているソロ男」（52歳）、「15年間古着を集め続けて、今では古着の素材、製法や商品タグを見ることで年代判別が可能になったソロ男」（33歳）など、とにかく**ひとつのものを何十年も収集し続ける人が多い。**

変わったところでは、「収集するだけではなく、写真撮影するためにアニメのフィギュアに年間20万円も費やすソロ男」（43歳）など、集める段階からさらに次のステージに向からソロ男もいる。

ソロ男に限らず、**男は何かを集めたがる、コンプリートしたくなる習性がある**といわれる。それにしても、ひとつのアイテムの収集に何十年という時間と何十万円もの資金を費やすという行動は、女性にはまったく理解できないものかもしれない。

②旅するソロ男

《郵便局めぐりで全国を旅するソロ男》（42歳、継続期間25年ほど、年間消費額102万円）

全国各地にある2万4千ある郵便局を訪問して100円ずつ貯金をして、風景印を押印してもらいます。貯金すると、取扱局番号（郵便局ごとに異なる5桁の番号）が印字されることを知ったことがきっかけです。

貯金通帳に局名印を押してもらうことで訪問の記録が残り、地域の特色も感じられること、それに達成感も得られますから、年間700局訪問を目標に続けています。**すでに北海道、新潟県、沖縄県は全局制覇しました。**

わざわざ遠いところまで訪問していただいたと、丁寧に挨拶されることがうれしいです。年間102万円くらい使いますが、8割は旅費、宿泊費です。

《きのこを探して旅するソロ男》（54歳、継続期間25年ほど、年間消費額55万円）

遊びにいった信州上田できのこ採り（探し）に出会い、もともとやっていた写真にもさらに火がつき、気がつけば一年中きのこ採り（撮り）。きのこ好きデザイナーにも出会い、そのままきのこ好きのための本を出すまでに至っています。

きのこの魅力って何でしょうか。見つける楽しみ、探す楽しみ、見つけた喜びを知る楽しみ、食べる楽しみ。写真の被写体としての濃さ、面白さ、不思議さ、奥深さ。そこから生まれる、新たな知識、知る楽しみ、新たに生まれる謎、驚き、そしてまた感動！

さらに、料理方法にともない、その美味しさを一年中楽しむための保存方法。胞子の顕微鏡写真にはまる人、デザインに取り入れる人、いろんな楽しみを見つけた人と語り合うこと。**きのこの魅力は、一晩やそこらじゃ語り尽くせません。**

一番うれしかったことは、幻といわれるきのこを、意外な場所で、自力で見つけたとき。食べてみたら、その美味しさに幸せを感じました。

――ほかにも、「れんがの構造物を追い求めて旅するソロ男」（33歳）、「あえて昭和のヒストリックカーに乗って20年間旅するソロ男」（43歳）、「47都道府県の博物館と日本百名城制覇を目標に旅するソロ男」（34歳）や「美しい鉄道写真撮影にこだわり、年間90万円の旅費をかけて旅するソロ男」（48歳）など。

共通しているのは、普通に旅行するのが趣味というわけではないこと。旅はあくまで手段であって、目的は別にある。

集めるソロ男が「コンプリートする達成感」を追い求めているとするなら、**旅するソロ男は「制覇するという達成感」を追い求めているといえる。**

③ 応援するソロ男

《ももいろクローバーZを応援するソロ男》（46歳、継続期間6年ほど、年間消費額不明）

ももクロとは自分の子どもぐらいの年齢差があります。しかし、年齢を超えた魅力があり、その歌と踊りに酔いしれます。

ももクロはインディーズ時代、苦労してスターになりました。自分が若いときに苦労した記憶をよみがえらせる私の女神様なんです。

自分のお金が自由にあるし、（自営業なので）自由な時間を持てるので、いつでもももクロに会いにいけます。**車は桃色クラウンを買いました。**ナンバーは968です。968の隣にZのマークまでつけました。

ダンスも好きになって、スタジオにダンスを習いに行っています。ももクロの歌とダンスも踊れます。若い人たちとカラオケに行くと、見た目とのギャップに驚かれます。お酒もやめて若返りました。おしゃれにも気を使うようになり、彼女たちからたくさんの元気をもらいました。同じ時代に生きていられて幸せです。

最初は、ロリコンだとバカにされました。しかし、今はおじさん世代の大勢の有名人が、ももクロのファンとして認知されています。**今はつらいこと、悲しいことはないです。**

《AKB48を応援するソロ男》

（48歳、継続期間7年ほど、年間消費額35万円）

まだ売れていない頃の劇場公演を見て以来、面白かったのでファンになりました。次々と起こる事象について興奮や面白さが失われることがないので続けられています。

年間35万円くらい使ううち、公演のチケット代やCD購入代は10万くらいです。あとは、各地の公演を追っかける交通費や宿泊費ですね。

今まででうれしかったことといえば、握手会で顔を覚えてくれていたことでしょうか。**悲しかったことは、お金を使いすぎて別のイベントに行けなかったことでしょうか。**

——圧倒的に、アイドルを応援するソロ男が多かった。なかには、「勝ち負け関係なく巨人を応援するソロ男」（39歳）のように、スポーツチームを応援するタイプも存在するが、少数派である。

AKBグループをはじめとするメジャーアイドルだけではなく、まだ売れる前の地下アイドルや、デビューしたてのグラビアアイドルを応援し続けるソロ男や、「コンセプトカフェ（何らかのこだわりのコンセプトを強く推して運営されるカフェのこと。たとえば、メイドカフェなど）の店員に入れ込むソロ男」（30歳）もいる。

ＡＫＢグループ総選挙では、投票するために同じＣＤを数百万円分購入したファン（彼もまたソロ男の一人）が話題になったが、同じように無名のグラビアアイドルを応援するにも多額の資金が必要となる。

新聞社や雑誌社が主催する「ミス○○コンテスト」というものがあるが、そのグランプリを決めるのは審査員ではない。ファンがどれだけその子のためにお金を投資したか、という課金ゲームの様相に変貌している。

自分が応援するアイドルにグランプリを獲らせるために、カメラの趣味もないのに一枠七千円かかる撮影会に行き、一枚千円程度のツーショットチェキ撮影の権利を何枚も購入し、ネット放送でも課金ゲームのようにアイテムを購入する。

一人のファンが一回のネット放送で使う金額は１万円やそこらではない。10万円以上もつぎ込むファンもいるというから驚く。

彼らをそこまで突き動かすものとは何だろうか。

ソロ男には、「売れている商品は買わない」と言いつつ、「自分が見初めた商品が売れる

とうれしい」という面倒な一面がある。この「俺が発見したから」「俺が育てたから」という気持ちは、ソロ男にとってとても重要だ。

「自分が選んだものを世間が認めた」という承認欲求と、「自分が選んだからこそ売上が上がった」という達成欲求。この2つの欲求を満足させることができるからである。

無名のアイドルに何十万円も投資するのも、まさにそういった欲求を刺激されたからであり、**結局はソロ男自身が幸福感を得るための投資なのだろう。**

④ 鍛えるソロ男

《ベンチプレス200kgを上げるソロ男》

（45歳、継続期間20年ほど、年間消費額21万円）

健康のためにウェイトトレーニングを始めたところ、いつしかその重量を追い求めるようになりました。人よりも重たい重量を上げたいという思いで、200kgという重量を生涯目標に。昨年夏、ようやくその目標を達成しました。

重量が増えていくことで、自分の成長が明確な数値でわかりますし、ジム内でも140kgオーバーぐらいから一目置かれるようになりました。フィットネス系のジムでは100

kg上げればすごいといわれるレベルなので、200kgという数値は上級者向けのジムでもなかなかお目にかかれないレベルだと思います。**年間21万円ぐらい、ジムとサプリ代です。**

筋肉をつけるための食事管理にも気をつけています。ただの自己満足レベルではなくなってきていますね。うれしかったことは、いろんな大会で優勝したことですかね。

《懸垂ができない男は許せないソロ男》

（45歳、継続期間15年ほど、年間消費額13万円）

テレビ番組の「SASUKE」（TBS）を見て触発されました。やりはじめは、長続きせずつらい。結果も出ないので、自分は弱い人間だと思いました。

ただ、そこを乗り越えれば結果が出ました。**やればやるだけ必ずプラスとなり結果が出るという、この世で唯一のものかもしれません。**だから続けられます。できないことができた喜び、年齢を重ねるごとによりカラダが動く喜びがあります。

基本は懸垂です。懸垂ができない男は許せないかな。自分で自分が守れないなら、大切な人も守れないよね。

――そのほか、「キックボクシングの技術だけではなく理論も究め、語り出したら止まらないソロ男」（30歳）は、その熱い思いをアンケート回答用紙にびっしり2千文字も書いてくれた。

「24時間ロードバイクのことだけ考えているソロ男」（51歳）や「週1で7年間テニススクールに通い、全国のテニス合宿やイベントに参加しながら、それでもまだ練習が足りないと嘆くソロ男」（39歳）もいる。ほとんどプロ選手並みにトレーニングしている。

「ベンチプレス200kg」のソロ男もそうだが、どれも趣味の域を軽く超えている。スポーツを楽しむというより、もはや「○○道」を極める方向に進んでいる。**ストイックに自分を追い込むことに、苦しさ以上の達成感を感じているのだ。**

しかも、**途中の過程は人には見せたくないという面も持っている。**努力している姿は見られたくない。そんな美意識がソロ男には見え隠れする。

⑤作るソロ男

《独自の美の解釈で、フィギュア製作をするソロ男》
（43歳、継続期間3年ほど、年間消費額160万円）

アニメキャラクターをモデルにした萌え系の人形を作っています。キャラクターを見て、どういう感じだとこのキャラを表現できるかを考えるので、作っていて非常に楽しいです。

２Ｄの作品を３Ｄにすることや、見えない部分まで感じて作ることも非常に楽しい。続けられている理由は、大工的な仕事にしても作ることが好きだからです。経済的には現時点でも苦しいのですが……。

フィギュアも作りますが、漫画絵やイラストっぽいものから芸術路線まで、多岐にわたる感性があると自分では思っています。これは、独自の方法で美の解釈ができるからにほかなりません。

一番うれしかったことは、オリジナルフィギュア本体だけで４９０㎜以上のものを完成させたことです。**独自に見極めた美が、美すべてに通用することが理解できたときもです。**

《お菓子・パン作りをするソロ男》（33歳、継続期間5年ほど、年間消費額１２０万円）

まずは、本やネットの情報をもとに、製菓・製パンの作り方を学んで、できるだけおいしく作れるように努力しています。**パン技術研究所に通い、製菓と製パンの技術を学んで最新の製菓・製パン業界の動向を知ることはとても重要**と考えています。

粉、塩、砂糖、バターの量など、出来合いのレシピでおいしくきれいに作れるようになったら、さらにおいしく仕上げるためにはどのように分量を調節したらよいか、自分なりの味を出すためにはどのような分量と工程にすればいいかを日夜研究しています。

やはり、おいしいものができたときの喜び。きれいにデコレーションできたときの楽しさ。成形がうまくいってきれいに焼き上がったときはとてもうれしいですね。人にあげられるまでにはほど遠いものの、家で食べる分にはそこそこ満足のいくような状態で作ることができているので続けられてますね。しかも、買うよりも安くすむという点で、お財布にも優しい。楽しくてワクワクして、うれしくなるので続けられています。

ふっくら柔らかいのにしっとりとしていて、口あたり滑らかな食パンを作れるのが一番の自慢です。バターロールやレーズンパンもおいしく作れますが、何より基本の食パンがおいしく作れることですね。

フランスパン（バゲット）はさすがに難しくて、いまだに試行錯誤しています。あと、スポンジケーキのスポンジも、そこそこマシに作れるようになってきました。デコレーションはまだまだ勉強が必要ですが、スポンジ生地だけなら多少自慢できるかな。

年間120万円くらい使いますが、そのうち4割は、名店を食べ歩いて研究する費用。難しい製菓技術やパンを作ったときに、うまくいかずに過発酵になったり発酵が足りなかったりなどがあって、連続で失敗したときが一番つらかったですね。

なにより材料を無駄にしてしまうわけですし、素材を生かせなかったこともつらいですし、素材を作ってくださっている方々にも申し訳ないという気持ちになりますよね。

――そのほかには、「牛3頭分の革を仕入れて革製品を作るソロ男」（34歳）、「手を叩くと開閉するカーテンや、照明やテレビを制御できるホームオートメーション機器を自作し続けて10年のソロ男」（52歳）や「個別の部品からPCを作るソロ男」（39歳）がいたり、「毎日、エアーブラシアートを作り続けて13年のソロ男」（31歳）など、趣味というより職業にした方がいいのではないかと思うくらいだ。

一方で、「編み物で雑貨や小物を作り続けているソロ男」（39歳）のような女性的な趣味を持つソロ男がいたり、「古来の技法で石器製作をするソロ男」（47歳）など、なぜそこに目をつけたのかと思わず聞きたくなるような趣味を持つソロ男もいる。

作るというより、厳密には育てるという部類になるが、「自宅の庭で十数品種のユリの花を10年間作り続けているソロ男」（53歳）、「食虫植物の栽培と観察を12年継続しているソロ男」（49歳）、「国産カブトムシの育成を6年続けているソロ男」（35歳）なども いる。

⑥賭けるソロ男

《毎日1時間かけて、競艇の結果集計をするソロ男》

（42歳、継続期間15年ほど、年間消費額110万円）

たまたま友人に連れられてボート場に行って面白いものがあるなあ、と思ったのがきっかけです。全国に24場あるボートレース場はすべて行きました。

やめられないのは、何度も通っていくうちに、本当の面白さに気づいてしまったからでしょうか。ボートレースはただのギャンブルにあらずだからです。

近況のデータをすべて集計しているので、どのような出目が多いとか、どのような傾向があるかを語れます。また、毎日1時間以上かけてその日の結果を集計し、そこから傾向を割り出しています。舟券が当たるのもうれしいけど、自分が思い描いたとおりのレース展開になると幸せを感じます。

でも、天候によってそれが違う結果に変わったことがありまして。天候には何事も逆らえないですね。**そんなときは、滝を見に行って癒されています。**

《最高3億円を投資に注ぎ込んだソロ男》（40歳、継続期間11年ほど、年間消費額1千万円）

医薬品などさまざまな株式の購入、純金の積立、ファンドへの投資などをしています。自分が投資をすることが好きな感じがしたから始めたんですが、やはり好きなようでやめられません。

これまでのお金を使った最高金額は、現物株式で3億円でしょうか。高い利率の配当金を得たかったので。**年間、株式手数料に約1千万円くらい使います。**

日経平均株価の上昇を先読みして、安い株式を購入できたときはうれしいですが、ロスカットがうまくできず、手元の資金を大きく減らしてしまったときは悲しかったです。

――賭けるというとギャンブルが思い浮かぶが、それだけではなく、株や投資でお金を賭けるソロ男が多いことがわかった。

面白いのは、**競馬や競艇などのギャンブルに関しても、ソロ男はデータ収集や研究を怠らないこと。**「馬券のオッズと結果の相関関係を10年間突き詰めるソロ男」(39歳)もいる。決して、勘やひらめきだけでやっているわけではないのだ。

＊

ここまで、ソロ男の「こだわりの趣味6つの類型」についてご紹介してきたが、いかがだったただろうか?

ここにあげた例は極端なものが多いが、それにしてもソロ男の趣味は特殊で多様である。そのほかにも個性的な趣味としては、「ドリフト走行を10年間ひたすら練習するソロ男」(47歳)や、「12年間、空中ブランコに没頭するソロ男」(40歳)などがあった。あえて人がやらないことをやろうとしているようにも見える。

「空中ブランコをやりたい」という動機はどこから生まれたのか、そっちの方をくわしく聞きたいものである。

共通して言えることは、ソロ男は趣味を通じて達成感を得ることに価値を感じている点である。失礼ながら、一文の得にもならないような趣味も多いが、元来、趣味とはそういうものだ。損得勘定ではなく、純粋に没頭できる楽しさがそこにはある。そういう気持ちは、年を重ね、大人になるにつれて忘れてしまいがちなのだが。

子どものころを思い出してほしい。好きなことに没頭していると時間の経過も忘れて、あたりが真っ暗になるまでグラウンドで遊びまくったという経験があるのではないだろうか。

集中し、専念しているからこそ発見できるものもある。自発的な創意工夫が生まれ、それがまた新たな歓びにつながる。心の中からほとばしるエネルギーが次々と湧きあがる。そこには損得勘定もなければ、義務感もない。ある意味、**ソロ男はそんな少年のような心を持ち続けている人たちなのかもしれない。**

もうひとつ、わかったこと。

消費額の内訳を見てみると、趣味そのものにかけるお金よりも周辺消費（旅費、交通費、宿泊費など）にお金がかかっているケースも多々見られた。このアンケートをやったことで、その事実にはじめて気づいたソロ男は愕然としていた。それもそのはずで、ソロ男は家計簿をつけているわけではない。

たとえば、「応援するソロ男」ではアイドルのCDやチケット代の総額より、各地を追いかけるための旅費と宿泊費の方が圧倒的に多い。「鍛えるソロ男」では、道具代やスクール代よりも、全国の大会や合宿に出かける費用の方が圧倒的に多いなどだ。

趣味にかけるお金に関してもったいないとは露とも思わないソロ男だが、直接的に趣味代ではない費用がかさんでいると知ると、「ちょっと使いすぎですね。節約しないと」となるから不思議である。

第3章
既婚者の中にもいるソロ男

ソロ男が結婚すると、「隠れソロ男」になる

本書では、ソロ男の定義として、「ソロ男とは、独身20〜50代男性、親と同居していない単身世帯で、一人で自立・自給しながら、束縛のない自由なライフスタイルを楽しむ生活者を指す」とした。

原則として、「独身」であることを前提として考えているが、ソロ男の3つの価値観、

①自由：「束縛されないで自由に過ごしていきたい」

②自立：「(家族がいても) 一人で過ごす時間を確実に確保したい」

③自給：「(家族がいても) 誰かにあまり頼らず生きていける」

で男性を仕分けしてみると、**既婚男性の中にもソロ男と同じ価値観を持ち、ほぼ同じ行動意識を持つ人たちが一定数存在することがわかった。**

既婚者でありながら、ソロ男度が高いままの状態を保っている男性である。

そもそも、最初から結婚している人はいない。誰もが独身からスタートしているわけ

で、独身時代にソロ活動をしてきた男性が既婚になったからといって、その瞬間に価値観がすべて一変するというわけではない。

結婚しても合コンや夜遊びをやめない旦那、独身時代から続けている趣味をかたくなに継続している旦那など、みなさんの周りにも思い当たる人がいるのではないだろうか。

彼らは独身でもないし、一人暮らしでもないため、見かけ上はソロ男ではない。が、その価値観や行動はソロ男時代を引きずっている人たちといえる。というわけで、本プロジェクトでは、彼らを**「隠れソロ男」**と呼ぶことにした。

「隠れソロ男」とは、既婚者であってもソロ男度が高いこと、つまりソロ男と価値観や行動意識が同じであることが前提となる。よって、本人の意思とは関係なく独身状態となっている既婚の単身赴任者とは異なる。

わかりやすく、4象限で区分けしてみよう。

縦軸で「未婚」と「既婚」、横軸で「ソロ男度低い」と「ソロ男度高い」とした。「ソロ男度」とは、前述したソロ男特有の価値観のこと（3つの設問にすべて「そう思う」と答えたかどうかで判断した）。

ソロ男度による4象限

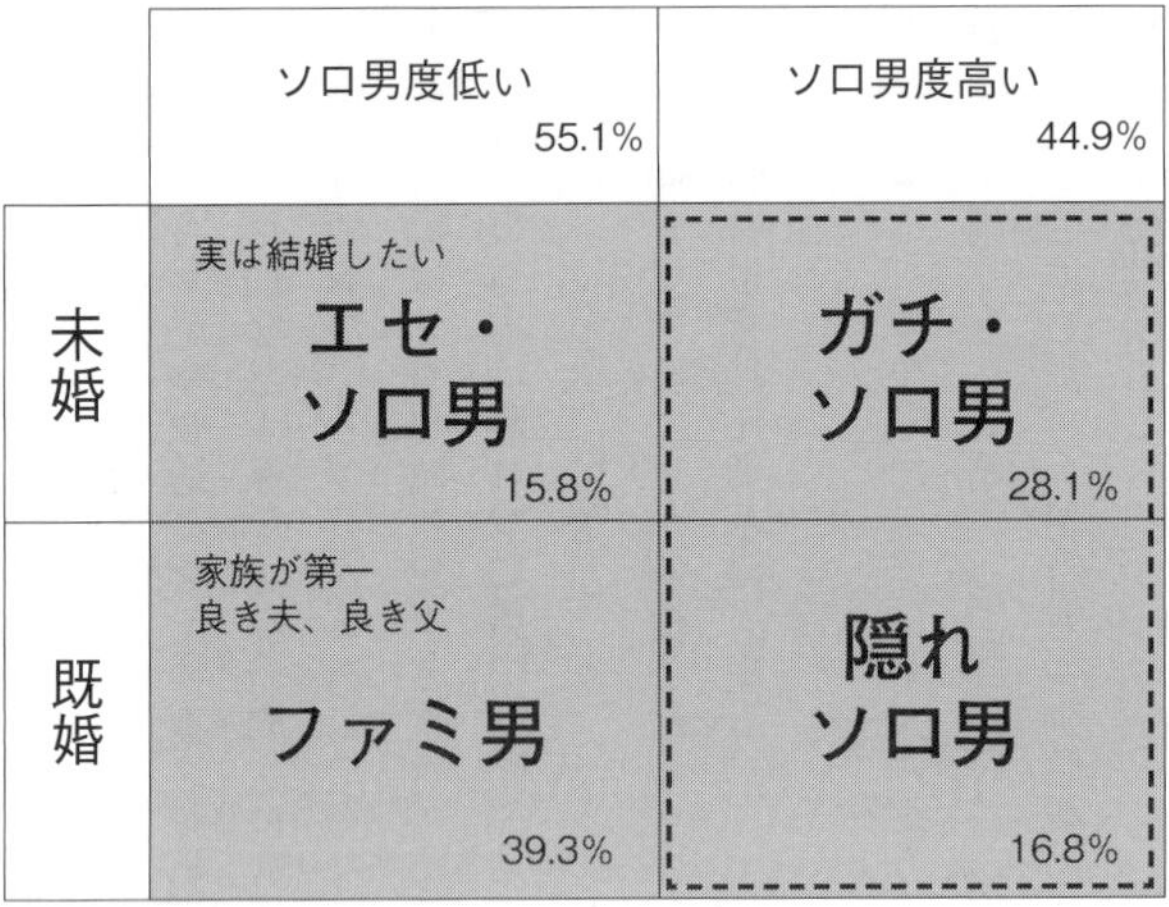
ソロ男度低い
55.1%
ソロ男度高い
44.9%
未婚
実は結婚したい
エセ・
ソロ男
15.8%
ガチ・
ソロ男
28.1%
既婚
家族が第一
良き夫、良き父
ファミ男
39.3%
隠れ
ソロ男
16.8%

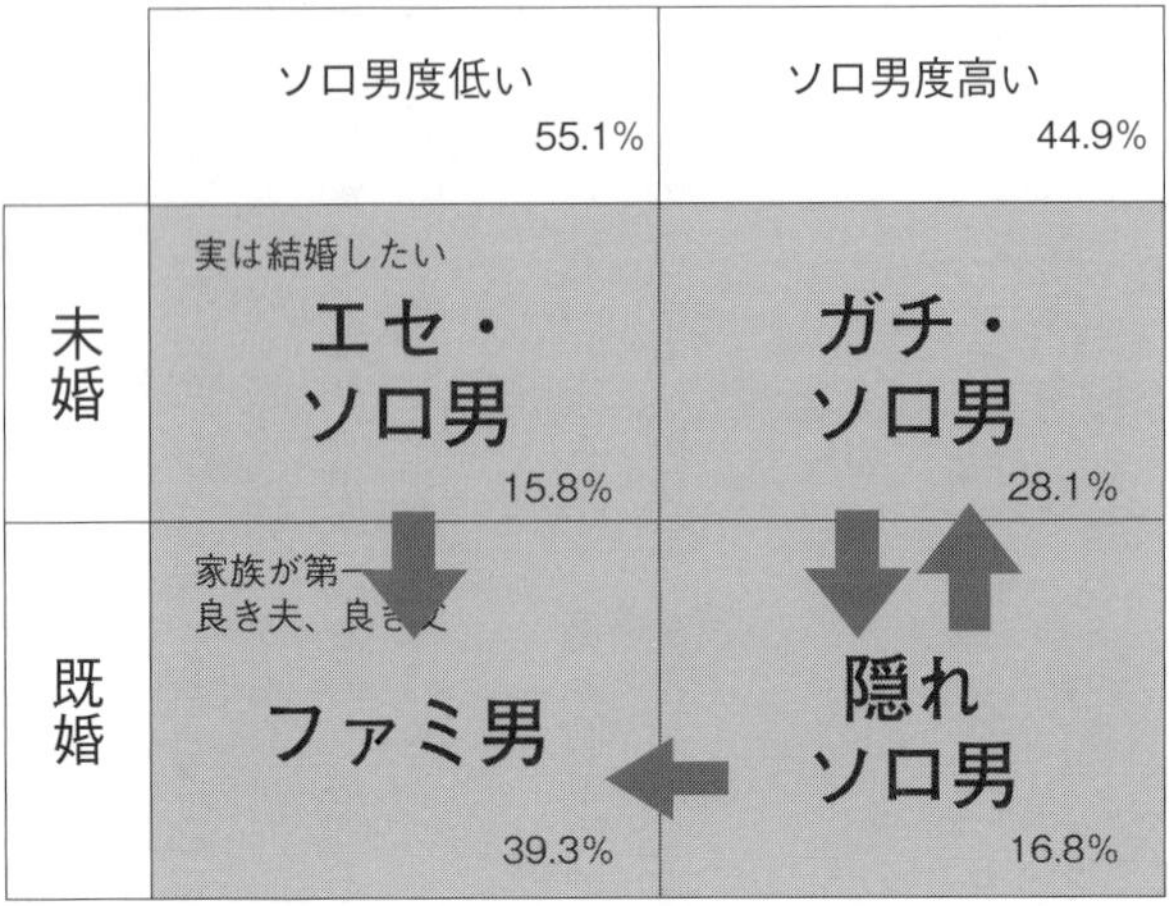
ソロ男度低い
55.1%
ソロ男度高い
44.9%
未婚
実は結婚したい
エセ・
ソロ男
15.8%
ガチ・
ソロ男
28.1%
既婚
家族が第一
良き夫、良き父
ファミ男
39.3%
隠れ
ソロ男
16.8%

まず左下の「ソロ男度低い・既婚者」とは、ソロ男とは真逆の**「ファミ男」**となる。家族が第一で、良き夫であり良き父である人たち。男性全体の約4割を占める。

左上の「ソロ男度低い・未婚者」は、未婚の独身であるという立場はソロ男と同じだが、ソロ男度、つまり自由・自立・自給の価値観は低い人たちだ。結婚願望が強く、いずれは結婚して良き夫・良き父親である「ファミ男」となる素質を持つ**「エセ・ソロ男」**と位置づけられる。男性全体の16％存在する彼らは、独身であったとしても、それはあくまで仮の姿であり、ソロ男とは価値観も意識も異なる別の生き物と捉える。

右上の「ソロ男度高い・未婚者」は、本書でも研究・分析してきた**「ガチ・ソロ男」**ともいうべき男性で全体の28％。

そして、右下に位置する「ソロ男度高い・既婚者」が、**「隠れソロ男」**で約17％いる。「ガチ・ソロ男」と「隠れソロ男」合わせた男性の45％は、ソロ男的意識を持つ広義のソロ男と解釈したい。

「エセ・ソロ男→ガチ・ソロ男」へ移行することはほとんどない。「エセ・ソロ男」は自分自身が将来結婚して子どもを持つことが当然の未来であると確信している節がある。

「エセ・ソロ男」は、そのまま「ファミ男」へと移行するだけであり、仮の姿といえる。万が一、「エセ・ソロ男」が結婚できずに生涯独身を貫いたとしても、それは「結婚できなかった男」というだけであり、「ソロ男」とはいわない。

一方で、「ガチ・ソロ男」の中にも結婚する男はいる。それが「隠れソロ男」へと移行するわけだが、結婚生活に不自由さを感じて離婚し、再び「隠れソロ男→ガチ・ソロ男」へと舞い戻るパターンもある。

たまに、何度も離婚と再婚を繰り返す男性がいると思うが、これはまさにガチと隠れを行ったり来たりしているだけなのである。

基本的には、ソロ男度の縦軸を越えて移行する例はあまりないと考えられるが、例外もある。結婚した「ガチ・ソロ男」が、結婚後も「隠れソロ男」として活動していたものの、**子どもが生まれた瞬間から、「ファミ男」に価値観を含めて完全に変身を遂げる**パターンだ。特に、四十を過ぎて結婚したソロ男にその傾向がある。

「娘が生まれて何もかも変わりました。結婚してしばらくは、悪友たちと夜遊びを続けていましたけど、今では完全に家族中心というか、娘中心の生活ですよ。ほかのものに興味がなくなりましたから」（42歳）

彼の場合かなり極端で、娘が生まれてからというもの、完全に昔のソロ男友達との交友を断ち切り、家族以外で外食することすらなくなったという。

白黒はっきりさせるあたりが元ソロ男らしいが、**「娘」という新たな趣味を発見したソロ男**と見えなくもない。娘が成長し、父親離れしてしまったとき、彼がどんなふうになるのかが気になるところだ。

結婚しても意識は変わらない「隠れソロ男」

当然ながら、身軽なガチ・ソロ男と家庭を持つ隠れソロ男とでは、生活意識に根本的な違いがあることも事実である。

隠れソロ男は、「一人よりも家族との時間を大切にし、休みより高給を求め、責任ある高い地位を目指す向上心がある。そして、家族のためにも長生きしたい」と考えている。

家族の長としての立場、自覚、責任がそうさせているのであり、特段不思議はない。

ただし、そういった家族の有無で前提が異なる項目以外で比較すると、ガチ・ソロ男と隠れソロ男の意識は、多くの項目で一致する。左の表の網掛け部分が、差異のほとんどない項目となる。

具体的には、「自分の主義・主張をしっかり持っていたい」「他人を気にせず、自由な生活を送りたい」「自分の趣味や好きなことを追求したい」「仕事や家事以外の時間を充実させたい」「流行には左右されたくない」などの項目が、ほぼガチ・ソロ男と変わらない値となっている。

特に、「一人で過ごす時間を大切にしたい」という項目ですら、ガチ・ソロ男の92％に対して隠れソロ男も88％もあり、その差はたった4％弱しかない。**結婚して家庭を持っても、一人の時間を大切にしたい**というソロ男の遺伝子が脈々と続いている証拠である。

また、ソロ男は「常識人」だということはすでにお話ししたとおりだが、隠れソロ男もそれは同様。「物事を論理的・客観的にとらえたい」「常識をわきまえた行動をしたい」

ガチ・ソロ男vs隠れソロ男　生活意識比較

（%）

	ガチ・ソロ男	隠れソロ男	差異
自分の主義・主張をしっかり持っていたい	67.9	69.6	1.8
他人を気にせず、自由な生活を送りたい	75.4	75.5	0.1
一人で過ごす時間を大切にしたい	92.1	88.3	▲3.8
気の合う仲間と深くつき合いたい	65.4	61.1	▲4.3
自分の趣味や好きなことを追求したい	78.6	76.3	▲2.3
仕事や家事以外の時間を充実させたい	62.9	64.2	1.3
流行には左右されたくない	63.9	62.3	▲1.7
物事を論理的・客観的にとらえたい	77.5	75.1	▲2.4
常識をわきまえた行動をしたい	68.2	69.3	1.0
礼儀や作法は大切にしたい	68.2	70.0	1.8
他人から認められ、評価されたい	40.0	47.5	7.5
他人よりも優れていたいという願望が強い	42.5	47.1	4.6
みんなに注目されたい	18.2	21.8	3.6
社会的に高い地位を得たい	29.6	42.8	13.2
勝負ごとが好きだ	30.0	35.4	5.4

2014　ソロ男プロジェクト調べ

「礼儀や作法は大切にしたい」という項目での差異はほとんどない。

承認欲求の強さに関しては、ガチ・ソロ男よりむしろ、隠れソロ男の方が大きい。「他の人から認められ、評価されたい」47・5％（＋7・5％）、「他人よりも優れていたいという願望が強い」47・1％（＋4・6％）、「みんなに注目されたい」21・8％（＋3・6％）のほか、特に「社会的に高い地位を得たい」42・8％に至っては、ガチ・ソロ男に対して13・2％も高くなっている。

隠れソロ男は、より上昇志向が強く野心家である。さらに、隠れソロ男は、「勝負ごとが好き」35・4％（＋5・4％）でもあり、勝ち負けにこだわるガツガツした一面がある。

消費行動面で比較すると、「1つのブランドを使い続ける」「役に立つアドバイスをしてくれる店は重要だと思う」「品物がそろっている店までわざわざ行く」「値段が高くても気に入れば買ってしまう」「自分は買い物上手な方だ」「店員と会話するのが苦手だ」「品質には大差がないので、価格を優先して選ぶことが多い」などのほとんどの項目に差異は見られない。

ガチ・ソロ男に比べて、隠れソロ男の方が「計画的な買い物をする」割合がやや高い程

ガチ・ソロ男vs隠れソロ男　買い物意識比較

（%）

	ガチ・ソロ男	隠れソロ男	差異
物を大事にして、長く使うようにしている	81.4	81.7	0.3
必要のない物は、できるだけ買わないようにしている	73.9	67.7	▲ 6.2
衝動買いをよくする	23.6	26.5	2.9
１つのブランドを使い続ける	41.8	41.2	▲ 0.5
多くの人が同じ物を持つと、興味がなくなってしまう	33.9	36.2	2.3
品物がそろっている店までわざわざ行く	43.9	46.3	2.4
計画的な買い物をすることが多い	54.3	59.1	4.9
自分は買い物上手な方だ	34.3	35.8	1.5
デザインや色より、機能や性能などスペックを重視する方だ	48.2	52.9	4.7
うんちくやバックストーリーのある商品に魅かれる方だ	26.4	31.9	5.5
役に立つアドバイスをしてくれる店は重要だと思う	53.9	56.4	2.5
店員と会話するのが苦手だ	37.5	36.6	▲ 0.9
値段が高くても、気に入れば買ってしまう	51.4	53.3	1.9
品質には大差がないので、価格を優先して選ぶことが多い	61.1	59.5	▲ 1.6
物を購入する際にはブランドを意識する	27.9	31.5	3.7
ブランド商品には、それなりの良さがあると思う	50.0	56.0	6.0
物を買うときには、どこの国のブランドかを意識する	36.8	41.2	4.5
使用ブランドの価格帯で、その人の社会的地位がわかる	19.3	24.5	5.2
社会的・経済的階級により、購入するにふさわしい価格帯がある	33.9	37.0	3.0
環境問題に取り組んでいる会社の製品を買いたい	19.3	27.6	8.3

2014　ソロ男プロジェクト調べ

度。「デザインや色より、機能や性能などスペックを重視する方だ」52・9％（＋4・7％）、「うんちくやバックストーリーのある商品に魅かれる方だ」31・9％（＋5・5％）で隠れソロ男の方が高くなっており、**買い物においてはガチ・ソロ男以上に隠れソロ男の方が強いこだわりを見せる**部分も見受けられた。

隠れソロ男の買い物の特徴としては、**とにかくブランドものへの意識が強い**ことだといえる。「良い物は高い、高い物は良い」と考えている節があり、それが自身の地位や高給を追求するモチベーションとなっている場合もある。

また、子どもに対する責任感からか、環境問題に対する意識はガチ・ソロ男と比べて非常に高いのも特徴である。

隠れソロ男は、妻に内緒の隠し口座を持つ

一般的に、既婚男性は妻に財布を握られて、少ない小遣い額の中でやりくりしなければならない。

新生銀行が1979年から継続的に実施している「サラリーマンのお小遣い調査」によると、既婚男性のお小遣い額は3万5659円であり、未婚男性より約1万円ほど低い。子どもがいる家庭では、当然、教育費なども必要になる。長期の住宅ローンを抱えてしまっている人もいるだろう。独身時代より明らかに自由に使えるお金は少ないはずである。

「ブランドものを買うなんてとんでもない。隠れソロ男なんて、ン千万円の年収がある一部の富裕層の話なんじゃないの?」と思われるかもしれないが、そこは**ソロ男ならではの工夫で自由になるお金を捻出していたりする。**

既婚男性に対して、「奥さんに内緒の隠し口座を持っているかどうか」について聞いてみた。

結果は、**隠れソロ男のうち、約28%が隠し口座を持っていると回答。**ソロ男度の低い既婚男性（ファミ男）の3倍である。隠し口座の資金の使途まではヒアリングしていないが、隠れソロ男たちはこういった工夫で自分のソロ活動の費用を作っているのだ。

未・既婚別　男性のお小遣い額

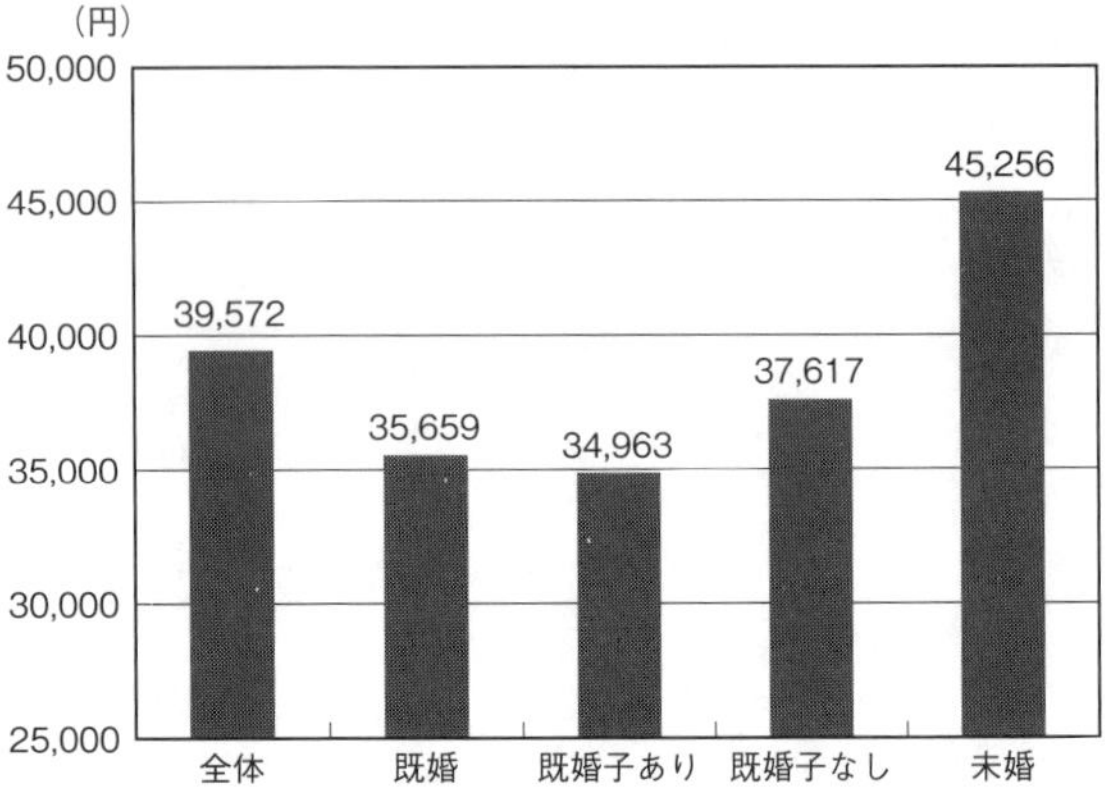

出典：新生銀行「2014年サラリーマンのお小遣い調査」。

隠れソロ男が、妻に内緒の隠し口座を持っている割合

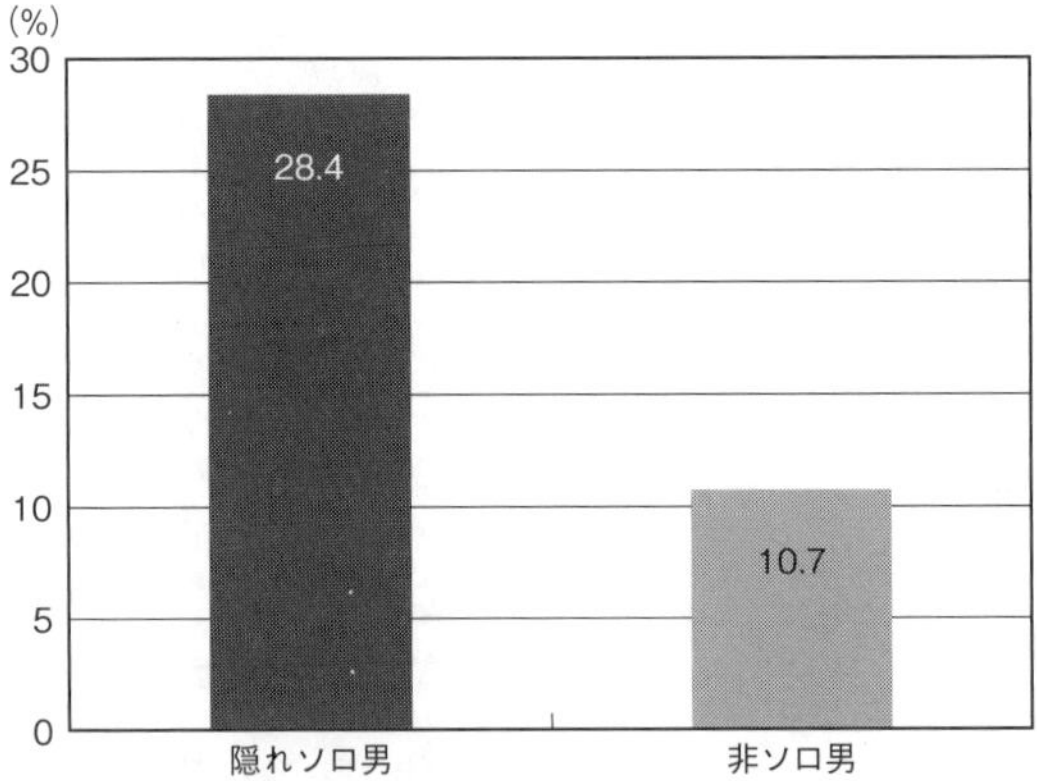

2014　ソロ男プロジェクト調べ

隠れソロ男がいつごろから存在したのか、については翻って調査することもできないが、目安としては共稼ぎ世帯の増加がひとつの指標となる。

総務省統計局のデータベースにある２０１４年版の『国民生活基礎調査の概況・男女共同参画白書』によると、90年代を契機に共稼ぎ世帯がいわゆる専業主婦世帯を逆転していることがわかる（２０１４年時点で、共稼ぎ世帯約１０００万世帯、専業主婦世帯約７００万世帯）。専業主婦世帯は、今もなお減少し続けている。

共稼ぎ世帯の中には、生活費のために必要に迫られてという場合も多いと思うが、結婚・出産に伴って退職しなくていい企業の制度などにより、女性が働き続けられる環境ができたことも要因だろう。昔、「ＤＩＮＫＳ」という言葉も流行ったが、夫婦共に収入を得ることで、家族のための支出と個人で楽しむ支出を分けることができるようになったということもあるかもしれない。

とはいえ、隠れソロ男は既婚者の３割にすぎない。既婚男性の７割はソロ男的要素を持っていない。また、隠れソロ男とは、あくまで既婚者の中にいるソロ男的消費行動をする男性の便宜上の分類である。

専業主婦世帯数と共稼ぎ世帯数の推移

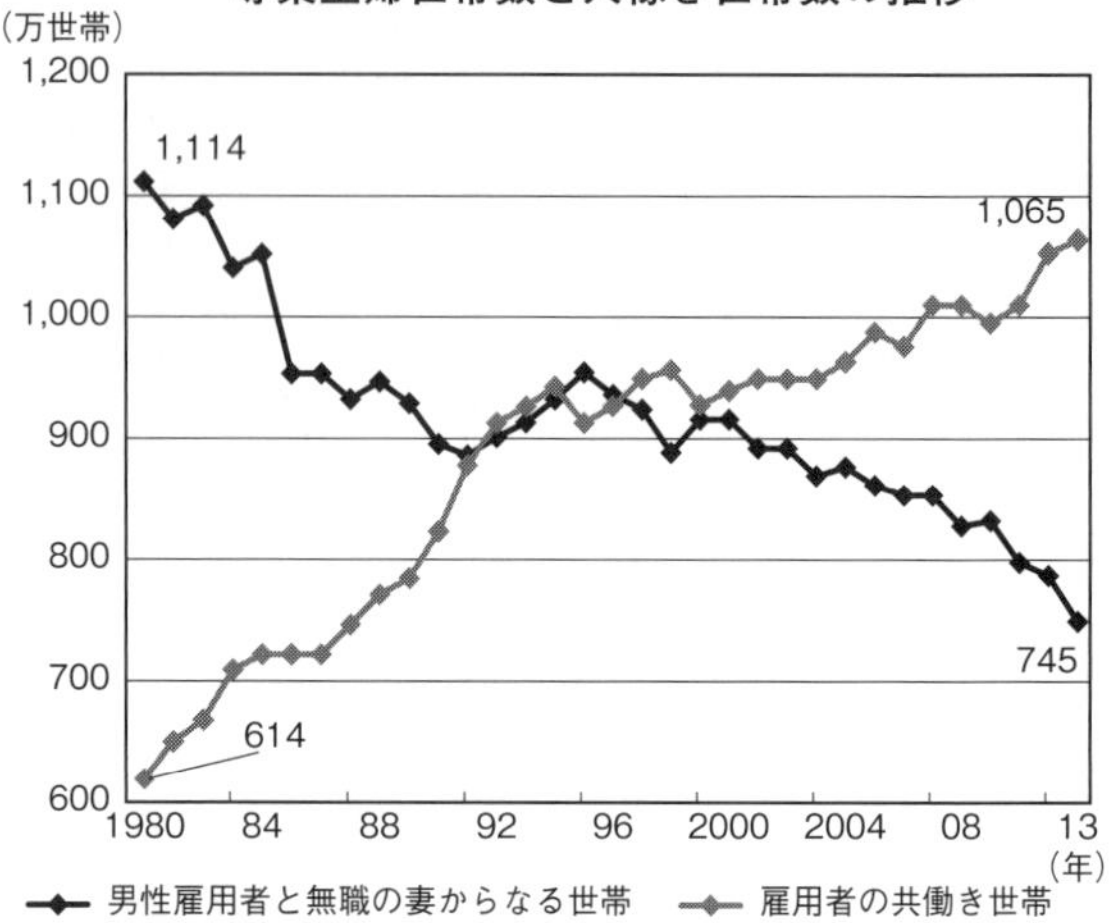

出典：2014総務省統計局「国民生活基礎調査の概況・男女共同参画白書」。
※2011年は震災の影響で、被災東北三県のデータがないため除外。

よって、隠れソロ男はソロ男と同一視するべきものではない。未婚および独身生活者がすべてソロ男的行動をしないのと同様、既婚者であってもソロ男的行動をする層が存在するということは理解していただきたい。

マーケッターの視点から　ソロ男を語る

ソロ男の人たちは、真面目でナイーブ

インフィニティ代表取締役・牛窪恵さん

『恋愛しない若者たち』『男が知らない「おひとりさま」マーケット』『独身王子に聞け！』『草食系男子「お嬢マン」が日本を変える』などの著作を出され、マーケッターとしてもテレビ番組のコメンテーターとしてもご活躍されている牛窪恵さん。

独身男女の調査を数多く手がけてきた牛窪さんの目にソロ男はどう映るのか、お話をうかがいました。

Q　結婚しないソロ男が増えていることについて、どのように見ていらっしゃいますか？

38、39歳より上の、特に団塊ジュニアから上の独身男性というのは、独身であることに関して女性以上にナイーブです。彼らは、むしろ責任感が強くて、「男は女を養ってあげなくちゃいけない」とか、「男たるもの、こんな程度の甘えた気持ちで結婚しちゃいけない」とか、いろんなことを考えすぎて結婚できていない方も数多くいらっしゃいます。

いい人たちって言うとなんですけれど、真面目なんだなと思っています。昨今のカジュアル思考や現代社会において、その真面目さが嚙み合っていないというか、若干ズレているという矛盾はすごく感じますね。

一方で、一部婚活に熱心な層を除けば、20〜30代前半の若い男子は、独身であることにあまり引け目は感じていません。自然体で女の子と同じようにスイーツを食べに行ったり、みんなで集まってうどんを食べにツーリングしたり、それこそ男どうしでディズニーランドに行くことも平気でするんですね。

あと、本当に「ひとり」を愛する若者は、ひとりでもう完結して旅行に行ったり、カフェでまったりしてたと、「リア充」を満喫しています。

Q 結婚に対するネガ要因とは何でしょうか？

「男たるもの、失敗するなんてことは許されない」といった概念が根底にあると思います。もともと男性は、一人で狩りに出て命がけで戦う生き物なので、失敗に対しては敏感ですよね。

結婚することで、ある程度金銭的なマイナス面が予測されると、下手な結婚はすべきではない、というのがベースにあるんでしょう。「離婚＝失敗」ととらえてしまいますから。完璧主義に当たるような「きっちりソロ男」のような人たちは、まずそういう意識が強いんじゃないでしょうか。

若い女の子たちも、結婚に対してほとんど夢を見てない状況がここ数年続いてるんですけど、それでも女子たちは、「出産の期限」もあって、ある程度、結婚は現実だって割り切るんですけどね。逆に言うと、男性は真面目でロマンチストなんです。

少し前までは、「モテ」とか「ちょいモテ」とか、女性にモテそうといったシーンを出せば、消費につながるという時代もありました。でも、ここ2〜3年私たちが調査していても、「モテ」というものが全然響かないんですよね。

そもそも、モテたい願望を持ったところで、「どうせ、女性にお金使われて終わりじゃん」といった考えもあるようです。「コスパに合わない」という言葉もよく聞きます。

職場でいえば、女の子に好かれるよりも、「嫌われない」ぐらいのニュアンスに変わってきてるなっていう実感があります。プラスにするための消費ではなく、マイナスをゼロにするというような。たとえるなら、香水でなく「消臭剤」の消費です。

背景には、会社でもセクハラやコンプライアンスがすごく厳しくなってきて、なかなか職場の女の子を食事に誘いにくいし、「男目線」が逆風の状況になっているというのがありそうなんですけども。

Q　ソロ男は「嫌儲主義」といいますか、広告やマーケティングで動かしにくいともいわれますが？

私たちの調査でも、30代半ば以上の女性の場合、たとえば「携帯でどの広告を見て、どこのスーパーで何を買いましたか？」と聞くと、かなりはっきり答えが出てくるんですけど、男性はそこが読みづらいですよね。

男性は女性に比べて、広告に対してすごく記憶が曖昧なんですよね。覚えていない。ただ、そうはいっても一人暮らしだったら、ネットやテレビも深夜の時間帯はつけっ放しみたいな感じで見ているので、影響はされているはずなんですよね。

たぶん、彼らは「広告に引っかかった」とは考えたくないんですよね。たとえば、深夜に放映されているテレビ通販の健康器具もすぐ買っちゃったりするんですけども、あくまでもそれは自分が最近、健康が気になっていたからであって、別にテレビに影響されたからではありませんっていう感じなんです。その意味では素直じゃないし、何に響いているのかというのは、ちょっと見出しにくくはあるんですけど。

Q　ソロ男は承認欲求が強いところがありますが？

ここ数年、SNSの進歩で、「いいね！」という形での自己承認欲求がすごく高まったなと実感しています。最近では、30代、40代男性でも新商品が出たら女の子と同じように、「こんなの出たんだ！　じゃあちょっと飲んでみよう！」と買ってみたり、SNS上に買った商品の画像をあげて「いいね！」と言われて喜んだりする。

いまや、年間４６００億市場ともいわれる「いいね！消費」というか、「ネタ消費」をする男性も多いですよね。

それと、最近は、彼らも自分の思いをシェアしてほしいんだろうなあ、と感じるシーンがありますね。女性と違う意味で、自分が好きなものは人にも試させてあげたいとか、人にも知ってもらいたいという思いです。バレンタインデーに、会社で20人くらいの男友達に友チョコを配ったという男の子もいます。

草食系というよりは、割とストイックにこだわるものにはすごくこだわるので、自分が好きなブランドのモノをみんなに食べてもらいたいから、と配ったりするんですね。実は、男性は女性以上に自分の価値観を共有してほしい、といった気持ちがあって、そういう行動に出ることもあるんです。

女性は「聞いて聞いて！　わたしこんなの見つけちゃった！」という感じですけれど、

男性の場合は、自分が何を使っているかとかどういう店に行っているかが、ステータスや自分のブランド価値になったりもする。

10年前は、それを「隠れ家」と称して、こっそりストックしていたのが、今はSNSで知ってもらいたい、広めたいというのもありますから。以前よりは、男性も口コミするようになってきたなというのは感じています。

Q　男性の行動の女子化ということでしょうか？

はい。それでも男性は、やっぱり面倒くさがりというか、今の自分を変えるのが怖いという保守的な部分が女性以上にあります。見知らぬ世界に対して、はじめは興味を持たないといいますか。だからこそ、気に入った同じ店でいつも消費してくれたり、同じ商品を買い続けてくれるわけで、一回捕まえれば、いいお客さんになってくれる人たちなんですよね。

また、「オタク」も範囲がすごく広く深くなって、昔はパソコンとかアニメとかゲームという範疇だったと思うんですけれども、今はたとえば「鉄道」といっても、みんながみんな乗り鉄じゃなくて、撮り鉄とか知識としてくわしいとか、いろんな幅が出てきましたよね。

すごくオタクの概念が多様化しているので、そういう意味では、消費の裾野が昔よりさらに広がってるなと感じます。

Q　ソロ男は衝動買いはせずに、計画的な買い物をするという傾向があるんですが……。

不況と連動して、女性同様、衝動的に物を買うことが少なくなってきているだろうなとは思います。ただ、「ちょこちょこ買い」は男性もすごく多いんですよ。私たちがレシート調査をしても、コンビニやネットショッピングなどで少額消費をしています。

自分でも気づかないうちに、いろいろ使ってしまっているんです。節約意識はあるようですが、本当に節約しようと思ったら、自販機で飲料を頻繁には買わないはずなのに、実際は買っていますよね。

やっぱり男性は、日常の買い物を甘く（小さく）見ています。女の子は幼い頃からお母さんと一緒にスーパーに行ったりして、レジで支払う額も見ていますけど、男の子は勝手にお菓子コーナーに行ったりして、自分の好きなことにしか興味を抱きにくい。大人になっても、その感覚は変わらないのかなって。日常買いっていうのが、そこまでチリツモになると思っていないのでしょう。

あと、いったんこだわったらお金に糸目をつけなかったり、自分の哲学に反するから妥協できないという理由をこじつけたり、そういう気質がありますよね。逆に、こだわるモノ以外は無意識というか。

女性は同じモノをどれだけ安く買ったかが自慢ですけれど、男性はどれだけ希少価値が高いモノを手に入れたかが自慢になる。あとはやっぱり、ズラッと揃える「コンプ（リ）」ですよね。

Q　ソロ男は旺盛な消費力があると考えられますが、彼らの興味を喚起するこれからのテーマは何でしょうか？

年齢的にひとつ言えるのが「健康」。普段はひどい食生活を送っていても、カバンの中にはいつも「帳尻合わせ」の健康食品が入っていたり。自分でも、食生活の乱れは実感しているんですよね。

また、メタボを意識する40、50代だけではなく、２０１５年4月に表示規定が変わって以来、若い世代も健康意識が高まっているなと感じます。

あと、ソロ男は美容にも前向きですね。女性の美容は、「自分の気分をアゲるため」の部分もありますけど、男性の美容はどちらかというと、職場で嫌われないためというか、社会的地位の維持のようなことの方が大きいのかなと思います。

健康も美容もコツコツやるものですけど、男性は真面目ですし、毎日フェイスブックにランニング記録を投稿する人も多いですよね。そういうログをつけさせたり、記録を取らせたりと、経過や結果をコツコツ記録させることで、消費モチベーションも上がると思いますね。

第4章
ソロ男の消費行動の未来

ここまで本書では、ソロ男がどういうものに興味を持ち、どういう消費行動をしているかについてご紹介してきた。

基本的には、自分に対してお金を使いたい彼らは、こだわりの強い趣味にお金をかけ、普段の食事や飲食にもお金をかけ、一人で旅行にも出かけるということがわかった。

お金をかける場面と、節約するときとを分けるメリハリ感覚に優れ、主婦のように厳しく商品を選択する眼も持ち合わせている。一方、**一度気に入った商品は一途に支持する傾向が強く、企業にとっては息の長い優良顧客となり得る可能性がある**ことも明らかとなった。

そんなソロ男だが、最後の本章では彼らの消費行動の未来について考えてみたい。

今後、お金をかけたいもの、かけたくないもの

消費支出の中で、ソロ男が今後もお金をかけていきたいと考えているものは何だろうか。「(お金をかけたい率) マイナス (お金をかけたくない率)」の差分の数値を、既婚男性とで比較した。

今後、お金をかけたいもの、かけたくないもの

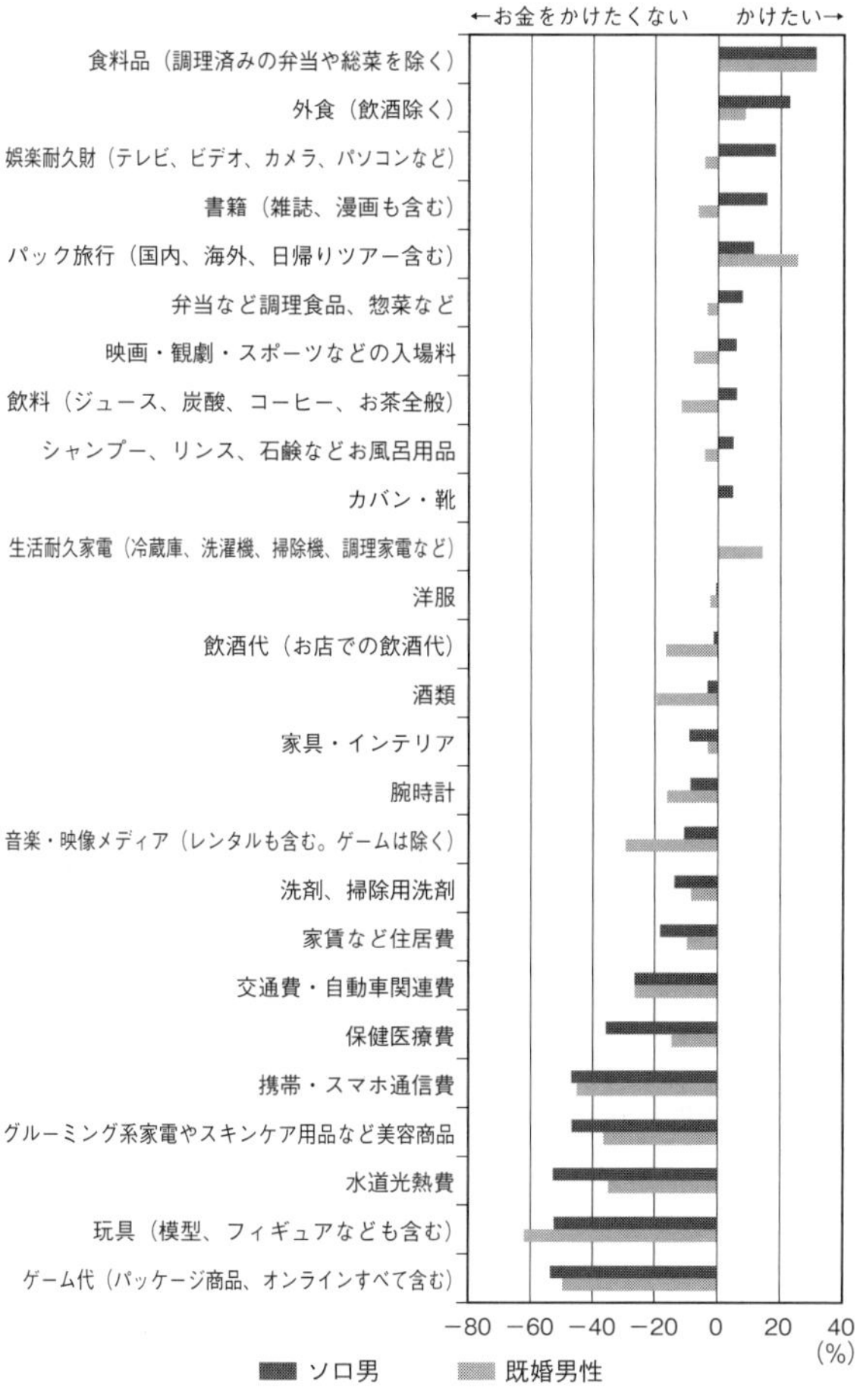

2015　ソロ男プロジェクト調べ

ソロ男が今後最もお金をかけていきたいのは、「弁当や総菜以外の食料品」。これは既婚男性も同じくらいだった。テレビやカメラなどの「娯楽耐久財」「書籍」「映画、スポーツの入場料」など、趣味的な消費にもソロ男はお金をかけたいと答えている。

そして、相変わらず「弁当などの調理食品」や「飲料」などの食関係費は、これからも出費を惜しまないようだ。なぜか、「シャンプーなどお風呂用品」にお金をかけたがっているソロ男が多いのにも注目したい。

面白いのは、**ソロ男が「お金をかけたいもの」として挙げている項目が、既婚男性にとっては「お金をかけたくないもの」として挙げている項目と一致する**ことだった。両者の違いが明確で興味深い。

次に、逆に「消費支出の中でお金をかけていきたくない、節約したい」と考えているものは何だろうか。

ソロ男がお金をかけたくないものとは、「ゲーム代」「玩具代」「携帯通信費」など。たぶん今まで結構使っていたという反省もあるのだろう。「家賃」や「水道光熱費」など、生活必需費もソロ男は節約していきたいようだ。

これは、おおむね既婚男性も同じ傾向だった。「玩具」は、既婚男性が節約したいものでも1位だったが、これは自分が遊ぶ玩具というより、子どものためのものだと考えられる。ソロ男と違い、「酒類購入費」や「外での飲酒代」などを既婚男性は節約したいと考えているようだ。

美容に目覚めた男子が増えたというニュースも聞くが、ソロ男・既婚男性ともに、「グルーミング系家電など美容家電」についてはお金をかけたくないと答えている。

ソロ男が今後利用したいサービスは？

モノではなく、「今後利用したいと考えているサービス」についても調査した。「今まで利用したことがある」「今後利用したい」という質問について、ソロ男と既婚男性（どちらも20〜50代）との差分で比較した。

※　グラフの左側が既婚男性が高い、右側がソロ男が高い。

サービス系消費の利用率・利用意向（ソロ男vs既婚男性差分）

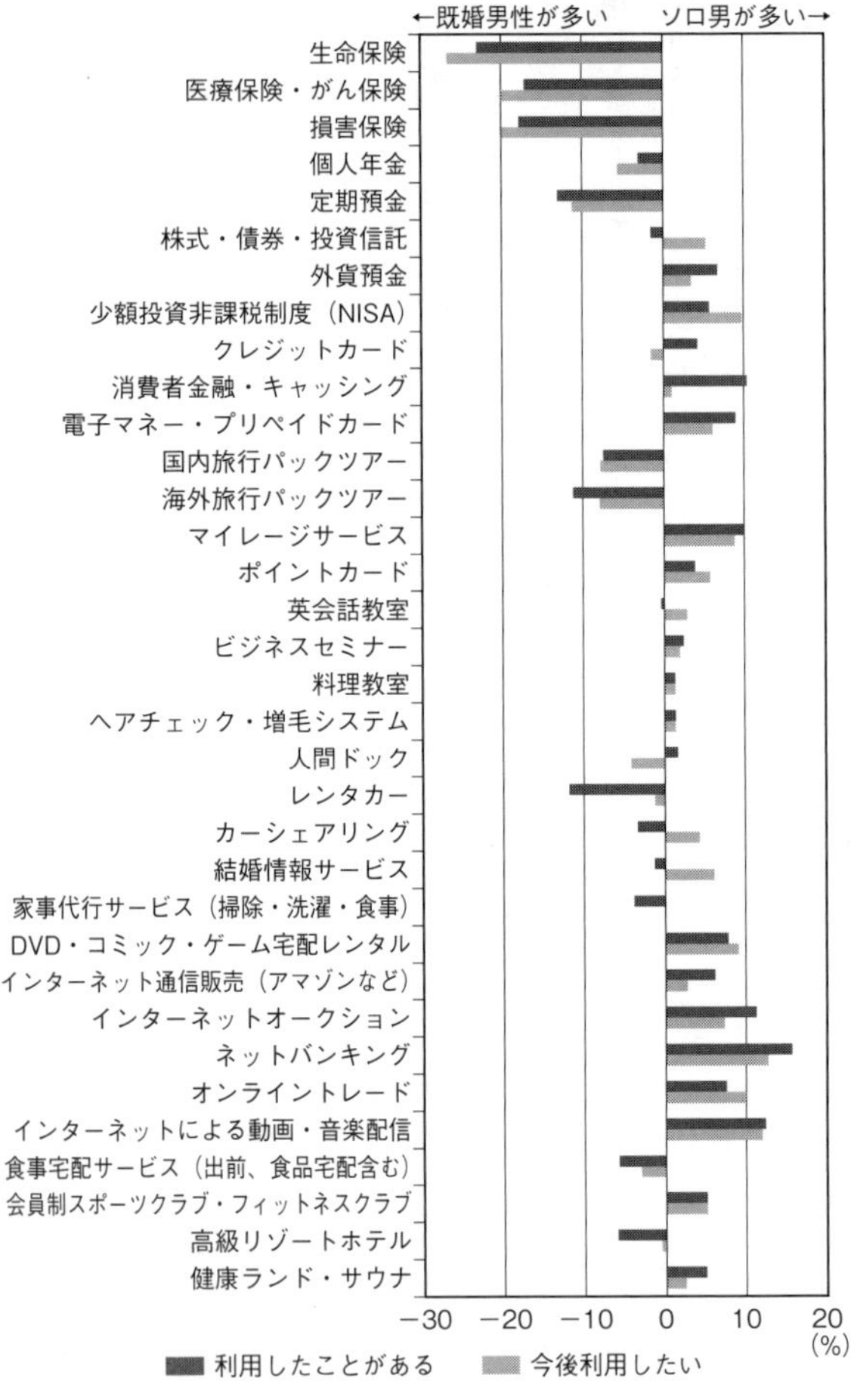

2015　ソロ男プロジェクト調べ

①金融系サービス

一目瞭然なのが、**生命保険や医療保険についてソロ男がまったく興味を示していないことだ。**

「何のために生命保険に入る必要があるのか、まったくわからない。入院保険とかも、冷静に考えれば必要性を感じません。会社での健康診断とかもそうですし、だいたい日々の健康管理をしっかりしてますから。保険に入るくらいなら、そのお金でジムに通ったり、健康的な食事をしますよ」（29歳）

医療保険はともかく、確かにソロ男が生命保険に入ったところで、その保険金を残す相手がいないのだから、意味を感じないのも無理はない。唯一、自分で受け取れる**個人年金**に関しては、ソロ男も若干ながら興味があるようだ。

では、ソロ男は生命保険会社のターゲットになり得ないか？　そうとも言えないと考える。

家族がいる前提で考えられている現状の生命保険だが、生涯独身であるソロ男向けメリットが提供できれば、彼らを振り向かせることは可能ではないだろうか。

たとえば、持ち家を担保にして老後資金を借りることができる「リバース・モーゲージ※」という仕組みがあるが、それの生命保険版があればソロ男も歓迎するのではないだろうか。

※　担保不動産は自分の死後売却して一括返済する。

②銀行系サービス

利息がほとんどつかない定期預金には、ソロ男は目もくれない。が、**投資信託、外貨預金、NISAなどについては、実はソロ男の方が現在でも利用しているし、今後の利用意向も高くなっている。**それを裏づけるかのように、**ネットバンキングやオンライントレー**

ドについても、ソロ男の方が興味津々である。

そもそも、2割以上が1千5百万円以上の貯蓄額を持つ（第1章ソロ男分析10「ソロ男は、貯めるか貯めないかが両極端」参照）ソロ男なので、金融業界も彼らに対するサービスを検討してもいいのかもしれない。

③消費行動系のサービス

もともとネットとの親和性が高いソロ男なので、**「宅配レンタル」「ネット通販」「ネットオークション」**の利用率は高い。加えて、**「電子マネー・プリペイドカード」**の利用率も利用意向も高く、**「マイレージ」**や**「ポイントカード」**などへの関心も強い。

利用率が高いだけに不満もあるようだ。

「ポイントカードとか各社バラバラで、そのたびにカードを作ったり持ち歩いたりしなきゃいけないじゃないですか。あれ本当、面倒です。スーパーでもコンビニでもチェーンごとに別なんで、財布の中カードだらけですよ。全部、スマホで集約してくんないかなって思いますね。あれでしょ？　技術的にはできるのに、囲い込みのためにとかであえてやらないんでしょ？　もっと客目線に立ってほしいですよね」（33歳）

実は、ソロ男はネットでの買い物だけではなく、リアルな来店行動も多い。ショップ来店回数で比較すると、既婚男性より多いのはもちろんだが、独身女性と比較しても負けていないことがわかる。

独身女性に及ばないのは、「大型スーパー」「ドラッグストア」「ファミレス」「衣料品専門店」などのみで、ほかはほとんどソロ男の方が勝っている。

ソロ男は独身女性以上に街に出て、お店に入って消費しているということなのだ。

ネットとリアルの買い物をシームレスにつなげるオムニチャネル化時代、実はソロ男のような人たちがまさにターゲットになるのではないかという気もする。

意外だったのは、「食事の宅配サービス」や「家事代行サービス」については、既婚男性の方が利用率も利用意向も高かったということ。家事のアウトソーシング化は既婚の家

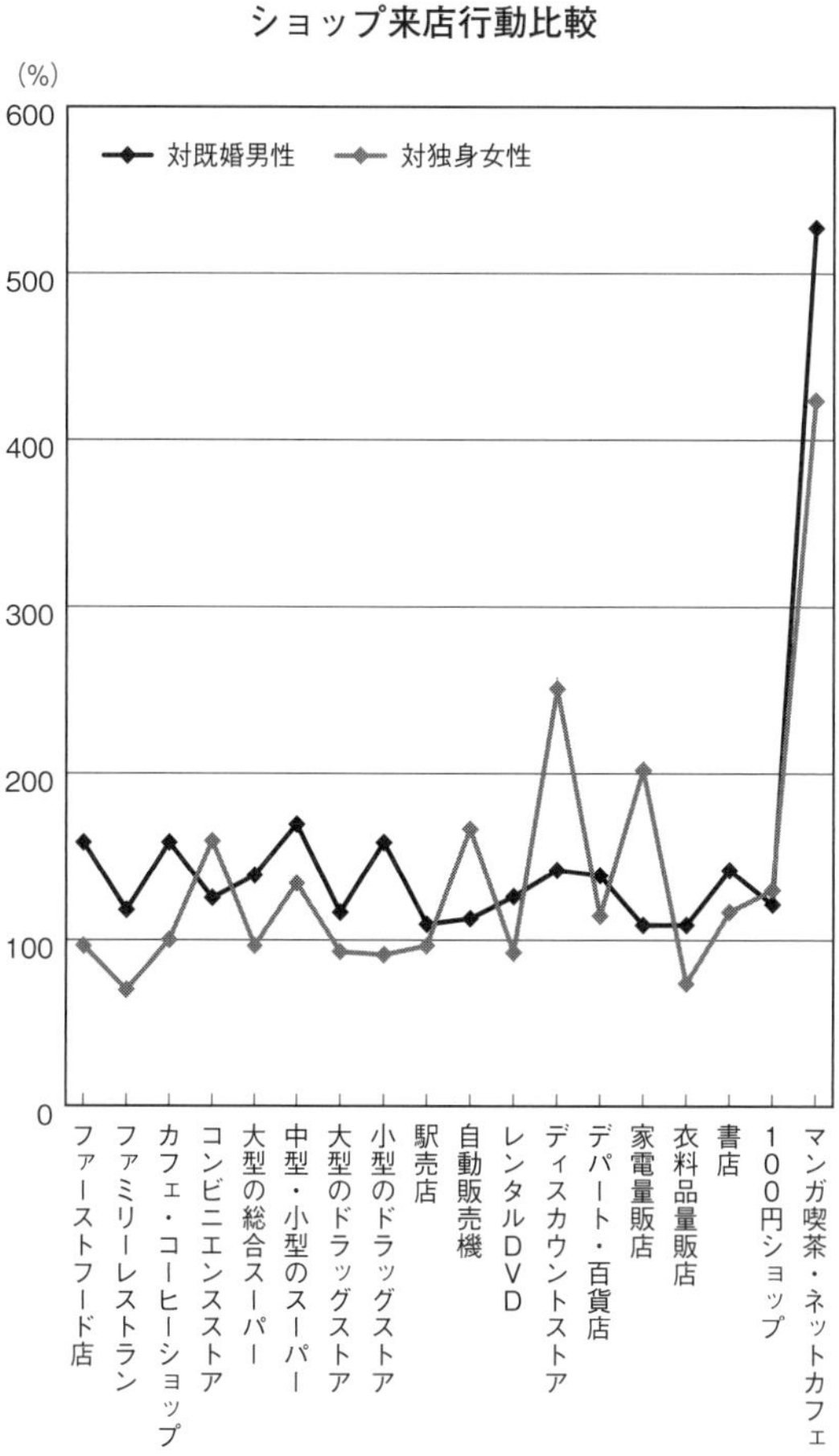

2015　ソロ男プロジェクト調べ
※既婚男性および独身女性の平均来店回数を100とした場合のソロ男来店回数指数。
100以上だと、ソロ男の方が来店回数が多いことを指す。

庭の方に需要があるということだろうか。

本来、「家事代行サービス」は男性の一人暮らしの味方という認識だったのだが、ソロ男はそれほど関心がないようだ。きっちりしたソロ男のこと、逆に掃除も洗濯も自分でやりたいのだろうか。むしろ、赤の他人に部屋をいじられたくないのかもしれない。

④レジャー系サービス

パックツアーに関しては、ソロ男は既婚男性と比べて利用度も利用意向もかなり低い結果となった。「ソロ男は1泊以上の国内旅行好き」というデータがあったはずだが、なぜだろうか。これは、決してソロ男が今後旅行しないというのではなく、今までのパックツアーが、基本複数申し込みが前提だったため利用していないのだと推測する。

最近では、旅行会社各社で**「一人旅のパックツアー」**が販売されている。今後、これらの一人旅パックツアー商品の認知度が上がれば、ソロ男の利用動向も変わってくるかもしれない。

また、ソロ男は自家用車を所有することには後ろ向きだが、**「カーシェアリング」**には興味があるようだ（ただし、この調査は一都三県対象であり、自動車が生活必需品であるローカルの生活者とは前提が異なる）。

健康を気にするソロ男だけに、**スポーツクラブ**などの利用度も利用意向も高い。健康ランド・サウナ利用度が高い理由は……謎だ。

⑤学び系サービス

ソロ男は、「英会話教室」や「ビジネスセミナー」など自己啓発型のサービスを積極的に利用し、利用意向も高いのが特徴だ。最近では、仕事しながら平日の夜間や土日に大学院に通ったり、大学の公開講座に積極的に参加する人も増えている。

「ふと思うんですよ。定年後の自分を。会社の肩書きが取れた自分にいったい何が残るんだろうかって。今の仕事にやりがいは感じていますけど、会社辞めたら何の役にも立たない。そう思ったら、もう一度大学で勉強し直すというのも悪くないなと思いましてね。

大学時代は真面目に勉強しなかったんですが、社会人を何十年経験したあとだからこそ、深く追究したいことも見えてきます。今は学ぶことが楽しくてしかたないです」（53歳）

一方で、「料理教室」はそれほど高くはない。何かの噂で聞いたのだが、料理教室に男性入学希望者が増えたので受け入れたところ、ナンパ目的の生徒が多かったため、女性生徒から苦情が出たとか。そのため、男性だけの教室に変えたところ、一気に男性生徒が退会したという話。真偽のほどは定かではないが、いかにもありそうな話ではある。料理教室は料理を学ぶところであって、出会いの場じゃないのだが。


出会いといえば、ソロ男ながらも「結婚情報サービス」に対する利用意向もわずか6％ながらある。ソロ男でも、結婚するつもりの人が36％もいるわけで不思議はないが、それにしても利用意向が少なすぎる気がする。

あるソロ男は、現状の結婚情報サービスについて次のような苦言を呈する。

「僕は50歳を超えたのですが、たいていのお見合いパーティーは、男性は40歳前半までという制限が多いんですよ。だから参加したくても参加できない。仮にたまに参加できるのがあったとしても、相手の女性の年齢が45歳以上とかなんですよね。

20代の女性との出会いを求めているのに、それじゃあ行く意味がない。料金が高くなってもかまわないから、そういう『年の差婚』の会を開いてもらいたいですね」（51歳）

このソロ男が本気で婚活しようとしているのかは疑問だが、40代を過ぎて結婚を意識するソロ男が多いのは確かだ。婚活系サービスも、今までのように20～30代中心から幅広い40～50代のソロ男にターゲットを広げていくのも一考だと思う。

ここまで、ソロ男の消費の矛先として「サービス系消費」について見てきたが、**「結婚して家族で暮らす」前提のサービスだけでは対応しきれないところに新しい需要が隠れている**と痛感する。

ソロ男に消費させるための「2つのスイッチ」

最後に、ソロ男に特有な消費行動についてまとめてみると、次のようになる。

こだわりの趣味を持ち、自分の関心領域には惜しみなく消費行動を起こすソロ男。

一方で、興味関心のないものに対してはとことん節約し、お金をかけないメリハリ消費をするソロ男。

頑固であまのじゃくな反面、ネットの意見に素直に従うような自己矛盾行動を特徴とするソロ男。

こんな彼らの「消費のスイッチ」はどこにあるのだろうか。

ソロ男の消費のスイッチを押す鍵は、大きくは2つの欲求に分けられる。

ひとつは**「承認欲求」**。

彼らは、人から認められることには敏感に反応する。身近な人である必要はなく、ネットの世界での見知らぬ他人からの称賛も、彼らの承認欲求を十分に満足させられる。彼らがそれを自覚しているかどうかは別にして、**他者の目を意識する場面においてソロ男は消費行動のスイッチが入る。**

もうひとつは**「達成欲求」**。

こちらは、逆に他者の目は気にしない。自己満足でもかまわない。自らが自分に課した目標に対して、とにかく一途に突き進む性質がある。

趣味の領域に特に顕著だが、最初は「承認欲求」ではじめたことが、いつしか「達成欲求」に転換し、わき目も振らずに邁進猛進してしまうパターンもこれである。

これら2つの欲求は、特にソロ男だけが持つものではなく、人間なら誰しも所有している基本的なものである。ただし、**ソロ男の場合は、それを「消費によって満たす」という行動をする**点が、家族で暮らす人々との違いではないだろうか。

妻や子がいれば、彼らからの「承認」によって満足する場合もあるし、妻や子を養っているという意味での「達成」を感じることもできる。たとえ、仕事での達成感を得られなくても、家族の大黒柱としてがんばっている自分を認識することでも、既婚男性および父親男性は前向きでいられるのではないか。

ソロ男にはそういう家族がない。**ないがゆえに、「承認」や「達成」を満足させる対象が必要になる。**

そのひとつが仕事である。昼夜問わず仕事に従事する起業家や、映像・広告制作業に携わる人たちにソロ男が多いのもそのせいだと思われる。

一方、仕事以外の趣味や旅行や食事にこだわるソロ男は、それらに**お金と時間を消費するという手段を通じて、「承認」と「達成」を満足させているのだ。**

消費とは、家族がいない彼らの生きるモチベーションなのである。商品やブランドにウンチクやバックストーリーを求め、その哲学に共感して長く愛用するのもその表れだ。ソロ男が消費することとは、単なる買い物にとどまらない、彼らの人生の大切な伴走者を得ることであるともいえないだろうか。

つまり、**彼らの消費は生きるうえでの幸福感ともつながっているのだ。**

このソロ男の、自分のために お金を使いたいという「承認欲求満足消費」と「達成欲求満足消費」をそれぞれ言い換えるとするならば、「セロトニン消費」と「ドーパミン消費」といえるだろう。

「セロトニン消費」と「ドーパミン消費」

セロトニンもドーパミンも神経伝達物質のひとつで、セロトニンは別名**「幸せ物質」**、ドーパミンは**「やる気物質」**とも呼ばれている。

まず、ドーパミンは人間の運動機能やホルモンの分泌をコントロールするとともに、強い意志や高い集中力を与え、やる気を出させるものといわれる。「がんばればいいことがあるんだ」というときに分泌されるので、「報酬系物質」とも呼ばれている。

しかし、ドーパミンが過剰に分泌されると、極端に感情が高ぶりすぎたり、しまいには買い物依存行動を起こしたりという弊害がある。ソロ男の趣味であるコレクションやストイックに身体を鍛えるなどは、まさにこのドーパミンによるところが大きい。

一方、セロトニンの方は、そんなドーパミンの感情の高まりを抑制し、不安やイライラを抑えて平常心を保つ役割を果たす。自然の中に身を置いたりして幸せ感を得られるのは、このセロトニンのおかげだ。まさに、ソロ男が一人旅で山や川、海に行きたがる行動そのものに近い。

ソロ男は無意識のうちに、消費を通してこのドーパミンとセロトニンを交互にバランスよく分泌させる行動をしているのではないか。

たとえば、「身体を鍛えるソロ男」。傍から見れば、アスリートのように苦しみながら、どうしてそこまでして身体を鍛えるのかと不思議に思うが、当の本人にとってはそれすらも快楽と幸せに直結している行動なのだ。アイドルを応援するために同じCDを何枚も購入したり、ゲームやアニメのデジタルノベルティに何万円もつぎこんだりという行動も同じだろう。

ドーパミンとセロトニン、達成と承認、高揚感と癒し、それらがソロ男の旺盛な消費の原動力であり、彼らを攻略するためには理解しておくべきポイントではないかと考える。

以下、ソロ男を動かす9つのツボを紹介する。

ソロ男を動かすツボ1　ごほうび消費

自分のためにお金を使いたいソロ男は他人へのプレゼントをケチる傾向にあるが、いわゆる自分へのプレゼントというべき**「ごほうび消費」に関しては、ソロ男は明らかに多くの消費行動をする。**

ごほうびとしてモノを買う率は、非ソロ男と比べて＋7％高い。時計や靴、かばんなど、人によってごほうびの内容は多様化しているが、がんばった自分への報酬として長く愛用できるモノを買うソロ男は多い。

ごほうびにモノを買うソロ男以上に多いのが、**「ごほうび飲食消費」**だ。**ごほうびとして飲食する率は、非ソロ男を＋9％も上回る。**「ごほうびとして美味しい食事をしたい」

なんて、まるで女子のようである。

この「ごほうび飲食消費」について年代別に見ると、さらに面白い傾向が出た。20～30代ではほぼ変わらないが、**40代でこのごほうび飲食消費の差が＋20％も開く。**年齢とともにグルメ化が進むソロ男と比べて、非ソロ男は食への興味を失うのだろうか。それとも、家族のために自分の好きなものを我慢する生活を余儀なくされるのだろうか。

いずれにしても、**「自分へのごほうび（特に飲食関連）」という切り口は、ソロ男の消費を動かすうえで、ひとつの重要なファクターとなることは間違いないようだ。**

ソロ男を動かすツボ2　プロデュース消費

あまのじゃくなソロ男は、「売上ナンバーワンと言われると、むしろ買いたくなくなる」という傾向がある。

「服屋で見ているときに、よく店員が『それ売れてますよ』とか言うじゃないですか。あのセリフが出た瞬間、買う気が一気に失せますね。

「お似合いです」ならともかく、売れているかどうかなんて、自分には関係ないですから。そういうトークには本当イラッときます」（29歳）

そのくせ、「自分が選んで買った商品が後で世間的に売れるようになるとうれしい」と思うのもソロ男。「売れている商品は買わない」と言いつつ、「自分が見初めた商品が売れるとうれしい」という自己矛盾行動がここでも発揮されている。

ソロ男にとって、この「俺が見つけた感」「俺が育てた感」というのは重要である。さも自分自身がプロデュースしたかのような満足感が得られるのだ。

彼一人が選んだからといって、その商品のヒットとは何の因果関係もないのだが、自分が選んだものを後追いで世間が認めたという「承認感」と、自分が選んだからこそ売上が上がったという「達成感」で、ソロ男の脳は幸せでいっぱいになる。

地下アイドルを応援するために、ライブに通い、一枚千円以上のチェキを何枚も撮影し、グッズを何万円も購入する人たちも、まさにこの「俺が育てた感」に対価を払っているようなものである。

アイドルだけの話ではない。一度気に入った商品は一途に買い続ける傾向のあるソロ男にとって、この買い続けることに対する「承認」と「達成」をどう演出できるか。**消費する行動への誉れをどう作ってあげられるかがポイントになってくる。**

ソロ男を動かすツボ3 ほめられ消費・嫌われたくない消費

承認欲求の強いソロ男は、**買うものを選ぶ際に、「ほめられるもの」かどうかという視点を無意識に持っている。**「売上ナンバーワンと言われると、むしろ買いたくなくなる」という例も紹介したが、だからといって、売れ筋ランキングに興味がないということではない。

それを選んだ自分が「見る目がある」「センスがある」とほめられるものと確信できれば、ソロ男は迷わずそれを買う。

面白いのは、ほめてくれる相手は身近な知り合いに限らないということだ。ネットにアップして、それを見ず知らずの人に「いいね！」されるだけでも十分満足するのである。

ほめられるというレベルまでいかなくても、**「嫌われたくない」という視点も重要だ。**根底には、**「成功しなくてもいい。失敗はしたくない」**という心理が働いている。これみよがしに、派手なプラス評価はいらないのである。

無難でいい。モノにたとえるなら、香水は買わないが、制汗や防臭機能のあるものは買う。香りを放つものは、その香りを嫌う人が出る可能性がある。無臭なら誰からも嫌われない。

特に、40代以上のソロ男はそのあたりに過敏である。ただでさえ、いい年の未婚のおじさんなのだ。気持ち悪がられているという自覚があるのか、**特にオフィスの同僚・後輩OLに嫌われたくないという切実な思いが見え隠れする。**

もちろん、売り文句だけではなく、機能的に優れていることが前提とはなるが、そういった**ソロ男の潜在意識というか不安意識を解消させる商品は需要がある。**

ソロ男を動かすツボ4

脱日常消費

「ごほうび消費」と類似するかもしれないが、**ソロ男は精神的な癒しと安らぎのためにお金を使う。**まさに消費でセロトニンを得るのだ。

仕事や職場での人間関係、さらには自分自身の将来に対してストレスを抱えているソロ男は、そういった日常から一瞬脱却できる「脱日常」空間や場所を求めている。

ポイントは、ソロ男が求めているのは、ディズニーランドのような非日常空間ではないということ。**日常を忘却したいのではなく、「日常に戻るための英気」としての脱日常を求めるのだ。**

「一人でゆったりとした時間を過ごしたい場所はどこか?」という質問に対して、「一人旅のホテルの部屋」や「自然の緑あふれる場所」「川のせせらぎのある場所」などをソロ男は選択している。

以前はあまり存在しなかった「一人旅パックツアー」も最近は販売されている。星野リゾートでは、「大人の自由な一人旅」と題して一人宿泊プランも展開している。もちろん、ソロ男も観光はする。世界遺産などの名所をめぐる旅もいいのだが、どちらかといえば、**観光というよりは、その現地ならではの空気感の体験を求める声も多い。**

旅行だけではない。**ソロ男にとって、最もリラックスできる聖域は自分の部屋である。**その部屋をリラックスできる空間に仕立てるための出費は惜しまない。特に、**寝具やバス用品**などだ。

ソロ男を動かすツボ5
ネタ消費・ツッコミ消費

すでにずいぶん前から市民権を得ている消費形態であるが、この「ネタ消費」と「ツッコミ消費」も、ソロ男にとっては重要な行動動機になる。

「ネタ消費」とは、野村総研が名づけたといわれる消費形態で、ツイッターやフェイスブックなどのソーシャルメディアで自分の書き込みをアピールするために、**話題づくりや受け狙いのために消費をすること。**

事例としては、コンビニで定期的に発売されているトリッキーな見た目の肉まんや、予想外の味を組み合わせたアイスなどが有名である。

ソロ男にとってこれが重要なのは、これが**ブランドスイッチのきっかけになるから**である。

一度決めたら一途なソロ男、気に入ったモノが見つかったら、ほかのモノには浮気をしない特性がある。たとえ新商品が出たとしても、目の前にその商品が大量に陳列されていたとしても、ソロ男たちの網膜には映らない。いつものルーチンで、いつもの商品を手くせのように手に取り、レジに向かってしまう。**そんな彼らにトライアルさせることは至難の業なのだ。**

トライアルさせるために「サンプリング」という手法もある。街中や店舗の中で試供品を配るプロモーション手法だ。

しかし、このサンプリングは無償で提供されるものだけに、あまりソロ男たちの脳裏に印象を残しにくい。お茶のサンプリングで一本もらって飲んだとしても、後で聞くと、どこの企業の何のお茶だったか覚えていないことが多いのだ。

しかし、「ネタ消費」「ツッコミ消費」で買う場合は、**自分でお金を出して買っているだけに印象に残る。**ネットで話題になっているという情報に接して買う場合もあるので、それは目的買い行動にもなる。

印象に残れば、真剣に（食品であれば）味わう。結果、自分の感覚としてピンとくる何かがあれば、以降もそれを継続して買うきっかけになる場合があるのだ。

ソロ男を動かすツボ6　未完成消費

より正確にいうと、「未完成で提示されると完成させたくなる消費」である。

人は、自分の持っているものに対する評価は、他人のそれよりも高くなりがちである。一度何かを所有すると、それを手放したくないと思ってしまう。手放す場合には、自分が購入した金額以上でないと納得しない。

こういう心理バイアスを**「授かり効果」**という。自分が買った宝くじの方が当たる気がして、他人の宝くじとは交換したくないという気持ちがそれに当たる。

これがまさに「コンプリート欲求」を生む。シリーズものを1個買ってしまうと、その1個に価値を見出してしまい、次々と揃えたくなってしまうのだ。缶コーヒーのオマケについてくる車や航空機の模型がその例だ。

1個買って机に置いたら、なんとなく「足りていない感」を感じて全部揃えたくなってしまう経験をした人も多いのではないだろうか。全部揃えたからといっても、人生に大きな影響はないのだが……。女性にはまず理解できない衝動だと思う。

未完成消費のもうひとつの例としては、購入者自身が手を加えることで完成するという仕組みもある。要するに**「カスタマイズ」**ということだ。最近では、パーツを組み合わせて作るスニーカーや自転車などがある。お菓子や飲料などの商品パッケージにメッセージが書ける空欄を用意するのもそのひとつだ。

売る側に立つと、どうしても完成品を提供したいという気持ちが優先する。が、**あえて未完成の状態で提示し、完成させるのは買った人自身に委ねるという仕組み**にすると、売る側は思いもよらなかった新しい楽しみ方や二次的拡散などの余地を生みだすことになる。買った側も、自分が手を加えたことで思い入れが深まり、互いの強固な絆づくりにもつながっていく。

ソロ男を動かすツボ7
武装消費

男性誌で最も使われる言葉は「最強」だと聞く。男は「最強」という売り文句に弱いのだ。いったい誰と戦っているのかとツッコミたくなるが、**男性は何事につけ、勝ち負けにこだわる。**勝つか負けるかという価値軸ならば、強い方がいいに決まっている。

その商品が他社のものより機能的に優れているかどうかという面もあるが、消費行動において「最強」が選ばれる理由がもうひとつある。それは、**手に入れると自分の力が上がる感じがする（他人に負けない）かどうかという視点だ。**

ソロ男にとって特に身につけるものは、武器や鎧兜《よろいかぶと》と一緒なのだ。対象は、自動車の場合もあるし、ブランドもののスーツの場合もある。時計や万年筆の場合もあるだろう。

モテたいより、負けたくない。

だから、「最強」という言葉に最高に弱い。

ソロ男あるある

ソロ男は購入時、「これで俺は強くなれるのかどうか」と考えているのもポイントだと理解していただきたい。

必ずしも、強くなれるとコミットする必要はない。**「強くなれそうだ」という期待をソロ男に抱かせるだけで、彼は財布を開くだろう。**

ソロ男の場合は、「モテる」かどうかにはあまり頓着しない。**あくまで意識する他人は、同性のライバルである。**

スマホの課金ゲームが流行ったとき、課金額月3万円以上を「重課金ユーザー」、月10万円以上を「廃課金ユーザー」と呼んだが、廃課金ユーザーの中にソロ男も多く存在したと思われる。**課金する最大の理由は強くなるからだ。**

一人で遊ぶゲームと違い、スマホゲームはネットワークでたくさんの仲間と協力して遊ぶ。そうした際に課金で人より高い能力を身につけることは、まさに自己武装そのものである。

ソロ男を動かすツボ8

ステルス自分磨き消費

2カ月で体型が別人のように変わると謳い、CMでもその結果を公開して話題となったライザップ。「結果にコミットする」ということもさることながら、ポイントは徹底的なマンツーマンの体制と完全個室指導というところだろう。**ダイエットしているところは、他人に見られたくない。**そういう見えないニーズに対応している。

ソロ男にもそういう面がある。仮にダイエットしていたとしても、それを他人には知られたくない。**人知れず始めて、結果を出したいと考える。**「やせた?」と誰かに指摘されてはじめて告白したいのだ。

それは、失敗したときの言い訳の部分もあるが、努力をしているという過程を見せることが我慢できない。ソロ男の美学に反するからだ。

ダイエットだけではない。英会話教室に通うことなど知的な部分も含めて、ソロ男はステルスで（人に見つからずに）自分磨きをしたいのだ。**知人にばれないようにできる環境やカリキュラムがあるとソロ男には歓迎される。**

ソロ男を動かすツボ9 やんちゃ消費

男性全体に言えることだが、**不健康自慢や昔のやんちゃ自慢をしたがるものだ。**

「昨日寝てないんだぜ」
「健康診断の結果、再検査になっちゃった」
「高校時代、ワルくてさ」
「昔はよくケンカしたなあ（遠い目）」などなど……。

普通じゃないということ、普通から逸脱している自分ってカッコイイと思いがちなのだ。ソロ男の場合、それが消費にも反映される。

あえてコストパフォーマンスが悪い奇抜な商品、自動車でいえば古いタイプの燃費の悪

やんちゃな俺って
カッコイイ。

あえて、クセや毒のある
モノに惹かれる。

いアメ車を購入するとか、**人から「なんでそんなの買ったの？」と疑問に思われるような商品を購入したくなってしまう。**

ある意味、「ネタ消費」に近い部分はあるが、本人としてはネタのつもりではない。**本気でいいと思って買っているのだ。**

その証拠に、彼にその商品の良さを語らせたら、2時間では足りないくらいしゃべり続けるだろう。しかも、万人がみな買うモノではないからこその希少価値が加わり、本人の愛着たるや凄まじいものに成長していく。

多くの人が買う無害な商品ではなく、あえてクセや毒のある商品に惹かれてしまう。客数を稼ぐのではなく、リピートなどで客単価を稼ぐという視点では有効ではないかと思う。

＊

いかがだろうか。ソロ男だけではなく、男性なら「あるある」と思っていただける内容が多いのではないだろうか。

幸福感と直結しているソロ男の消費は、だからこそ**一度ファンとなれば、浮気せずに一**

途に買い続けてくれるはずだ。反面、そういう判断基準を持っているがゆえに、ある意味、主婦よりも厳しい選択眼を持っているともいえる。

ソロ男の自己矛盾行動については、本書でも繰り返し述べてきた。ソロ男の消費行動を一言で言ってしまうと、**「ドケチな浪費家」**だと思う。「ドケチ」でありながら「浪費」してしまうという相反する行動をする人たちなのだ。

興味のないもの、価値がないと判断したものには見向きもしないが、自己の幸せにつながると確信したものに対しては金に糸目はつけない。

それがソロ男の消費行動なのである。

現実には、独身女性よりも「単価×人口」で市場規模が大きいソロ男市場。彼らの心を動かし、どれだけ多くのソロ男を息の長いファンとして育成できるかが今後の鍵となるのではないだろうか。

おわりに

本プロジェクトの目的は、従来は脚光を浴びてこなかった独身男性に着目し、その生活意識や価値観、行動基軸を調査することで、マーケティングターゲットとしてのポテンシャルを探ることだった。

独身に限らず、男性は消費の現場で忘れ去られ、企業はいつも元気な女性を追い続けている。メディアでニートや年金パラサイトは話題になっても、その人口の何十倍もいる普通の独身男性は取り上げられもしない。

「結婚ができない」という一点だけが取り沙汰されて、四十を過ぎて独身のままの男性は「孤独で、かわいそうな人」の一言で片づけられてしまう。

ところが、彼らの実情は今までどれくらい真剣に調査されただろうか。調査もなく、先入観や偏見で彼らのイメージが形成されてきたと言っても過言ではない。

女性と比べれば、話の議題にも上らない。「若者」という大きな括りの中で男女として調査されることはあっても、ボリュームの多い40代以上の独身男性は対象外だった。その一方で、高齢化社会に向けて60代以上の「シニア」層の研究は盛んである。

なぜか、ソロ男だけがいつもポッカリと抜け落ちて蚊帳の外だったのだ。


ご覧いただいたように、**ソロ男は「消費する力」が旺盛である**ことが確認できたと思われる。特に、食品、飲料、アルコール、菓子などのスーパー、コンビニ商材に関しては、購入頻度も金額も高く、ソロ男は無視できないボリュームに成長しているのは明白である。


毎日買い物をしているがゆえに、消費の目線も鍛えられている。一度決めたブランドを買い続ける一途さは、ロングテールの優良顧客化も期待できる。それは、CRM活動にも最適なターゲットとなる。

一方で、新商品を買わずにいられない身軽さも併せ持っており、決してソロ男がトライアルをしないということではない。ツッコミたいがためにネタとして消費するなど、ロコミ拡散力も期待できる。

今回調査するに当たっては、ソロ男の性格や潜在意識の部分にも突っ込んでみた。自由気ままに見えて、彼らは真面目でストイックである。加えて、「男とはこうあるべき」という概念に縛られて、結果、窮屈な生き方に陥っている人も少なくない。

しかし、実はそこにこそソロ男を動かすインサイトが隠れている。価格だけでもない、機能だけでもない、ましてや売上ナンバーワンという評判でもない。

彼らにとって、商品を選択し、買うという行動は、その先にある自己の幸せを実現する手段のひとつでもあるのだ。

頑固であまのじゃくな性格ゆえに、広告や販促が効かないといわれるが、それは表層的だと言わざるを得ない。**言動と行動が相反するソロ男特有の自己矛盾行動にこそ、彼らを動かすキーが隠れている。**身近な人の意見には耳を貸さないが、ネットの評判を素直に受け入れるあたりも面白い。

広告や販促が効かないのではない。**どう伝えるか、誰が伝えるか、どんなふうに伝える**

かが重要で、それ次第では十分に反応し動いてくれる人たちなのである。

ポイントカードや値引きクーポンなど企業のプロモーション活動にもソロ男は興味津々なのだ。場合によっては、独身女性や主婦よりも反応してくれる層でもある。

さらに、昼間は働き、一人暮らしをしている彼らにとって、生活上のネットサービスは非常に重要である。今ある通販だけではなく、最寄品の通販や、食品・飲料および中食系の宅配も需要がある。掃除、洗濯など既存の家事代行サービスではなく、より幸福感を得られる新しい切り口のサービスも求められている。

保険や投資など金融商品に対するニーズも高いだろう。**ソロで生きていくことを覚悟した時点で、お金に対する意識も高くなる。**生命保険など財産を残すべき家族がいるのが前提の制度だけではなく、自分が生きている間に還元される生命保険の仕組みがあれば、そこに新たな需要も生まれるのではないか。

市場のコモディティ化が進み、ただでさえ競争が激化している。女性ターゲットでのシェアの奪い合いには限界がある。ソロ男の旺盛な消費力を刺激することで、新たなマーケットを創造していくべきではないだろうか。

ソロ男が増加することが社会にとって望ましいことかどうかはわからない。だからといって、未婚のまま死を迎えることについてやみくもに不安を煽る、すなわち結婚すべきだという論法を展開することは無意味だ。

結婚して家族をつくることだけが解決策ではない。**結婚することが人生の形ならば、生涯独身で生きることも新しい形なのだ。**

本書を通してぜひ認識していただきたいのは、「ソロで生きていくこと」と「社会的に孤立すること」とは同義ではないということだ。家族をつくり、共に暮らすというものとは違う別次元の新しい社会的なつながり、コミュニティが生まれる可能性も示唆されている。

いずれにせよ、単身世帯の増加や未婚者の増加は全世界的な傾向であることは疑いようがない。やがて、社会の構造を変えるかもしれない。一人で活動する人たちが大勢いる社会には、今までにはなかった未来が待ち構えているはずだ。

マーケットのあり方も商品の売り方、買い方も劇的に変わる可能性を秘めている。「ソロ男が社会を変える」とまでは言わないが、本書が彼らに少しでも目を向けていただくきっかけとなれば幸いである。

最後に、プロジェクトの立ち上げから、調査、取材、編集、イラスト制作、ネット運営と活躍をしていただいた博報堂のソロ男プロジェクトメンバーのみなさまをはじめ、インタビューやアンケートにご協力いただきましたソロ男のみなさまに、この場を借りて心より御礼申し上げます。

2015年11月

荒川　和久

博報堂ソロ活動系男子研究プロジェクト

〈リーダー〉
荒川 和久

小島 真仁
住吉 綾香
陳暁 夏代

〈イラスト〉
喜多 浩太郎

〈SPECIAL THANKS〉
宇佐美 潤二
江口 昌生
坂田 圭史
内城 知彦
中西 遼
畑 泰介
花塚 雄介
渕上 徳行
間宮 尊
三島 将裕

川井 篤史
森 裕馬
恒藤 優
内田 智之
寺西 成美
前田 ゆうみ
梅井 紗矢香

ディスカヴァー携書
156

結婚しない男たち
増え続ける未婚男性「ソロ男《だん》」のリアル

発行日　2015年11月20日　第1刷

Author　荒川和久

Book Designer　水戸部功
Illustrator　喜多浩太郎

Publication　株式会社ディスカヴァー・トゥエンティワン
〒102-0093　東京都千代田区平河町2-16-1 平河町森タワー11F
TEL　03-3237-8321（代表）
FAX　03-3237-8323
http://www.d21.co.jp

Publisher　干場弓子
Editor　三谷祐一

Marketing Group
Staff　小田孝文　中澤泰宏　片平美恵子　吉澤道子　井筒浩　小関勝則
千葉潤子　飯田智樹　佐藤昌幸　谷口奈緒美　山中麻吏　西川なつか
古矢薫　伊藤利文　米山健一　原大士　郭迪　松原史与志　蛯原昇
中山大祐　林拓馬　安永智洋　鍋田匠伴　榊原僚　佐竹祐哉
塔下太朗　廣内悠理　安達情未　伊東佑真　梅本翔太　奥田千晶
田中姫菜　橋本莉奈　川島理　倉田華　牧野類　渡辺基志
Assistant Staff　俵敬子　町田加奈子　丸山香織　小林里美　井澤徳子　藤井多穂子
藤井かおり　葛目美枝子　竹内恵子　清水有基栄　小松里絵
川井栄子　伊藤由美　伊藤香　阿部薫　常徳すみ　三塚ゆり子
イエン・サムハマ　南かれん

Operation Group
Staff　松尾幸政　田中亜紀　中村郁子　福永友紀　山﨑あゆみ　杉田彰子

Productive Group
Staff　藤田浩芳　千葉正幸　原典宏　林秀樹　石橋和佳　大山聡子
大竹朝子　堀部直人　井上慎平　松石悠　木下智尋　伍佳妮　賴奕璇

Proofreader　鷗来堂
DTP　アーティザンカンパニー株式会社
朝日メディアインターナショナル株式会社（図版作成）
Printing　共同印刷株式会社

ISBN978-4-7993-1798-3
　携書ロゴ・フォーマット：長坂勇司